DAS WEITERBILDUNGSZENTRUM
RAVENSBERGER SPINNEREI IN BIELEFELD

Bernd Rosewitz • Erich Schäfer • Hartmut Wolf

# Das Weiterbildungszentrum **Ravensberger Spinnerei** in Bielefeld

## Historische Fabrikarchitektur wird zum lebendigen Lernort

Bertuch

IMPRESSUM

Herausgegeben von Bernd Rosewitz, Erich Schäfer & Hartmut Wolf

Titelbild: Vorderansicht der Ravensberger Spinnerei, Foto von Zefram 2006, Wikipedializenz CC-BY-2.5
Rücktitel: Rückansicht der Ravensberger Spinnerei, Foto von Bernd Rosewitz

Alle Fotos ohne weitere Angaben stammen von den Herausgebern.

Satz und Gestaltung: Tina Romstedt
Druck: Stückle Druck Ettenheim


www.bertuch-verlag.com


ISBN: 978-3-86397-192-2

# *VORWORT*

Im November 1973, vor nunmehr über 50 Jahren, hat der Landeskonservator von Westfalen-Lippe mit seiner gutachterlichen Stellungnahme die Voraussetzung für den Erhalt der Ravensberger Spinnerei geschaffen. Danach wurden die Pläne für die Umgestaltung konkretisiert. Es sollte noch bis zum Jahr 1986 dauern, bis die Sanierung und der Umbau abgeschlossen waren und die Volkshochschule ihren neuen Standort in der Ravensberger Spinnerei beziehen konnte.

Der einleitende Text „Häuser für die Erwachsenen- und Weiterbildung" ordnet die beiden nachfolgenden historischen Texte in den aktuellen wissenschaftlichen Diskurs ein. In ihm wird u.a. eingegangen auf die Geschichte der Bemühungen, eigene Häuser für die Erwachsenenbildung zu errichten, die ins Feld geführten Begründungszusammenhänge sowie pädagogische Prinzipien der architektonischen Umgestaltung und neuere Entwicklungen zu Dritten Orten. Das Weiterbildungszentrum Ravensberger Spinnerei steht exemplarisch für den erst um die Jahrtausendwende einsetzenden „spatial turn".

Im Jahre 1980 haben wir das Projekt „Zur Pädagogischen Konzeption des Weiterbildungszentrums `Ravensberger Spinnerei` an der Universität Bielefeld durchgeführt. Der Forschungsbericht wird, mit Ausnahme des umfangreichen Anhangs, in der ursprünglichen Fassung den interessierten Leserinnen und Lesern hier zugänglich gemacht. Eine Kurzfassung findet sich in dem ebenfalls abgedruckten Artikel aus der zur damaligen Zeit führenden und heute nicht mehr existierenden Zeitschrift „Volkshochschule im Westen".

In den letzten Jahrzehnten hat die Volkshochschule Bielefeld mit ihrem neuen Standort in der Ravensberger Spinnerei zahlreiche Erfahrungen gesammelt und dabei eine bundesweite Aufmerksamkeit erlangt. In dem Interview mit dem langjährigen Leiter, Dirk Ukena, werden diese Erkenntnisse reflektiert.

Zu den zahlreichen Nutzer*innen des neuen Weiterbildungszentrums gehört auch Gernot Graeßner, der als Hochschuldozent der Universität Bielefeld Weiterbildungsprogramme in der Ravensberger Spinnerei durchgeführt hat. Er berichtet über Lernatmosphären im Vergleich zwischen der Universität Bielefeld als einer modernen Lernfabrik und der historischen Fabrikarchitektur der Ravensberger Spinnerei.

Aus einer grundlegenden Perspektive setzt sich Tom Ritschel mit den energetischen, sozialen und psychologischen Seiten von Räumen auseinander und reflektiert, wie diese für Lernzwecke erschlossen werden können. Im Wechselspiel zwischen physischen und inneren Räumen sowie zwischen individueller und kollektiver Raumerfahrung kann eine integrale Sphäre des Lernens entstehen.

Ergänzt werden die Überlegungen durch das Konzept „r(R)äume auf" zur Öffnung von Lernräumen. Carsten Morgenroth beschäftigt sich hier zum einen mit dem Raum der individuellen persönlichen Entfaltung und zum anderen mit der Gestaltung von Lehr-Lernräumen.

Der abschließende Beitrag der Herausgeber ist dem „Genius Loci" der Ravensberger Spinnerei auf der Spur. Er zeichnet die Entwicklungslinien des historischen Gebäudes der Ravensberger Spinnerei von der Errichtung bis hin zur Umgestaltung als Ort der Weiterbildung nach.

Fragt man heute Chat GPT nach den Erfahrungen der Volkshochschule Bielefeld mit ihrem neuen Standort, so erhält man die folgenden Aussagen:

„Die Ravensberger Spinnerei ist ein historisches Gebäude, das eine besondere Atmosphäre ausstrahlt. Dies macht den Standort für die Volkshochschule und für kulturelle Veranstaltungen besonders attraktiv.

Durch den Umbau des Gebäudes konnte eine flexible Raumnutzung geschaffen werden. Die Räume können für unterschiedliche Veranstaltungen genutzt werden, was die Vielfalt der Angebote der Volkshochschule erhöht.

Die Volkshochschule Bielefeld arbeitet eng mit anderen Akteuren auf dem Areal der Ravensberger Spinnerei zusammen. Hierdurch konnten Synergien genutzt werden und das Angebot für die Besucher*innen erweitert werden.

Die Ravensberger Spinnerei als neuer Standort der Volkshochschule Bielefeld hat bei den Besucher*innen eine positive Resonanz hervorgerufen. Insbesondere die Kombination aus historischem Ambiente, moderner Ausstattung und vielfältigem Angebot wird von den Teilnehmer*innen geschätzt."

Insgesamt kann man sagen, dass das Weiterbildungszentrum Ravensberger Spinnerei bisher eine viel beachtete Erfolgsgeschichte geschrieben hat. Mit dieser Publikation wollen wir unseren Beitrag dazu leisten, dass auch die Vorgeschichte für spätere Generationen dokumentiert wird. Unser zentrales Anliegen besteht darin, aufzuzeigen, dass es gleichermaßen notwendig wie auch möglich ist, pädagogische Prinzipien architektonisch umzusetzen, was zukünftig viel öfter praktiziert werden sollte.

Unser Dank gilt allen, die zum Entstehen dieser Publikation beigetragen haben. Den Leserinnen und Lesern wünschen wir vertiefte Einsichten in die geschichtlichen Hintergründe. All jene, die vor der Aufgabe stehen, ein historisches Gebäude umzunutzen, mögen durch die in Bielefeld gemachten Erfahrungen inspiriert werden. Allen Weiterbildnerinnen und Weiterbildnern, die ein eigenes Haus für die Erwachsenenbildung errichten bzw. umbauen wollen, sollen in ihrem Bestreben ermutigt und mit Argumentationsmaterial ausgestattet werden. Das Weiterbildungszentrum Ravensberger Spinnerei steht heute exemplarisch für die vielfältigen positiven Wirkungen, die von einem eigenen Haus für die Erwachsenenbildung ausgehen und auf das kulturelle Leben und die Stadtentwicklung ausstrahlen.

Bernd Rosewitz, Erich Schäfer,
Hartmut Wolf

Bielefeld, im April 2024

*Treppenhaus vom Ost-Eingang in den ersten Stock.*

Erich Schäfer
Bernd Rosewitz
Hartmut Wolf

# Häuser für die Erwachsenen- und Weiterbildung

## *Zur Einordnung des Forschungsberichts „Zur pädagogischen Konzeption des Weiterbildungszentrums ‚Ravensberger Spinnerei' in Bielefeld" von 1980 in den aktuellen wissenschaftlichen Diskurs*

## Die Entstehungsgeschichte eines Projektes

Die Idee für das Forschungsprojekt der Volkshochschule Bielefeld und der Fakultät für Pädagogik „Zur Pädagogischen Konzeption des Weiterbildungszentrums ‚Ravensberger Spinnerei' in Bielefeld" entstand aufgrund einer studentischen Initiative der drei Autoren am Ende der 1970er Jahre. In der Abschlussphase ihres Studiums der Pädagogik und Soziologie, kurz vor dem Diplom, entwickelten die Verfasser, die neben ihrem Studium auch als Dozenten an der Volkshochschule arbeiteten, die Idee zu diesem Projekt. Das Anliegen war es, ihre theoretischen Erkenntnisse mit ihren praktischen Erfahrungen zu verbinden. Es standen keinerlei Drittmittel zur Verfügung und eine Anbindung an offizielle Lehrforschungsprojekte war nicht gegeben. Auch wenn der Begriff damals so nicht verwendet wurde, so lässt sich das Forschungsprojekt, zum damaligen Zeitpunkt als kommunikative Begleitforschung bezeichnet, retrospektiv als eine Art von Aktionsforschung betrachten. Die Forschenden waren Teil des Prozesses in dem Ringen um die zukünftige Ausgestaltung der Umbaupläne, auch wenn ihr Einfluss als Studenten sicherlich begrenzt war. Der Motivation lag einzig das inhaltliche Interesse zugrunde. Erste dokumentierte Projektskizzen stammen aus dem Februar 1979. Auf der Suche nach einem betreuenden Professor fanden sich DIETER BAACKE und seine damalige Assistentin INGRID WESSEL bereit, die Autoren in dem selbst initiierten Forschungsprojekt beratend zu begleiten. Beide führten damals ein Projekt zu öffentlichen Medien und Gemeinwesenarbeit im Bielefelder Stadtteil Stieghorst durch (BAACKE & SOBEK & WESSEL 1977) und hatten eine Affinität zu der Thematik. Des Weiteren bestanden Kontakte zu GERNOT GRAEßNER, der als Akademischer Direktor im Bereich Erwachsenen- und Weiterbildung lehrte.

Unterstützung gab es damals auch seitens der Volkshochschule, insbesondere durch deren Direktor DIRK UKENA. Dieser stellte auch den Kontakt zu dem Architekten PETER OBBELODE und dessen Team her (UKENA 2013b, S. 451). So war es möglich, dass wir an den Exkursionen zu den Erkundungen anderer Häuser für die Weiterbildung in Nordrhein-Westfalen (Detmold, Essen, Marl, Mülheim an der Ruhr, Wuppertal) und Emmen in den Niederlanden teilnehmen konnten. Diese waren Teil einer Reihe von Gesprächen, die sich über einen Zeitraum von mehr als einem Jahr erstreckten und in denen gemeinsam zwischen Architekt, Hochbauamt und Nutzer das Raumprogramm in einer Art „pädagogischen Bauleitung" (STANG & VOLLMER 2012, S. 22) entwickelt wurde.

Die Volkshochschule Bielefeld war bereits seit Beginn der Diskussion über den Erhalt und die Nutzung der Ravensberger Spinnerei im Jahre 1972 an der Ausarbeitung von Vorschlägen zu einem zukünftigen Konzept für die Ravensberger Spinnerei beteiligt. In einem vierseitigen Papier mit dem Titel „Bau eines Bildungszentrums in Bielefeld (Ravensberger Spinnerei) Vorschlag der Volkshochschule Bielefeld" vom 26. Oktober 1972 wird die Notwendigkeit eines eigenen Hauses mit dem Verweis auf allgemeine gesellschaftliche Entwicklungstendenzen (Ausdehnung der Weiterbildungsangebote auf die gesamte Tageszeit, Entwicklung eines Baukastensystems der Angebote, Ausstattung des Weiterbildungsbereichs mit hauptamtlichem Personal sowie Werbe- und Signaleffekt des Baus von Häusern für die Erwachsenenbildung) begründet. Der Ausbau der Ravensberger Spinnerei – so die Argumentation – erfordere weiterhin die Zweitnutzung von Räumen für die Erwachsenenbildung sowie dezentrale oder spezialisierte Außenstellen. Mit Verweis auf die Erfahrungen anderer Städte mit ihren Neubauten für die Erwachsenenbildung, die sich bereits nach kürzester Zeit als zu klein erwiesen, wird großer Wert auf die Erweiterungsfähigkeit und Multifunktionalität gelegt. Auch wird darauf hingewiesen, „bestimmte Kommunikationsangebote für ein Jugend-, Alten- und Freizeitzentrum in enger Verbindung mit Einrichtungen der Erwachsenenbildung aufzubauen" (VOLKSHOCHSCHULE BIELEFELD 1972, S. 3). Besonders interessant für unser Projekt zur pädagogischen Konzeption ist die Aussage der Autor*innen, dass sie bei den Überlegungen zum Um- bzw. Neubau von Häusern der Erwachsenenbildung davon ausgehen, „dass die methodische Variabilität und die Flexibilität der Angebotsinhalte in Baubegriffe zu übersetzen sind" (VOLKSHOCHSCHULE BIELEFELD, S. 3). In unmittelbarer zeitlicher Nähe, im Herbst 1972, hatten sich der Kunsthistoriker ROLAND GÜNTER und der Student KLAUS WEBER (1972) in einem in der Zeitschrift Bauwelt veröffentlichten Artikel dafür eingesetzt, das alte Fabrikschloss zu einem Kommunikationszentrum umzuwandeln, ohne allerdings im Detail auf die Anforderungen als Volkshochschulgebäude einzugehen.

Im Februar 1977 hatte der Hauptausschuss des Rates der Stadt Bielefeld den Beschluss zur Umnutzung des Hauptgebäudes des baulichen Ensembles der Ravensberger Spinnerei als Weiterbildungs- und Freizeitzentrum gefasst. Im „Ersten Weiterbildungsentwicklungsplan 1976–1981" des Rates heißt es zum möglichen zukünftigen Domizil der Volkshochschule: „Das eigene Haus soll die Gleichberechtigung der Weiterbildung mit anderen Bildungseinrichtungen gegenüber der Bevölkerung dokumentieren, es soll die Arbeit qualitativ verbessern und die Weiterbildungsmotivation unterstützen" (UKENA 1983, S. 93).

## Die Planung der Umgestaltung beginnt

Im Oktober 1978 wird der Architekt PETER OBBELODE mit der Planung für den Ausbau des Hauptgebäudes der Ravensberger Spinnerei als Weiterbildungs- und Freizeitzentrum beauftragt (OBBELODE & BEAUGRAND 1996, S. 319). In dem das Architektenteam begleitenden Arbeitskreis waren der Landeskonservator, das Regierungspräsidium, die Bauverwaltung, die Schulverwaltung, die Volkshochschule, der Architektenbeirat sowie der aus der Bürgerinitiative hervorgegangene Förderkreis vertreten. Über die Leitlinien für die Gestaltung des Untergeschosses, in dem auf keinen Fall Klassenzimmer entstehen sollten und an denen sich damals die Diskussionen orientierten, gibt OBBELODE im Rückblick Auskunft: (1) „Hier sollen Menschen sich wohlfühlen, sich animiert fühlen wiederzukommen." (2) „Durch Transparenz soll Neugierde erweckt werden, auch andere Dinge mal auszuprobieren." (3) „Der gesamte Bereich soll Aufforderungscharakter und Attraktivität vermitteln, gleichfalls jedoch Ruhe und Geborgenheit." (4) „Zum anderen sollen (…) Einzelräume entstehen, ohne dass die Halle als Erlebnisbereich verlorengeht" (1989, S. 78).

Die Gestaltungsvorschläge umzusetzen gelang dem Architekten PETER OBBELODE zusammen mit dem Ingenieur SIGURD PRINZ gegen alle geltenden Bauvorschriften des Schulbauförderungsprogramms und ihren Exegeten. BEAUGRAND verweist darauf, dass durch die Landesbauordnung, die Arbeitsstättenverordnung, die Versammlungsstättenverordnung, Durchführungsbestimmungen etc. weit über 50 Gesetzeswerke den Umnutzungsplänen zuwiderliefen, und konstatiert bis 1983 fast 5.000 Verstöße gegen geltendes Baurecht (2013, S. 453f.). Diese mussten erst aus dem Wege geräumt werden, um die Nutzung als Erwachsenenbildungsstätte möglich zu machen (WIESENER 2020, S. 157ff.).

Neben der geschilderten Konstellation in Bielefeld ist das Projekt vor dem Hintergrund der gesellschaftlichen, bildungs- und hochschulpolitischen Konstellation der 70er Jahre zu verstehen. Durch das 1974 verabschiedete „Erste Gesetz zur Ordnung und Förderung der Weiterbildung im Lande Nordrhein-Westfalen" und die 1976 in Kraft getretene „Verordnung über die Rahmenrichtlinien für die Aufstellung kommunaler Weiterbildungsentwicklungspläne" erlebte die Erwachsenenbildung eine zunehmende Anerkennung, was sich auch in den zur Verfügung gestellten Fördermitteln zeigte, die für den quartären Bildungssektor, insbesondere auch für Bauvorhaben, bereitstanden. Die bildungs- und hochschulpolitische Aufbruchstimmung der 70er Jahre manifestierte sich ebenfalls in Studienstrukturen, die das Verhältnis von Studierenden und Lehrenden maßgeblich veränderte. Reformstudiengänge förderten die Eigeninitiative der Studierenden und interdisziplinäre Strukturen schufen neue Diskursmöglichkeiten. Ein Beispiel hierfür war die Arbeitsgruppe 9 der Fakultät PPP (Pädagogik, Philosophie, Psychologie), der sowohl Angehörige der Fakultät für Pädagogik sowie der Fakultät für Soziologie angehörten. In diesem Kontext ist auch das Projekt zur Ravensberger Spinnerei zu verorten.

Ihre Abschlussarbeiten haben die drei Autoren ein Jahr nach diesem Projekt zu anderen Themen verfasst. Bei dem Forschungsbericht von 1980 handelt es sich demzufolge um keine Abschlussarbeit. Damals gab es bereits Gespräche mit einem in Bielefeld ansässigen Verlag zur Veröffentlichung des Forschungsberichtes. Allerdings wurden diese aufgrund der noch anstehenden Diplomarbeiten und anderer Verpflichtungen nicht mehr konsequent weiterverfolgt. In einer Kurzfassung der Ergebnisse entstand lediglich ein Artikel in der Dezemberausgabe 1980 der Zeitschrift „Volkshochschule im Westen", die sich mit dem Schwerpunkt „Bauen für die Weiterbildung" beschäftigte (ROSEWITZ & SCHÄFER & WOLF 1980b). Der Forschungsbericht selber wurde in wenigen Exemplaren mit finanzieller Unterstützung des Bielefelder Kunstvereins e. V., der sich stets für eine kulturelle Nutzung eingesetzt hatte, veröffentlicht und in den Bestand der Universitätsbibliothek aufgenommen.

## Eigene Häuser für die Erwachsenen- und Weiterbildung

Das damalige Landesinstitut für Curriculumentwicklung, Lehrerfortbildung und Weiterbildung des Landes Nordrhein-Westfalen in Neuss begann im August 1980 mit der systematischen Bearbeitung eines mit finanzieller Unterstützung des Bundesministeriums für Bildung und Wissenschaft und des Kultusministeriums des Landes Nordrhein-Westfalen geförderten Forschungsvorhabens zu Neu- und Umbauten für die Weiterbildung. Bis zum Jahre 1983 entstand im Rahmen dieses Projektes eine Sammlung von Materialien zu den Begründungszusammenhängen für eigene Häuser der Weiterbildung, eine Gesamterhebung zu Häusern der Weiterbildung in Nordrhein-Westfalen und eine Dokumentation ausgewählter Beispiele von Neubauten für Volkshochschulen. Als Eignungskriterien werden (a) die zentrale Lage und die Verkehrsanbindung, (b) die erwachsenengerechte Ausstattung sowie (c) eine die Lernbereitschaft fördernde Atmosphäre genannt (LIPKOWSKY & SCHLIEHE 1983, S. 135). Als Praxis- und Planungshilfen entstanden u. a. Hinweise zur Raumbedarfs- und Kostenplanung für Häuser mit und ohne Internatsbetrieb, Hinweise zur Standortwahl für eigene Häuser sowie Hinweise für Umbauten für die Weiterbildung (BÖHLE & LIPKOWSKY & SCHLIEHE 1983). In die zuletzt genannten Planungshilfen fanden auch die Erfahrungen mit der Ravensberger Spinnerei aus Bielefeld Eingang (UKENA 1983).

Im Jahre 1989 veröffentlichte der Landschaftsverband Westfalen-Lippe die von DIRK UKENA & HANS J. RÖVER herausgegebene Publikation „Die Ravensberger Spinnerei. Von der Fabrik zur Volkshochschule – Zur Umnutzung eines Industriedenkmals in Bielefeld". In dieser Schrift finden sich u. a. Beiträge von DIRK UKENA (1989) und PETER OBBELODE (1989). Dass von dem Gebäude eine Faszination ausgeht, hat letzterer anlässlich seiner ersten Begehung so beschrieben: Dabei „widerfuhr mir dann das, was ich noch häufig bei anderen beobachten sollte, und was wir später das ‚Raspi-Syndrom' genannt haben" (1989, S. 85).

Seit den 50er Jahren des letzten Jahrhunderts gab es vereinzelt Initiativen, Häuser der Erwachsenenbildung bzw. Weiterbildungszentren zu errichten. Wissenschaftlich hat speziell FRANZ PÖGGELER mit seiner Publikation „Neue Häuser der Erwachsenenbildung" aus dem Jahre 1959 die Beschäftigung mit dieser Thematik befördert. Hier ist zu lesen: „Das Gelingen der Erwachsenenbildung hängt weitgehend davon ab, ob ihr der angemessene Raum und Ort, die rechte Einrichtung ihrer Stätten und eine Umgebung geboten wird, welche die ihr zuträgliche Atmosphäre schaffen hilft" (1959, S. 9).

Dass für das Gelingen von Erwachsenenbildung Fragen der Gestaltung von Räumen und Orten mit entscheidend sein können, war am Beginn des 20. Jahrhunderts einer reformpädagogisch orientierten Erwachsenenbildung sehr präsent (GROTLÜSCHEN & RICHTER-BOISEN 2023; KRAUS & STANG & SCHREIBER-BARSCH 2015, S. 13). Die institutionellen Ursprünge der Volkshochschulbewegung beziehen die Raumfragen des Lernortes bereits mit ein. Die Wurzeln der ländlichen Heimvolkshochschule finden sich in der dänischen internatsmäßigen Volkshochschule nach den Ideen der von Grundtvig inspirierten Volkshochschulbewegung. Im Grenzgebiet zu Dänemark entstehen in Schleswig-Holstein unter der Regie der Comenius-Gesellschaft im ersten Jahrzehnt des 20. Jahrhunderts die ersten vier ländlichen Volkshochschulen in Deutschland, nämlich in Tingleff (1905), Albersdorf (1906), Mohrkirch-Osterholz (1907) und Norburg (1911) (VOGEL 1994, S. 117; LAAK 1968) als internatsmäßige Einrichtungen in Form von Heimvolkshochschulen nach dem dänischen Vorbild. Bereits im Jahr 1844 wurde in Rødding die erste Volkshochschule gegründet, die sich hauptsächlich an junge Erwachsene vom Land richtet, die über die Winterzeit mehrwöchige Kurse mit Unterkunft und Verpflegung besuchen. Neben der ländlichen Heimvolkshochschule mit ihren Volkshochschulheimen spielt auch für die städtische Abendvolkshochschule das eigene Haus schon eine wichtige Rolle. Mit dem „Volksheim" entsteht in Wien die am weitesten entwickelte Institution der Universitätsausdehnungsbewegung. Sie verfügt als eine Art Volksuniversität ab 1905 über ein eigenes Haus in Wien-Ottakring mit Hörsälen, Bibliothek sowie naturwissenschaftlichen Laboratorien. Im selben Jahr eröffnet eine zweite solche Einrichtung, das „Volksbildungshaus", ihre Pforten. Im Jahr 1910 nimmt die „Urania" ihr Vereinshaus in Betrieb. In den 1920er Jahren setzt in England eine Bewegung zur Gründung von Community Centers zumeist in Arbeitersiedlungen ein, deren Ziel es war, Zentren kultureller und sozialer Arbeit zu schaffen (SCHÄFER 2021, S. 54ff., S. 61ff.).

Auch wenn die Volkshochschulen in ihren Anfängen die Präsenz in eigenen Häusern anstrebten und entsprechende Volksbildungsstätten in der Zeit zwischen dem ersten und zweiten Weltkrieg entstanden, so stand die Frage nach den eigenen Räumlichkeiten in den Jahrzehnten nach 1945 nicht mehr so sehr im Fokus. Die Volkshochschulen waren häufig zufrieden damit, in Schulgebäuden Räume zeitweilig nutzen zu können. Die *insel* in Marl war das erste Haus, das im Jahre 1955 in der Bundesrepublik Deutschland für eine Volkshochschule eröffnet wurde (DONNEPP 1992, S. 55ff.). In den anschließenden Jahrzehnten folgten weitere Bauten (KLÄPPINGER 2020) wie zum Beispiel das 1962 eröffnete Kulturzentrum ALVAR AALTOS in Wolfsburg, das die Volkshochschule, die Stadtbibliothek und ein Jugendzentrum beherbergte (GRAEßNER 2022, S. 9ff.). Zu den in jüngerer Zeit eröffneten Bauten im deutschsprachigen Gebiet, die eine überregionale Aufmerksamkeit erreicht haben, gehört der Wissensturm in Linz; er beheimatet neben der Volkshochschule auch die Stadtbibliothek. Im Jahre 2018 erlangte die Hauptstadt Helsinki international Aufmerksamkeit mit der Eröffnung des Kulturzentrums Oodi; es ist nicht nur eine Bibliothek, sondern ein zentraler öffentlicher Treffpunkt, ein Ort zum Lernen, Arbeiten, Kommunizieren und Entspannen.

Der *insel* in Marl, dem Wissensturm in Linz und der Ravensberger Spinnerei in Bielefeld ist gemeinsam, dass sie einerseits Häuser der Volkshochschule sind, andererseits aber auch andere Einrichtungen unter ihrem Dach beherbergen. Hieraus ergeben sich Synergien in der Kooperation und daraus wiederum interessante neue Bildungs- und Kulturangebote. Die Multifunktionalität solcher Häuser der Erwachsenen- und Weiterbildung hat die Volkshochschulen in Österreich veranlasst, drei Gebäudetypen von Bildungsbauten zu unterscheiden: (a) die Volkshochschule als Lern- und Bildungszentrum, (b) das Volksheim als kleines, flexibles Kultur- und Bildungszentrum sowie (c) Häuser der Begegnung mit vielen Ausstellungsmöglichkeiten und einem zentralen Kommunikationsbereich (GANGLBAUER 2012, S. 200; FOLTINEK 1972, S. 217ff.; PASCHER 1972, S. 410f.).

Bis heute fehlt es – von Ausnahmen abgesehen (RÄTZEL 2006) – an einer intensiven empirischen Erforschung der Thematik. KESSEL (2016, S. 6) konstatiert eine „erziehungswissenschaftliche

Blindstelle in Sachen Raumtheorie und Raumforschung", die es zu überwinden gelte. Im Lernraumdiskurs, insbesondere im schulischen und hochschulischen Kontext, wird gewöhnlich die bauliche Lernumgebung mit Bezug auf den italienischen Erziehungswissenschaftler LORIS MALAGUZZI als „dritter Pädagoge" diskutiert (BRÜSCHWEILER & REUTLINGER 2014; NINNEMANN & JAHNKE 2018). Die ersten Pädagog*innen sind die Mitlernenden und der zweite Pädagoge die/der Lehrende.

Bis heute konnte sich aber keine architektonisch bezogene Lehr-Lernforschung etablieren. Dass diese Fragestellung für die Praxis der Erwachsenenbildung zwar eine wichtige (KAISER 2016, S. 3), aber keine ihr gebührende Rolle einnimmt, liegt u. a. darin begründet, dass sich Erwachsenen- und Weiterbildungsanbieter dadurch auszeichnen, dass sie ihre Kurse, Seminare und Veranstaltungen in vielen unterschiedlichen, zum Teil gemieteten Räumen durchführen. Unter diesen Bedingungen ist ein strategischer Rahmen für eine zukunftsorientierte Lernraumgestaltung nur schwer zu realisieren (LAKEMANN & SCHÄFER 2017, S. 117).

STANG beklagt das Fehlen einer „wissenschaftlich fundierte(n) Kartographie von Räumen und Orten der Erwachsenenbildung" (2020, S. 23). In jüngerer Vergangenheit haben sich KÄPPLINGER & ELFERT (2018) zum einen mit ihrem Band zu „Verlassene(n) Orten der Erwachsenbildung" und zum anderen mit ihrem Sammelband zu „Neue(n) Häusern der Erwachsenenbildung 1959 und 2019" (KÄPPLINGER 2020) der Thematik angenommen. Bislang gibt es in Deutschland keine strukturierte Übersicht über die Entwicklungen von Bildungs- und Kulturzentren als zentraler Institutionalisierungsform zur Unterstützung des Lebenslangen Lernens. Mit der Publikation von RICHARD STANG (2023) „Bildungs- und Kulturzentren als kommunale Lernwelten" hat sich dies geändert. In diesem Band wird der Versuch unternommen, eine Systematisierung der Situation von Bildungs- und Kulturzentren in Deutschland zu beginnen; vorgestellt werden 34 nationale und sechs internationale Beispiele.

Sowohl in den Publikationen von KÄPPLINGER (2020) als auch STANG (2023), die keinen Anspruch auf umfassende Darstellung aller neuen respektive umgebauten Häuser der Erwachsenenbildung erheben, findet die Ravensberger Spinnerei keine Erwähnung. Umso wichtiger ist es, dass dieser in der Republik viel beachtete Umbau mit Blick auf den damaligen Forschungsbericht gewürdigt wird. An diesem Beispiel wird die Bedeutung eines Weiterbildungszentrums im Kontext der Stadtentwicklung exemplarisch deutlich.

Seit der Jahrtausendwende lässt sich eine zunehmende Thematisierung von Raumfragen konstatieren (STANG 2023, S. 63; RUMMLER 2014; KEMNITZ & JELICH 2003). In diesem Zusammenhang ist von einem „spatial turn" in der Erziehungswissenschaft die Rede (GLASER et al. 2018). Die sozial- und kulturwissenschaftliche Hinwendung zum Raum hat auch in der Erwachsenenbildungswissenschaft dazu geführt, dass der Raum wieder stärker in den Fokus gerückt ist (BERNHARD et al. 2015; NUISSL & NUISSL 2015; STANG et al. 2015; WITTWER & DIETTRICH & WALBER 2015). „Mit dem spatial turn in den Sozialwissenschaften und der verstärkten Rezeption des relationalen Raumbegriffs von LÖW (2022) werden Raumbezüge in der Erwachsenen-/Weiterbildung immer expliziter, so dass der Raumdiskurs in den neueren Arbeiten als theoretischer Bezugsrahmen fungiert" (MANIA & BERNHARD & FLEIGE 2015, S. 36). Allerdings wird der Begriff des Raumes ganz unterschiedlich konzeptualisiert, sodass hier eine Mehrdeutigkeit entsteht.

## Pädagogische Prinzipien der architektonischen Gestaltung

Wir haben uns entschlossen, den Forschungsbericht aus dem Jahre 1980 in seiner ursprünglichen Textfassung der interessierten Fachöffentlichkeit zugänglich zu machen. Verzichtet wurde dabei lediglich auf den Anhang, der neben Fotos, Grundrissen und Schnitten der Ravensberger Spinnerei auch eine Fotodokumentation zu den Forschungsreisen zu anderen besuchten Weiterbildungszentren sowie das Faltblatt „Die grüne Insel" des Förderkreises „Bürgerzentrum im Ravensberger Park" beinhaltet.

Die Intention des Forschungsberichtes war es, ein an pädagogischen Prinzipien orientiertes Konzept für den Umbau der Ravensberger Spinnerei zu einem Weiterbildungszentrum vorzulegen, „das im Mittelpunkt städtischer Bildungs- und Kulturangebote steht" und „einen wichtigen Beitrag zur Entwicklung individueller und gesellschaftlicher Innovationen" leistet (ROSEWITZ & SCHÄFER & WOLF 1980b, S. 309). Drei Dinge fallen hierbei ins Auge: Erstens zieht sich durch den Bericht wie ein roter Faden die doppelte Ausrichtung auf einerseits die individuelle Entwicklung der an der Weiterbildung teilhabenden Menschen und andererseits die gesamtgesellschaftliche Aufgabe der Weiterbildung für die Gestaltung des Gemeinwesens. Zweitens wird die Funktion des Hauses nicht ausschließlich auf die Erwachsenenbildung beschränkt, sondern es wird stets der enge Zusammenhang von Bildung und Kultur thematisiert. Drittens wird von der Prämisse ausgegangen, dass sich pädagogische Prinzipien architektonisch in der Anlage des Gebäudes und der Ausgestaltung der Räumlichkeiten umsetzen lassen und das Gelingen von Lehr-Lern-Prozessen maßgeblich davon abhängt, wie erwachsenpädagogische und architektonische Vorstellungen aufeinander abgestimmt sind.

Eine implizite Annahme liegt dem gesamten Projekt zugrunde: Die wachsende Bedeutung und Wertschätzung, die der Erwachsenenbildung zugeschrieben wird, findet ihren Ausdruck in ihrer baulichen Sichtbarkeit in der Stadt. Genau diesen Gedanken bringt RICHARD STANG in einem Schwerpunktheft der Zeitschrift DIE zum Ausdruck (STANG & VOLLMER 2012, S. 23). In dem Forschungsbericht von 1980 wird es so ausgedrückt: „Dem im städtischen Zentrum gleichberechtigt neben anderen kulturellen Institutionen bestehenden Weiterbildungszentrum kommt eine Art Signalcharakter zu, wodurch sein Vorhandensein tiefer in das Bewusstsein der Bevölkerung eindringt" (ROSEWITZ & SCHÄFER & WOLF 1980a, S. 121). Die Frage, ob es eigener Häuser der Weiterbildung bedarf, wird hier erst gar nicht explizit gestellt, davon wird ausgegangen. Eigene Räumlichkeiten sind ein „Lackmus-Test für die Realisierung des Slogans vom Lebenslangen Lernen" (KÄPPLINGER 2020, S. 14). Das eigene Haus ist dabei nicht mit Abgrenzung zu verwechseln. Erst die architektonisch symbolisierte Wertigkeit ist die Voraussetzung für eine auf Augenhöhe zu realisierende Kooperation. Deshalb wird der Vernetzung von Weiterbildung mit anderen Institutionen ein hoher Stellenwert eingeräumt. Vielfältige Kooperationen der Volkshochschule im neuen Gebäude dokumentieren sich bereits in der Planungsphase. Mit der Volkshochschule sind im Januar 1986 in das Hauptgebäude die Stadtbildstelle, die Weiterbildungseinrichtung von DGB und VHS ‚Arbeit und Leben', der Berufsverband Bildender Künstler, der Verband der Schriftsteller, das Filmhaus und eine Cafeteria eingezogen. Im Mai 1994 eröffnete in einem Nebengebäude das Historische Museum Bielefeld.

Unter der pädagogischen Konzeption wird der „argumentative Begründungszusammenhang verstanden (...), der anhand zu entwickelnder Kriterien Aussagen über die Grundsätze der architektonischen Gestaltung, der räumlichen Ausstattung wie der inhaltlichen Arbeit eines Weiterbildungszentrums zulässt" (ROSEWITZ & SCHÄFER & WOLF 1980b, S. 307). Auf dem Weg zur Gewinnung von Kriterien wird zunächst an die Kommunikation in der Erwachsenenbildung der Anspruch gestellt, dass sie auf der Basis herrschaftsfreier Kommunikation im Sinne einer „idealen Sprechsituation", wie sie HABERMAS in seiner Diskursethik beschreibt (1991, S. 137), erfolgt. Deshalb soll die erwachsenenpädagogische Kommunikation intentional, gleichberechtigt und wechselseitig sein. Auf die zentrale Rolle der Kommunikation weist auch der damalige Direktor der Volkshochschule Bielefeld, Dirk Ukena, hin: „Für die besondere Eignung der Ravensberger Spinnerei als ‚Haus der Weiterbildung' spricht (...), dass ein VHS-Haus nicht nur eine Summe von Veranstaltungsräumen sein kann, sondern als eine Art Kommunikationsmarkt zu begreifen ist" (1983, S. 93).

Die spezifische Art der Kommunikation soll sich an den Phasen von Analyse, Antizipation und Handlung orientieren. Dem liegt ein spiralförmig sich immer wieder auf neuen Ebenen vollziehendes zyklisches Modell des Lernens zugrunde. Am Anfang jeglicher Lernprozesse steht eine Diskrepanzerfahrung zwischen den spezifischen Anforderungen einer Situation und den Fähigkeiten und Fertigkeiten, um bestimmte Herausforderungen zu meistern. Wenn die gemachte Differenz- bzw. Diskrepanzerfahrung zu einem Wandel der bisherigen Wahrnehmungs-, Deutungs- und Handlungsstrukturen führt, findet eine Umstrukturierung von Erfahrungen statt. Die veränderten Denk- und Handlungsprozesse unterliegen sodann einer Habitualisierung, d. h. sie werden zur Gewohnheit, bis sie wieder irritiert werden und eine neue Chance für das Lernen entsteht (SCHÄFER 2017, S. 52f.).

Ausgehend von einer Funktionsbestimmung des Weiterbildungszentrums als Kristallisationspunkt auf der Grundlage des entwickelten Kommunikations- und Lernverständnisses werden schließlich Kriterien für die pädagogische Konzeption entwickelt.

Das erste ist das der Orientierung. Ausgehend von einem bei vielen Menschen konstatierten „Gefühl einer Verunsicherung aufgrund atomisierter Erfahrungs- und Wissensbestände" und einem empfundenen „Mangel an Handlungsorientierung" (ROSEWITZ & SCHÄFER & WOLF 1980a, S. 50) entstünde – so die Analyse – das Bedürfnis nach transkontextuellem Orientierungswissen als Voraussetzung für sinnhaftes Handeln (LUHMANN 1970, S. 72), das es zu befriedigen gelte. Das vornehme Ziel einer aufklärerischen Bildung ist es, Orientierung zu ermöglichen, wie es der DEUTSCHE AUSSCHUSS FÜR DAS ERZIEHUNGS- UND BILDUNGSWESEN in seinem 1960 veröffentlichten Gutachten zur Situation und Aufgabe der deutschen Erwachsenenbildung formuliert: „Gebildet im Sinne der Erwachsenenbildung wird jeder, der in der ständigen Bemühung lebt, sich selbst, die Gesellschaft und die Welt zu verstehen und diesem Verständnis gemäß zu handeln" (1960, S. 870). Bildung vollzieht sich in einem Orientierung bietenden Zusammenspiel von Welt- und Selbsterkenntnis.

Das zweite Kriterium ist die Offenheit. Das Offenheitsgebot wird als essentielle Bestandsvoraussetzung „in einem umfassenden Sinn sowohl auf Bedürfnisse, Interessen und Anregungen, die von außen an das Weiterbildungszentrum herangetragen werden, als auch auf jene, die aus den internen Kommunikationsbeziehungen resultieren" (ROSEWITZ & SCHÄFER & WOLF, 1980a, S. 53.), bezogen. Die Volkshochschule Bielefeld – so schreibt der ehemalige Direktor DIRK UKENA – konnte „mit dem Konzept des ‚offenen Lernens' die Politiker davon überzeugen, dass Kommunikation, Beratung und Begegnung Bestandteil einer bürgeroffenen VHS-Arbeit sind" (1989, S. 105). Offenheit sollte u. a. über Transparenz hergestellt werden; um diese zu realisieren, stellte der Architekt bspw. Raumwaben in die Saalgeschosse (UKENA 1983, S. 95).

Das dritte Kriterium der Integration soll dafür Sorge tragen, dass am Ende der Weiterbildungsprozesse neu gewonnene Handlungsorientierungen stehen. Architektonisch sollte der Integration über das „Prinzip der abgestuften Verbindlichkeit" (UKENA 1983, S. 96) Rechnung getragen werden, indem durch die Anordnung der Räume Schwellenängste minimiert werden sollten. Integration steht für das Streben nach Ganzheit; es fokussiert sich auf mehrere Dimensionen. Auf bildungstheoretischer Ebene bezieht es sich auf die Aufhebung des Gegensatzes von beruflicher und allgemeiner Bildung. Auf methodischer Ebene meint es die gleichberechtigte Einbeziehung von kognitiven und affektiven Aspekten sowie Verhaltenskomponenten in die Lernprozesse sowie die „Einbeziehung der Volkshochschule in das System der Kultur- und Bildungseinrichtungen" (ROSEWITZ & SCHÄFER & WOLF 1980b, 307f.). Der zuletzt genannte Aspekt spielt in den 70er Jahren eine besondere Rolle. Exemplarisch hierfür steht die Erklärung „Bildung und Kultur als Element der Stadtentwicklung" des DEUTSCHEN STÄDTETAGES von 1973; darin wird gefordert, „Kristallisationspunkte eines vielfältigen sozialen Beziehungsgeflechts von Bildung, Kultur, Geselligkeit, Sport, Erholung und Versorgung in der Stadt zu schaffen" (zit. nach RÖBKE 1993, S. 117). In den späteren Erklärungen des DEUTSCHEN STÄDTETAGES rückt die Unterstützung von Angeboten des lebenslangen Lernens zwar in den Hintergrund, die Bildung wird aber weiterhin als zentrales Handlungsfeld betont. In der Münchner Erklärung „Bildung gemeinsam verantworten" appelliert der DEUTSCHE STÄDTETAG (2012) an die Kommunen, Bildung als entscheidendes Feld der Daseinsvorsorge zu erkennen und die Gestaltung der kommunalen Bildungslandschaft als Leitbild des eigenen Engagements zu begreifen. Bildung werde für Städte zur „zentralen Zukunftsstrategie" (DEUTSCHER STÄDTETAG 2012, S. 1).

„Die Ausdifferenzierung sowie Umsetzung der zentralen Elemente einer pädagogischen Konzeption stellt schließlich den Anwendungsbezug der theoretischen Überlegungen dar" (ROSEWITZ & SCHÄFER & WOLF 1980a, S. 41). So gelingt es – mit der Übersetzung der gewonnenen Kriterien über die inhaltlichen Aspekte hinaus – konkrete Vorschläge für die architektonische und räumliche Gestaltung des Umbaus der Ravensberger Spinnerei zu unterbreiten. Dieser Teil der Publikation steht für das erwachsenpädagogische Denken über den Raum. Auch wenn eine Vielzahl der Vorschläge realisiert werden konnten, so ließen sich nicht alle umsetzen; andere sind durch aktuelle Entwicklungen überholt worden bzw. haben sich durch neue Bedürfnisse der Nutzer*innen erübrigt. Bei der Entwicklung des Raumprogramms wurde der Schwerpunkt auf Räume gelegt, „die in anderen Gebäuden nicht mehrfach genutzt werden können oder bisher für Erwachsene ganz fehlen“ (UKENA 1983, S. 94).

Welche Erfahrungen mit dem Weiterbildungszentrum Ravensberger Spinnerei in den letzten Jahrzehnten gesammelt wurden, darüber gibt das Interview mit dem langjährigen Direktor DIRK UKENA Auskunft in dieser Publikation, der gemeinsam mit Architekt und Hochbauamt den Umbau geplant und nach dem Bezug das Haus über zwei Jahrzehnte genutzt hat. Dieser Teil steht für die Erfahrungen des raumbezogenen Handelns und ergänzt den über das erwachsenpädagogische Denken. Beide Aspekte zusammen konstituieren die räumliche Dimension der Erwachsenen- und Weiterbildung.

Ein besonderer Wert der Arbeit besteht darin, den inneren Zusammenhang von Lernprozessen und Lernumwelten in den Blick genommen und gezeigt zu haben, dass es möglich ist, pädagogische Prinzipien der architektonischen Gestaltung zugrunde zu legen. Leider sind die meisten Räume in Bildungsbauten, wie FILTER (2016, S. 10ff.) feststellt, „ungeeignet für die sensiblen, komplexen Lernvorgänge, die auf Beziehung und Resonanz beruhen“. An Lernorten gelte es, „Möglichkeitsräume“ zu schaffen sowie „Beziehungsfelder und Kommunikationsprozesse in Gestaltsprachen“ umzusetzen, was leider zu wenig Berücksichtigung findet, da Bildungsbauten eher als strukturale Architektur gedacht werden.

Der Forschungsbericht zur Ravensberger Spinnerei beschäftigt sich mit allen das Bedingungsgefüge von Lernorten bestimmenden Faktoren, wie sie von KRAUS skizziert werden (2015, S. 49). Hierzu gehören die Elemente von Wissensträgern, Infrastruktur, Atmosphäre und Ko-Präsenz. Zu den Wissensträgern, worunter Lehrende und Lernmittel verstanden werden, finden sich Aussagen zu den Rahmenbedingungen für erwachsenenpädagogisches Handeln und damit verbundenen professionellen Anforderungen; außerdem sind die Mitarbeitenden als Expert*innen für ihren zukünftig zu gestaltenden Arbeitsplatz Teil des Projektes gewesen. Ausführungen zu den Infrastrukturen finden sich in den Kapiteln, die Vorschläge zur räumlichen Gestaltung unterbreiten. Der Faktor der Ko-Präsenz behandelt die Optionen der Kooperation und die schon hierzu getroffenen Verabredungen. Die sich in der Atmosphäre ausdrückende Beziehung zwischen der Umgebungsqualität und dem Befinden der Menschen wird in einem Unterkapitel explizit behandelt, zieht sich aber wie ein roter Faden durch den gesamten Bericht, wenn wiederholt davon gesprochen wird, von welch zentraler Bedeutung es ist, durch die räumlich-architektonische Gestaltung ein Gefühl der Einbezogenheit, Zugehörigkeit und Orientierung zu schaffen.

Die räumlichen Rahmenbedingungen des Lernens sind leider immer noch, auch nach den Jahrzehnten, die seit der Vorlage unseres Forschungsberichtes vergangen sind, eine lohnenswerte Aufgabe der Erwachsenenbildungsforschung. Es gibt Orte, an denen Teilnehmende sich wohlfühlen und an denen sie gerne lernen, und solche, die Menschen möglicherweise an negative Schulerfahrungen erinnern und die sie deshalb meiden. Diese Aspekte zu beeinflussen, ist bei formalen und nichtformalen Bildungsangeboten nicht immer gegeben; allerdings lässt sich z. B. durch das räumliche Arrangement von Tischen und Stühlen hierauf relativ leicht Einfluss nehmen. Auch wenn dies eine triviale Erkenntnis ist, so wird sie in der Weiterbildungspraxis leider häufig vernachlässigt. Weit über die Gestaltung von einzelnen Räumen reicht die Aufgabe bei der architektonischen Gestaltung ganzer Bauten hinaus. Der Baukörper in der Außenwelt ist ein nicht zu vernachlässigender Resonanzraum für innere Lernprozesse. Das Verhältnis von Struktur und Handlung ist ein wechselseitiges: „Die Raumpraxis der Erwachsenenbildung strukturiert Raum und trägt damit zu Raumstrukturen bei, die zugleich Rahmenbedingungen für das professionelle Handeln darstellen" (KRAUS & STANG & SCHREIBER-BARSCH 2015, S. 21).

Aus der Architekturpsychologie wissen wir, dass die gestaltete Umwelt wichtige Beiträge zu „Arbeits- und Lernleistung, Wohlbefinden, Sozialverhalten, Gesundung sowie Umweltkontrolle" leistet (WALDEN 2016, S. 14). Durch die Gestaltung der Lernumgebung durch Licht und Farben lässt sich die Konzentration fördern und sowohl das Seelenleben als auch der gesamte physische Organismus, insbesondere das vegetative Nervensystem, positiv beeinflussen (BRÄUER & FISCHER 2016). Auch die Akustik des Raumes hat maßgeblichen Einfluss auf Wohlbefinden, Leistungsfähigkeit und das Sozialverhalten (LEISTNER 2016).

Aus Studien zu den milieuspezifischen Wertorientierungen und Einstellungen in der Weiterbildung wissen wir, dass die Zugehörigkeit zu einem Milieu direkte Konsequenzen hat hinsichtlich der Präferenzen für bestimmte Bildungsangebote bzw. die Ansprüche, die sowohl an die Häuser, Räumlichkeiten, Dozenten als auch die didaktisch-methodischen Konzepte von Weiterbildungsangeboten gestellt werden (BARZ & TIPPELT 2004, 2007).

Mit (HOLZBRECHER 2012) soll Lernarchitektur als theoretischer Überbegriff verwendet werden, der die Wechselbeziehung von Architektur und Pädagogik erklärt. In der Lernarchitektur erfolgt die bauliche Umsetzung auf Grundlage pädagogischer Prinzipien. Leider fehlt es bis heute an dem Bewusstsein und der Anerkennung der Relevanz für die Wechselwirkung von Didaktik und Architektur, wie KOERITZ ET AL. (2022, S. 7) in den zehn Leitlinien für Zukunftsorientierte Lernräume konstatieren.

## Neue Resonanzräume schaffen

In Zeiten, in denen neben den physischen Raum der digitale tritt, stellt sich die Frage nach der Gestaltung dieses Raumes auf eine neue Art. Das Digitale ist längst in die Handlungspraktiken eingebettet. „Die Digitalisierung des klassischen Lernraumes steht (…) der Sozialisierung des digitalen Lernraumes gegenüber" (KERRES 2016, S. 41). Digitale Medien halten verstärkt Einzug in traditionelles Lehren und Lernen in zeitlich und örtlich gebundener Präsenz, und das Lehren und Lernen im Internet wird gleichzeitig sozialer und kommunikativer. Beide Entwicklungen vollziehen sich parallel zueinander. Allerdings fehlt es bislang an Studien zum

Einsatz virtueller Realität in der allgemeinen Erwachsenenbildung (ZERNIG & GRUBER & MÜLLNER 2022, S. 16-3) und Erkenntnissen darüber, wie sich Lernprozesse durch die Verlagerung in den virtuellen Raum verändern (FEIGL 2022, S. 18-4).

Insbesondere stellt sich in digitalen Veranstaltungsformaten die Frage nach den spezifischen Formen der Präsenz und Absenz. Die Präsenz ist nicht nur eine Voraussetzung der Selbstermächtigung, sondern kann auch einen Resonanzraum für transformative Veränderungen schaffen (SCHÄFER 2024, S. 37). Dabei wird u.a. das Rollenhandeln der Lehrenden hinsichtlich ihrer stärker coachend Lern- und Bildungsprozesse begleitenden Anforderungen in den Blick zu nehmen sein.

Die Corona-Krise hat gezeigt, dass sich vieles in den digitalen Raum verlagern lässt, und macht zugleich die Grenzen dieser Verlagerung deutlich. Als analoge Körper bewegen sich Menschen immer im physischen Raum auch während virtueller Treffen. Mit der zunehmenden Reduzierung der physischen Bewegungsmöglichkeiten, die unzutreffend als Social Distancing bezeichnet wird, wächst das Bedürfnis nach sozialem Austausch im physischen Raum. Hierzu stellt Stang fest:

*„Gleichzeitig fordert der digitale Raum einen veränderten Umgang mit unserer Körperlichkeit ein. Der biologische Körper ist zwar im Physischen präsent, der Leib muss es in beiden Sphären sein. Dies macht deutlich, dass, wenn wir heute das Verhältnis von Körper und Raum betrachten, ein differenzierter Blick notwendig ist. Für viele war der digitale Raum lange eine ‚Terra incognita', die erst erkundet werden muss und dortige Raumerfahrungen erst kulturell durchdrungen werden müssen, um ein Körpergefühl zu entwickeln. Dies generiert wiederum Rückwirkungen auf das Verhältnis des Körpers zum physischen Raum. Die derzeitigen Suchbewegungen bei der Gestaltung von räumlichen Umgebungen in den Bereichen Arbeit und Bildung machen deutlich, dass es einen Bedarf gibt, die kulturell geprägten Handlungsstrukturen in physischen Räumen wie Arbeitsplätzen und Lehr-Lernplätzen neu zu formieren. Vielleicht ist es eine der spannendsten Herausforderungen der heutigen Zeit, das Physische und das Digitale zu moderieren ohne dabei das Körperliche beziehungsweise das Leibliche zu vergessen – und dies gilt für alle Bereiche unseres Lebens."* (2021, S. 21)

Intelligente Verknüpfungen von analogen und digitalen Lehr-Lern-Arrangements können Räume und Zeiten für neue Erfahrungen eröffnen, in denen sich Menschen mit Freude und Begeisterung kollaborativ und reflexiv auf ‚Bildungsreisen' zur Erkundung der individuellen, sozialen und gesellschaftlichen Innen- und Außenwelt begeben. Die entstehenden Räume zeichnen sich durch unterschiedliche funktionale Qualitäten aus (vgl. Abb. 1). Im Inspirationsraum werden Menschen begeistert und machen bedeutungsvolle Erfahrungen, im Lernraum gewinnen Menschen Erkenntnisse und entwickeln Kompetenzen, im Treffpunkt werden aktuelle Probleme diskutiert und die Möglichkeit zum Entspannen geboten, und der performative Raum gewährt Zugang zu Werkzeugen und Materialien, die kreatives und künstlerisches Gestalten ermöglichen (JOCHUMSEN & SKOT-HANSEN & HVENEGAARD-RASMUSSEN 2014). Über die dialogische Begegnung können Menschen sich Haltungen, Fähigkeiten und Kompetenzen erschließen, neue Chancen auf berufliche, kulturelle und soziale Teilhabe eröffnen und Möglichkeiten zur Gestaltung der eigenen

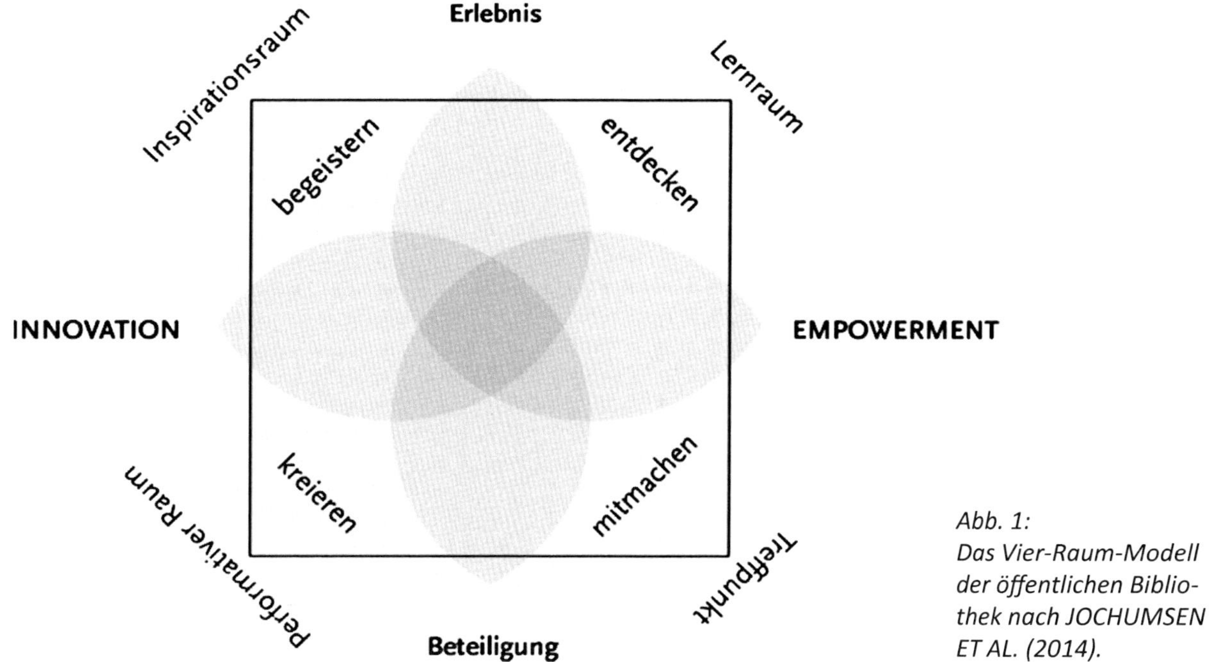


*Abb. 1: Das Vier-Raum-Modell der öffentlichen Bibliothek nach JOCHUMSEN ET AL. (2014).*

Lebenswelt realisieren. Wenn dabei bestehende institutionelle, Fach-, Alterssowie soziale und andere Grenzen überschritten werden, schafft dies Raum für neue Erfahrungen.

Eine zentrale Aufgabe für Lern- und Bildungsprozesse ist es, innen und außen Resonanz- und Entfaltungsräume zu schaffen (GRAESSNER 2024), die Möglichkeitsräume für Lernprozesse (SCHARMER 2020, S. 210 FF.) eröffnen. Diese sollen unterschiedliche Offerten für das Denken, Fühlen und Handeln bereitstellen, die neue Erfahrungen zulassen. Diesen Möglichkeitsraum im Inneren wie im Äußeren entstehen zu lassen, ist die Aufgabe aller am Lernprozess Beteiligten. Der Möglichkeitsraum bietet den Lernenden die Option, etwas in sich selbst zu entdecken; die dialogische Begegnung wirkt als Katalysator für diesen Prozess.

Für Hochschulen formulieren es BUCHE & MÜLLER-TEUSLER folgendermaßen „Zudem sollte es Raum geben, sich nach persönlichen Interessen zu bilden, Neues zu entdecken und unbekannte Bereiche zu erkunden. (...). Bieten sich solche Räume, werden sich Situationen und Momente ergeben, die die Studierenden individuell berühren, über die sie noch länger (un-)bewusst nachdenken und die emotional eine weitreichende Wirkung haben und so entscheidend zur Persönlichkeitsentwicklung beitragen“ (BUCHE & MÜLLER-TEUSLER 2024, S. 24).

Lernräume lassen sich „als unter pädagogisch methodischen Gesichtspunkten modellierte Räume beschreiben, die den Lernenden ermöglichen, vor dem Hintergrund ihrer Erfahrungen neue Erfahrungen zu machen, sie zu kommunizieren, zu systematisieren, daraus Kompetenzen zu entwickeln und in ihre individuellen Handlungsmuster einzubauen“ (HURRLE ET AL. 1999, S. 61).

Die Schaffung von für konstruktive und explorative Aktivitäten förderliche Lernräume ist eine erste pädagogische Intervention noch bevor das Interaktionsgeschehen in Bildungsveranstaltungen stattfindet.

„Die Potenziale von Räumen erschließen sich erst, wenn ihre materiellen, sozialen, energetischen und poetischen Dimensionen aktiv in Verbindung mit den inneren Räumen der Lernenden gebracht und ihre didaktischen und methodischen Möglichkeiten bewusst erschlossen werden“ (RITSCHEL 2024). Lernarchitekturen sind Resonanzkörper und ermöglichen individuelle Entwicklungen der Lernenden. Durch ihre Interaktionen konstituieren und gestalten sie ihrerseits wiederum den wahrgenommenen sozialen Raum.

Das Weiterbildungszentrum Ravensberger Spinnerei hat sich in den letzten Jahrzehnten primär als Ort gelingenden Präsenzlernens bewährt. Im Januar 1986 wurde das Hauptgebäude eröffnet. Das bedeutete einen „gewaltigen Signal- und Werbeeffekt“ und die Ravensberger Spinnerei wurde „einer der wichtigsten Veranstaltungsorte in Bielefeld auch für Ausstellungen, Konferenzen, Messen, Musik- und Kulturevents“ (UKENA 2013a, S. 743f.). Auf Anhieb war ein Anstieg der Teilnehmendenzahlen um 40 % im Innenstadtbereich zu verzeichnen (UKENA 1989, S. 106). Die der Ravensberger Spinnerei im Forschungsbericht zugeschriebene Katalysatorenfunktion hat sie damit erfüllt. Was damals als Zukunftshoffnung formuliert wurde, ist Wirklichkeit geworden: „Das Weiterbildungszentrum wird (…) zu einem wesentlichen Element im städtischen Gefüge werden und dem Interesse für Weiterbildung wertvolle Impulse verleihen“ (ROSEWITZ & SCHÄFER & WOLF 1980a, S. 133).

Ein äußerliches Zeichen der Anerkennung ist die im Jahre 1986 erfolgte Verleihung des Deutschen Preises für Denkmalschutz an die „Bürgerinitiative Alte Ravensberger Spinnerei“ und den aus ihr hervorgegangenen Förderkreis. In der entsprechenden Urkunde heißt es: „Die Rettung der Ravensberger Spinnerei ist fern von romantischer Nostalgie ein nachahmenswertes Beispiel für phantasievollen Umgang mit einem stadtbildprägenden Denkmal und für die Identifikation der Bürger mit ihrer Stadt“ (LORENZ 1989, S. 99). Für die Sanierungsarbeiten und das Umnutzungsprojekt zum stadtbildprägenden Kulturzentrum erhielt PETER OBBELODE 1989 den Europa Nostra Award, den Preis der Europäischen Union für das Kulturerbe, der als bedeutendster Preis für Denkmalpflege in Europa gilt.

Eine Erklärung für den Erfolg des Weiterbildungszentrums Ravensberger Spinnerei könnte in dem Phänomen der „Anverwandlung“ liegen, wie es EBNER VON ESCHENBACH beschreibt. Mit dem Bezug auf die Studie von DISSMANN (2011) zur Gestaltung von städtischen stillgelegten bzw. ungenutzten Flächen weist er darauf hin, dass es nicht ausreicht, wenn ein Gebäude für Erwachsenenbildungsarbeit geöffnet wird, sondern dass es auf eine Anverwandlung ankommt, „d.h. eine auf beiderseitigen Vollzug ausgelegte Konstitution eines Lern- und Bildungsraumes ist vonnöten, um die Bedingungen eines ‚guten Gelingens‘ von Erwachsenenbildung zu ermöglichen“ (EBNER VON ESCHENBACH 2020, S. 120).

## Lehr- und Lern-Kulturen im Zeitalter der Digitalität

Wie es den Lernort Weiterbildungszentrum unter den neuen digitalen Herausforderungen weiterzuentwickeln gilt, ist eine aktuelle Aufgabe (FILZMOSER 2021). Im Bereich der Hochschule gibt es bereits dokumentierte Praxisbeispiele zur Lernraumgestaltung im digitalen

Wandel (PRILL 2019). Die Zukunft liegt, wie die Erfahrungen mit dem Digitalisierungsschub in der Corona-Krise und auch der Zeit des Neustarts danach gezeigt haben, in einer kreativen Verbindung von neuen hybriden Lernumgebungen und -formaten (SCHÄFER & EBERSBACH 2021, S. 35). Hybride Lernumgebungen sind als eine Kombination von materiellen und virtuellen Raumkomponenten sowie dem sozialen Gefüge zu verstehen. Werden materielle und virtuelle Räume miteinander vernetzt, entsteht ein neuer, hybrider Raum (EDINGER & REIMER 2015, S. 206ff.). „Sowohl im materiellen als auch im virtuellen Raum ist die Rezeption von Schwellen und deren Überwindung bzw. die daraus resultierende Exklusion sozial bestimmt" (EDINGER & REIMER 2015, S. 212). Das entscheidende ist, dass der Mensch die conditio sine qua non für die Lernraumkonstitution bleibt.

*„Hybride Lernumgebungen und -settings müssen sich an den Bedarfen (und zuweilen auch an den Bedürfnissen) der Lernenden orientieren. Lernende sind sich ihrer Lernprozesse nicht immer bewusst; umso bedeutsamer ist es, Lernumgebungen zu gestalten, die flexibel auf individuelle (Lern-) Anforderungen und Kontexte reagieren."* (EDINGER & REIMER 2015, S. 213)

Neben dem Unterrichten, Informieren, Beraten und Animieren ist das Arrangieren eine Grundform pädagogischen Handelns (GIESECKE 2010), die besonders in der Weiterbildung von Bedeutung ist. Es greift die Trends zur Individualisierung und Flexibilisierung des Lernens auf, die wir speziell in den Prozessen der Digitalisierung erleben. An die Stelle eines an Dozierenden orientierten Lehrprozesses treten in steigendem Maße selbstgesteuerte Lernprozesse, für die die Lernenden zunehmend die Kontrolle und Verantwortung übernehmen.

In der Zweiten Moderne (BECK & GRANDE 2010) sieht sich die Erwachsenen- und Weiterbildung mit einem Paradigmenwechsel von der Erzeugungs- zur Ermöglichungsdidaktik konfrontiert (ARNOLD & SCHÜßLER 1998). In diesem Sinne forderten MANDL & REINMANN-ROTHMEIER bereits vor über 25 Jahren die Entwicklung und Etablierung einer Lernkultur, „die sich von den gängigen Metaphern des Wissenstransportes und der Informationsübertragung lösen müsse. Eine konstruktivistisch geprägte Lernkultur stellt das Lernen über das Lehren, die Konstruktion über die Instruktion" (1998, S. 197f.). Eine Lehr-Lern-Kultur, die diesen Prinzipien folgt, bietet den Lernenden Freiraum für konstruktive und explorative Aktivitäten; daneben bedarf es ggf. auch expliziter Instruktionen durch die Lehrenden in Form von Hilfestellungen für den Umgang mit Informationen, die Bearbeitung von Problemstellungen und die Zusammenarbeit in Gruppen. Die digitale Transformation bietet die Chance, den eingeleiteten Paradigmenwechsel zu vollenden. Eine neue Lehr-Lern-Kultur manifestiert sich in neuen Sichtweisen auf Inhalte, Formate, Zielgruppen und insbesondere neuen Rollen.

Die Führungskräfte der Erwachsenen- und Weiterbildungseinrichtungen sind gefordert, ihre Institutionen strategisch neu auszurichten, dafür die personellen, zeitlichen, räumlichen und finanziellen Ressourcen zu sichern, Weiterbildungs-, Reflexions- und Transformationsbedarfe zu organisieren und die Vernetzungsarbeit zu intensivieren. Zur Bewältigung der digitalen Herausforderungen wird es wichtig sein, dass interdisziplinäre Teams bei der Gestaltung medialer und digitaler Lehr-Lern-Prozesse eng zusammenarbeiten. Das pädagogische und disponierende Personal sieht sich mit neuen Rollenanforderungen konfrontiert; Lehrende werden zunehmend Mentor*in, Berater*in und Coach, Lernvideo-Gestalter*in, Kulturentwickler*in, Lerndesigner*in und Lernbegleiter*in. Die skizzierten Veränderungen bedingen einen Wandel der Lehr-Lern-Kultur (EBERSBACH & SCHÄFER 2022).

Die übergeordneten Ziele der Etablierung einer neuen Lehr-Lern-Kultur in der Weiterbildung sind es, Menschen die Möglichkeiten des Zugangs zu den technischen und sozialen Voraussetzungen des digitalen kooperativen Lernens zu gewährleisten, Teilhabechancen zu vergrößern, Kenntnisse über digitale Entwicklungen zu vermitteln, Bedingungen für das Ausprobieren technischer Möglichkeiten zu schaffen, den Erwerb von Medienkompetenz zu fördern und einen Dialog über die einzuschlagenden Mediatisierungspfade zu initiieren und zu führen. Die Aufgabe besteht darin, das lebenslange Lernen als Teil der Organisations- bzw. Unternehmenskultur zu implementieren. Damit die Nachhaltigkeit der digitalen Transformation bei den Weiterbildungsanbietern gewährleistet werden kann, bedarf es bestimmter Voraussetzungen und Bedingungen; diese erstrecken sich auf fünf Ebenen: die Bestandssicherung und Kontinuität, die Erarbeitung einer Digitalisierungsstrategie, die Entwicklung der kulturellen, sozialen und technischen Subsysteme, die Etablierung von Experimentierfeldern sowie die externe und interne Vernetzung (SCHÄFER & EBERSBACH 2021, S. 47 ff.).

Die Digitalisierung in der Erwachsenen- und Weiterbildung ist ein gestaltbarer Entwicklungsprozess. Im Interesse ihrer zukünftigen Rolle im Bildungssystem ist die Weiterbildung gefordert, jene strukturellen Veränderungen, von denen sie selbst betroffen ist, proaktiv zu beeinflussen. Dabei geht es darum, die durch die Corona-Krise angestoßenen Überlegungen konsequent weiter zu verfolgen und neu entstandene Freiräume für strategisches Denken und Dialog nach innen, bezogen auf die eigene Organisationsentwicklung, wie nach außen, in die Gesellschaft hinein, zur Etablierung einer neuen Lehr- und Lern-Kultur zu nutzen.

In einer neuen Lehr-Lern-Kultur sollen die medialen Möglichkeiten den Erwachsenenbildner*innen mehr Optionen zur professionellen Gestaltung des Lernprozesses anbieten, was gleichzeitig eine Steigerung der konzeptionellen Überlegungen zur Gestaltung der Lehr-Lern-Arrangements mit sich bringt. Diese leben von der Ausgewogenheit von Inhalten, Anleitung, Ritualen und Selbstständigkeit. Zu einer guten Bildungsarbeit gehört ihre methodisch-didaktische Reflexion, unabhängig davon, ob sie in physischer oder virtueller Anwesenheit stattfindet. In den analogen, hybriden bzw. digitalen Lernwelten geht es darum zu experimentieren und so den eigenen Handlungsraum zu erweitern und zu bereichern.

Ob sich die mit der Digitalisierung verbundenen Erwartungen hinsichtlich des Abbaus von Bildungsprivilegien, der Angleichung von Lernchancen, der Beförderung demokratischer Prozesse, der Überwindung digitaler Disparitäten und der Realisation von mehr Teilhabe an Bildung verwirklichen lassen, hängt ab von den einzuschlagenden Mediatisierungspfaden. Hierdurch entscheidet sich, ob Bildung als öffentliches Gut eine Chance hat oder gänzlich zur Ware wird.

Der Umbau des 1855 bis 1858 im neogotischen Stil nach englischem Vorbild errichteten Fabrikschlosses Ravensberger Spinnerei zu einem Weiterbildungszentrum dokumentiert die „Entwicklung der Stadt von einem (primär) ökonomischen Anziehungspunkt und Zentrum hin zu einem integrierten Ganzen, das soziale und kulturelle Orientierungen zu vermitteln als eine wichtige Aufgabe ansieht" (ROSEWITZ & SCHÄFER & WOLF 1980a, S. 13). Die Ravensberger Spinnerei als Zeugnis Bielefelder Industriegeschichte „stellt eines der ersten in Deutschland unter Schutz gestellten und erfolgreich umgebauten Industriedenkmale der Frühzeit der Hochmoderne (um 1860) dar" (WIESENER 2020, S. 149). Ende der 1970er und Anfang der 1980er Jahre begann ein Prozess, in dem erkannt wurde, wie wichtig Bildung, Kultur, Sport, Erholung und Natur als Pull-Faktoren für Bielefeld als Oberzentrum sind. Wie zur Zeit des Umbaus der Ravensberger Spinnerei gibt es auch heute spannende Projekte, die es mit Interesse zu verfolgen gilt. Wie ein zukunftsorientierter Campus für lebenslanges und selbstbestimmtes Lernen aussehen kann, lässt sich am Beispiel von Life Hamburg aufzeigen. Hier entsteht bis 2025 im Stadtteil Bramfeld der Neubau eines großen Bildungsinnovationszentrums als Haus des Lernens. Es wird eine KITA, eine Schule, ein digitales Lernzentrum, Werkstätten und Kreativ-Labore sowie Bewegungsangebote, Co-working- und Ruhebereiche, Gesundheits-Center, Community Angebote, Urban Gardening, Aufführungsflächen, Cafés, Bistros und Sozialräume für generationsübergreifendes Miteinander unter einem Dach geben.

## Dritte, vierte und fünfte Orte

Angesichts einer zunehmend segmentierten Gesellschaft werden milieu- und generationsübergreifende gemeinsame Diskursorte dringend benötigt. Weiterbildungszentren als integrierte Bildungs- und Begegnungsstätten können hier eine wichtige Funktion angesichts zentrifugaler gesellschaftlicher Tendenzen übernehmen. Die aktuelle Diskussion um den Stellenwert dritter Orte ist ein Beleg hierfür.

Das Konzept des ‚Dritten Ortes' geht auf den US-amerikanischen Soziologen OLDENBURG (1999) zurück. Demnach dient der Erste Ort dem Arbeitsleben, der Zweite Ort dem Familienleben. Der Dritte Ort soll zu den beiden anderen einen Ausgleich schaffen und ist ein Treffpunkt für die nachbarschaftliche Gemeinschaft.

Zentral für Dritte Orte sind nach EIGENBRODT (2014, S. 29) die Aspekte „Zugänglichkeit, Möglichkeit informeller Begegnungen und Zweckfreiheit". Dritte Ort zeichnen sich dadurch aus, dass sie neutrale Ort sind, wo man kommen und gehen kann, die leicht zugänglich und einladend sind, die ein Gefühl von Zugehörigkeit und eine Gemeinschaft ohne Zwang verkörpern. Dritten Orten ist gemeinsam, dass sie eine hohe Aufenthaltsqualität besitzen, ein breites Angebot, die Offenheit des Zugangs gewährleisten, die soziale Kohäsion stärken und flexible Raumstrukturen offerieren. In den 1970er Jahren wurde der Begriff des Dritten Ortes vor allem auf Erlebnis- und Shoppingorte angewendet. Heute werden Begegnungsorte wie Bibliotheken, Volkshochschulen, Museen, Cafés usw. darunter gefasst.

Das Konzept des Dritten Ortes erweitert MORISSON (2019) indem er auf neue Mischformen in der modernen Wissensgesellschaft verweist. In der knowledge city könnten, so seine Argumentation, neue soziale Umgebungen Elemente des ersten und zweiten Ortes kombinieren (Coliving), ebenso wie des zweiten und dritten Ortes (Coworking) sowie des

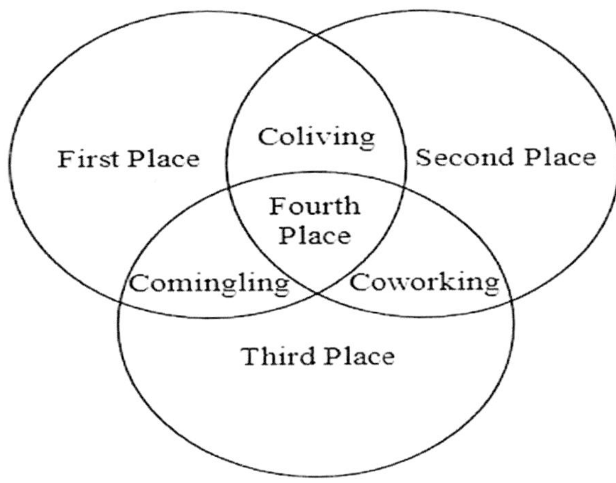


*Abb. 2:*
*Orte der knowledge society (MORISSON, 2019, S. 448).*

ersten und dritten Ortes (Comingling). Darüber hinaus impliziere die Kombination von Elementen des ersten, zweiten und dritten Ortes in neuen sozialen Umgebungen die Entstehung eines Vierten Ortes. An diese Überlegungen anschließend stellt STANG (2023, S. 14) die Frage „wo Bildungs- und Kultureinrichtungen in dieser Struktur zu verorten sind, da sie meistens nichtkommerziell aber nicht zweckfrei seien? Handelt es sich hier um den Fünften Ort?“ Auch wenn für Bildungs- und Kultureinrichtungen viele Merkmale der Dritten Orte konstitutiv sind, so kann es hilfreich sein, diese Einrichtungen als Fünfte Orte zu bezeichnen, um ihre Spezifik deutlich zu machen (vgl. Abb. 2).

Solche Begegnungsorte sind in Zeiten des Vertrauensverlustes in Regierungen, Medien und Institutionen, einer zunehmenden gesellschaftlichen Segmentierung bzw. Polarisierung wichtiger denn je. Angesichts der aktuellen gesellschaftspolitischen Entwicklungen, die darauf hindeuten, dass es Bevölkerungsgruppen gibt, die das bestehende politische System nicht mehr unterstützen, die sich an den Rand gedrängt fühlen bzw. zur parlamentarischen Demokratie und ihren Repräsentanten auf Distanz gehen, sind Orte, an denen es zu Begegnungen mit einem gedanklichen Austausch kommt, von zentraler Bedeutung. Die Fünften Orte können einen niederschwelligen Zugang zu Bildung und Kultur eröffnen, verschiedene Bevölkerungsgruppen an Bildungsangebote heranführen und insgesamt ein zentraler Schlüssel für die kommunale Entwicklung sein. Damit werden positive Voraussetzungen und Bedingungen für das Erleben eines gesellschaftlichen Zusammenhalts geschaffen.

Verbunden mit der reflexiven Begleitung individueller Transformationsprozesse kann die Weiterbildung ein Ort sein, an dem Menschen „ein professioneller Rahmen für ihre Suchbewegungen nach Sinn bereitgestellt wird“ (SCHÜßLER 2016, S. 22). Die „Sinnangebote“, die Raumstrukturen enthalten, haben, wie LUDWIG aus bildungstheoretischer Sicht argumentiert, einen großen Einfluss auf die „Lebenshaltung“ von Lernenden wie Lehrenden (2012, S. 29). Sinnstiftende „‚Lernkulturen der Achtsamkeit‘ wären (…) eine wichtige Voraussetzung zur Entwicklung von Selbstbestimmungs-, Mitbestimmungs- und Solidaritätsfähigkeit“ (SCHÜßLER 2016, S. 22). Voraussetzung für die Selbstbestimmungsfähigkeit ist eine gefestigte innere Selbstreferenz (HÜTHER 2020). Hieraus erwachsen selbständiges Denken und Handeln.

## Literatur


ARNOLD, R. & SCHÜßLER, I. (Hrsg.) (1998). Wandel der Lernkulturen. Ideen und Bausteine für ein lebendiges Lernen. Darmstadt: Wissenschaftliche Buchgesellschaft.

BAACKE, D., SOBEK, B. & WESSEL, I. (1977). Erfahrungen und Probleme mit Projekten im Bereich der Gemeinwesenarbeit. In: Interaktion und Organisation in pädagogischen Feldern. Bericht über den 5. Kongress der Deutschen Gesellschaft für Erziehungswissenschaft vom 29. - 31.3.1976 in der Gesamthochschule in Duisburg, hrsg. von H. Blankertz. Zeitschrift für Pädagogik 13. Beiheft. S. 181-194. Weinheim/Basel: Beltz.

BARZ, H. & TIPPELT, R. (Hrsg.) (2004). Adressaten und Milieuforschung zu Weiterbildungsverhalten und -interessen. In: Weiterbildung und soziale Milieus in Deutschland. Bd. 2. Bielefeld: W. Bertelsmann Verlag.

BARZ, H. & TIPPELT, R. (Hrsg.) (2007). Praxishandbuch Milieumarketing. 2. Auflage. In: Weiterbildung und soziale Milieus in Deutschland. Bd. 1. Bielefeld: W. Bertelsmann Verlag.

BEAUGRAND, A. (2013). Arbeiterzwingburg, Fabrikschloss, Kulturfabrik. In: Stadtbuch Bielefeld 1214–2014, hrsg. von A. Beaugrand. Bielefeld: BVA BikeMedia. S. 448–457.

BECK, U. & GRANDE, E. (2010). Jenseits des methodologischen Nationalismus: Außereuropäische und europäische Variationen der Zweiten Moderne. In: Soziale Welt, 61. Jg., Heft 3/4, S. 187–216.

BERNHARD, C., KRAUS, K., SCHREIBER-BARSCH, S. & STANG, R. (Hrsg.) (2015). Erwachsenenbildung und Raum. Theoretische Perspektiven – professionelles Handeln – Rahmungen des Lernens. Bielefeld: wbv.

BÖHLE, P., LIPKOWSKY, G. & SCHLIEHE, G. (1983). Projekt Neu- und Umbauten für die Weiterbildung. Ergebnisse der Projektarbeit. Neuss: Landesinstitut für Curriculumentwicklung, Lehrerfortbildung und Weiterbildung.

BRÄUER, J. & FISCHER, K. A. (2016). Beispiel: Lernumgebung und Lernerfolg. Wie Licht und Farben Einfluss nehmen. In: Weiterbildung, 5. S. 18–21.

BRÜSCHWEILER, B. & REUTLINGER, C. (2014). Raum als dritter Erzieher. In: Tätigkeit – Aneignung – Bildung. Sozialraumforschung und Sozialraumarbeit, hrsg. von Deinet & Reutlinger. Wiesbaden: Springer VS. S. 175–188.

BUCHE, A., BECKER, K & GRAEßNER, G. (2024) (Hrsg.). Lehren und Prüfen. Empirische Ergebnisse und Reflexionen zu Hochschulen der Zukunft. Bremen: Apollon University Press.

BUCHE, A. & MÜLLER-TEUSLER, S. (2024). Lebenslanges Lernen in sozialwissenschaftlichen Kontexten: non-formales und informelles Lernen. In: A. Buche, K. Becker & G. Graeßner (2024) (Hrsg.). Lehren und Prüfen. Empirische Ergebnisse und Reflexionen zu Hochschulen der Zukunft. Bremen: Apollon University Press. S. 15–36.

BUSS, M. (2021). Gebaute Heilkunst: Zum systematischen und historischen Zusammenhang von Architektur und Medizin. Diss., Weimar Bauhaus-Universität Weimar.

DEUTSCHER AUSSCHUSS FÜR DAS ERZIEHUNGS- UND BILDUNGSWESEN (1960). Zur Situation und Aufgabe der deutschen Erwachsenenbildung. Empfehlungen und Gutachten des Deutschen Ausschusses für das Erziehungs- und Bildungswesen 1953–1965. Gesamtausgabe (Bd. 1966). Stuttgart: Ernst Klett Verlag.

DEUTSCHER STÄDTETAG (1973). Bildung und Kultur als Element der Stadtentwicklung. In: Wege zur menschlichen Stadt: Vorträge, Aussprachen und Ergebnisse der 17. Hauptversammlung des Deutschen Städtetages vom 2. bis 4. Mai 1973 in Dortmund, hrsg. von Deutscher Städtetag. Köln: Kohlhammer. S. 97–113.

DEUTSCHER STÄDTETAG (2012). Bildung gemeinsam verantworten. Münchner Erklärung des Deutschen Städtetages anlässlich des Kongresses „Bildung gemeinsam verantworten" am 8./9. November 2012. https://www.staedtetag.de/files/dst/docs/Dezernat-3/Archiv/muenchner-erklaerung-2012. pdf. Zugegriffen am 17. Januar 2023.

DISSMANN, C. (2011). Die Gestaltung der Leere. Zum Umgang mit einer neuen städtischen Wirklichkeit. Bielefeld: transcript Verlag.

DONNEPP, B. (Hrsg.) (1992). Für ein kulturelles Stadtbewusstsein: Beiträge der Erwachsenenbildung am Beispiel der Insel Marl. Bad Heilbrunn/Obb.: Klinkhardt.

EBERSBACH, A. & SCHÄFER, E. (2022). Die digitale Transformation als Herausforderung für eine neue Lehr-Lern-Kultur in der Weiterbildung. In: Virtuelle und hybride Lösungen in institutionalisierten Bildungsprozessen, hrsg. von Hanstein & Lanig. München: kopaed. S. 33–48.

EBNER VON ESCHENBACH, M. (2020). Anverwandlung – Skizze einer begrifflichen Neuorientierung in der erwachsenenbildungswissenschaftlichen Raumforschung. In: Neue Häuser der Erwachsenenbildung 1959 und 2019, hrsg. von B. Käpplinger. Berlin: Peter Lang. S. 107–124.

EDINGER, E.-C. & REIMER, R. (2015). Thirdspace als hybride Lernumgebung. Die Kombination materieller und virtueller Lernräume. In: Erwachsenenbildung und Raum. Theoretische Perspektiven – professionelles Handeln – Rahmungen des Lernens, hrsg. von C. Bernhard, K. Kraus, S. Schreiber-Barsch & R. Stang. Bielefeld: wbv. S. 205–216.

EIGENBRODT, O. (2014). Veränderte Kontexte und Funktionen. Ansätze einer neuen Typologie für Wissensräume. In: O. Eigenbrodt; R. Stang (Hrsg.): Formierungen von Wissensräumen. Optionen des Zugangs zu Information und Bildung. Berlin; Boston: De Gruyter Saur, S. 22–36.

FEIGL, E. (2022). Homo Hapticus ade? Ein Nachdenken über die Bedeutung von Haptik, Körperlichkeit und Wahrnehmung in Zeiten zunehmend digitalisierten Lernens und Lehrens. In: Magazin erwachsenenbildung.at. Das Fachmedium für Forschung, Praxis und Diskurs. Ausgabe 44–45. Online: https://erwachsenenbildung.at/magazin/ausgabe-44-45. Zugegriffen am 7. Februar 2022.

FILTER, E. (2016). Grundkategorien innenarchitektonischer Gestaltung. Mensch, Raum, Interaktion. In: Weiterbildung, 5. S. 10–13.

FILZMOSER, G. (2021). Bildungshäuser im digitalen Wandel. Bielefeld: wbv.

FOLTINEK, K. (1972). Gemeinschaftsbauten für Erwachsenenbildung in Österreich. Überlegungen und Erfahrungen. In: Erwachsenenbildung in dieser Zeit. Beiträge aus Österreich zur Theorie der Erwachsenenbildung, hrsg. von A. Pfniß. Graz/ Wien: Leykam Verlag. S. 214–228.

GANGLBAUER, S. (2012). Bauten für die Volksbildung? Volkshochschulen, Volksheime und Häuser der Begegnung in Wien. In: Spurensuche. Zeitschrift für Geschichte der Erwachsenenbildung und Wissenschaftspopularisierung, 20/21. Jg. H. 1-4. S. 192–228.

GIESECKE, H. (2010). Pädagogik als Beruf: Grundformen pädagogischen Handelns. 10. Auflage. Weinheim/München: Juventa.

GLASER, E., KOLLER, H.-C., THOLE, W. & KRUMME, S. (Hrsg.) (2018). Räume für Bildung – Räume der Bildung. Beiträge zum 25. Kongress der Deutschen Gesellschaft für Erziehungswissenschaft. Opladen/Berlin/Toronto: Verlag Barbara Budrich.

GRAEßNER, G. (2024). Ungewöhnliche Bildungsbiografien. In Zeitschrift für Sozialmanagement, 22. H. 1. (im Erscheinen).

GRAEßNER, G. (2022). Bildung zwischen Demokratie und Ökonomie. In: Das Archiv, Zeitung für Wolfsburger Stadtgeschichte, Jg. 7, Nr. 24. S. 9-16.

GROTLÜSCHEN, A. & RICHTER-BOISEN, A. (2023) (HRSG.): Bauhaus und Erwachsenenbildung. Progressive Architektur im Verhältnis zu Reformpädagogik und Arbeiter:innen-Bewegung. Opladen, Berlin & Toronto: Verlag Barbara Budrich. URN: urn:nbn:de:0111-pedocs-280725 -DOI: 10.25656/01:28072; 10.3224/84742762. Zugegriffen am 25. März 2024.

GÜNTER, R. & WEBER, K. (1972). Fabrikschloß als Kommunikationszentrum. In: Bauwelt, 63. Jg., Nr. 36. S. 1400f.

HABERMAS, J. (1991). Erläuterungen zur Diskursethik. Frankfurt a. M.: Suhrkamp.

HOLZBRECHER, A. (2012). Der Raum als „dritter Pädagoge“. Vorlesung vom 13.6.2012. Pädagogische Hochschule Freiberg. Verfügbar unter: https://www.ph-freiburg.de/fileadmin/dateien/fakultaet1/ew/ew1/Personen/holzbrecher/8.Holzbrecher_Schularchitektur.pdf. Zugegriffen am 7. Februar 2024.

HURRLE, G., RODECK, B., & ALLERT, H. (1999). Methodische Reflexionen über Multimediabildung für ArbeitnehmerInnen. Interaktivität und Hyperstruktur. In: Forschungsinstitut für Arbeiterbildung Recklinghausen (Hrsg.), Jahrbuch Arbeit, Bildung, Kultur (Bd. 17, S. 57–68). Recklinghausen: FIAB.

HÜTHER, G. (2020). Rettet den Eigensinn. In: Wege, 3+4. S. 26–29.

KEMNITZ, H. & JELICH, F.-J. (2003). Die pädagogische Gestaltung des Raums. Zur Einleitung in diesen Band. In: Die pädagogische Gestaltung des Raums, hrsg. von F.-J. Jelich & H. Kemnitz. Bad Heilbrunn: Verlag Julius Klinkhardt. S. 9–14.

JOCHUMSEN, H., SKOT-HANSEN, D. & HVENEGAARD-RASMUSSEN, C. (2014). Erlebnis, Empowerment, Beteiligung und Innovation: Die neue Öffentliche Bibliothek. In: Formierungen von Wissensräumen: Optionen des Zugangs zu Information und Bildung, hrsg. von O. Eigenbrodt & R. Stang. Berlin/Boston: De Gruyter. S. 67–80.

KAISER, A. (2016). Lernarchitektur – am Menschen orientierte Baukonzepte. In: Weiterbildung, 5. S. 3.

KERRES, M. (2016). E-Learning vs. Digitalisierung der Bildung: Neues Label oder neues Paradigma? In: Handbuch E-Learning, hrsg. von A. Hohenstein & K. Wilbers. Fachverlag Deutscher Wirtschaftsdienst. 61. Ergänzungslieferung.

KÄPPLINGER, B. (Hrsg.) (2020). Neue Häuser der Erwachsenenbildung 1959 und 2019. Berlin: Peter Lang.

KÄPPLINGER, B. & ELFERT, M. (2018). Verlassene Orte der Erwachsenbildung. Berlin: Peter Lang.

KESSL, F. (2016). Erziehungswissenschaftliche Forschung zu Raum und Räumlichkeit. In: Zeitschrift für Pädagogik, 1. S. 5–19.

KOERITZ, J., KOLBERT, L. & WIDE, M. (2022). Zehn Leitlinien für zukunftsorientierte Lernräume. Wie Hochschulen mit neuen Lernarchitekturen die Lehre der Zukunft fördern können. Essen, Berlin: Stifterverband für die Deutsche Wissenschaft e. V.

KRAUS, K. (2015). Orte des Lernens als temporäre Konstellationen. Ein Beitrag zur Diskussion des Lernortkonzepts. In: Erwachsenenbildung und Raum. Theoretische Perspektiven – professionelles Handeln – Rahmungen des Lernens, hrsg. von C. Bernhard, K. Kraus, S. Schreiber-Barsch & R. Stang. Bielefeld: wbv. S. 41–53.

KRAUS, K., STANG, R. & SCHREIBER-BARSCH, S. (2015). Erwachsenenbildung und Raum. Eine Einleitung. In: Erwachsenenbildung und Raum. Theoretische Perspektiven – professionelles Handeln – Rahmungen des Lernens, hrsg. von C. Bernhard, K. Kraus, S. Schreiber-Barsch & R. Stang. Bielefeld: wbv. S. 11–25.

LAAK, F. (1968). Die Rolle der Heimvolkshochschule in der Bildungsgesellschaft. Aufgaben und Möglichkeiten der intensivsten Form der Erwachsenenbildung in geschichtlicher und theoretischer Sicht. Weinheim/Berlin/Basel: Beltz.

LAKEMANN, U. & SCHÄFER, E. (2017). Möglichkeiten, Bedingungen und Umsetzung einer inklusiven Erwachsenenbildung in Thüringen. In: Zeitschrift für Sozialmanagement, 15, Nr. 1. S. 109–121.

LEISTNER, P. (2016). Beispiel: Auswirkungen von Akustik auf das Lehren und Lernen. Unerhörte Bildungsräume. In: Weiterbildung, 5. S. 22ff.

LIPKOWSKY, G. & SCHLIEHE, G. (1983). Eigene Häuser der Weiterbildung in Nordrhein-Westfalen. Neuss: Landesinstitut für Curriculumentwicklung, Lehrerfortbildung und Weiterbildung.

LORENZ, K. O. (1989). Ein Erfolg der Bielefelder Bürgerinitiativen. In: Die Ravensberger Spinnerei. Von der Fabrik zur Volkshochschule – Zur Umnutzung eines Industriedenkmals in Bielefeld, hrsg. von D. Ukena & H. J. Röver. Landschaftsverband Westfalen-Lippe. Westfälisches Industriemuseum. Schriften, Bd. 8. Hagen: Linnepe Verlagsgesellschaft. S. 93–100.

LÖW, M. (2022). Raumsoziologie. 11. Auflage. Frankfurt a. M.: Suhrkamp.

LUDWIG, J. (2012). Architektur aus Sicht der Bildungstheorie. In: DIE Zeitschrift für Erwachsenenbildung, 3. S. 22–25.

LUHMANN, N. (1970). Soziologische Aufklärung. Köln/Opladen: Westdeutscher Verlag.

MANDL, H. & REINMANN-ROTHMEIER, G. (1998). Auf dem Weg zu einer neuen Kultur des Lehrens und Lernens. In: Lernen mit Medien, hrsg. von G. Dörr & K. L. Jüngst. Weinheim/München: Juventa. S. 193–206.

MANIA, E., BERNHARD, C. & FLEIGE, M. (2015). Raum in der Erwachsenen-/Weiterbildung. Rezeptionsstränge im wissenschaftlichen Diskurs. In: Erwachsenenbildung und Raum. Theoretische Perspektiven – professionelles Handeln – Rahmungen des Lernens, hrsg. von C. Bernhard, K. Kraus, S. Schreiber-Barsch & R. Stang. Bielefeld: wbv. S. 29–39.

MORISSON A. (2019). A Typology of Places in the Knowledge Economy: Towards the Fourth Place. In: F. Calabrò; L. Della Spina; C. Bevilacqua C. (Hrsg.): New Metropolitan Perspectives. Local Knowledge and Innovation Dynamics Towards Territory Attractiveness Through the Implementation of Horizon/ E2020/Agenda2030. Volume 1. Cham: Springer, S. 444–451.

NINNEMANN, K. & JAHNKE, I. (2018). Den dritten Pädagogen neu denken. Wie CrossActionSpaces Perspektiven der Lernraumgestaltung verändern. In: Digitalisierung und Hochschulentwicklung. Proceedings zur 26. Tagung der Gesellschaft für Medien in der Wissenschaft e.V., hrsg. von B. Getto, P. Hintze & M. Kerres. Münster/New York: Waxmann. S. 135–147.

NUISSL, E. & NUISSL, H. (Hrsg.) (2015). Bildung im Raum. Baltmannsweiler: Schneider Verlag Hohengehren.

OBBELODE, P. (1989). Der Umbau – ein Kampf mit den Vorschriften der Bauordnung. In: Die Ravensberger Spinnerei. Von der Fabrik zur Volkshochschule – Zur Umnutzung eines Industriedenkmals in Bielefeld, hrsg. von D. Ukena & H. J. Röver. Landschaftsverband Westfalen-Lippe. Westfälisches Industriemuseum. Schriften, Bd. 8. Hagen: Linnepe Verlagsgesellschaft. S. 71–84.

OBBELODE, P. & BEAUGRAND, A. (1996). Vom Fabrikschloß zur Kulturfabrik. Die Umnutzung der alten Ravensberger Spinnerei. In: Stadtbuch Bielefeld. Tradition und Fortschritt in der ostwestfälischen Metropole, hrsg. von A. Beaugrand. Bielefeld: Westfalen Verlag. S. 318–329.

OLDENBURG, R. (1999). The Great Good Place. Cafés, Coffee Shops, Bookstores, Bars, Hair Salons, and other Hangouts at the Heart Community. New York: Marlowe & Company.

PASCHER, F. (1972). Bauten für die Erwachsenenbildung. In: Erwachsenenbildung in Österreich. Fachzeitschrift für Mitarbeiter in der Erwachsenenbildung, 23. Jg., H. 9. S. 410f.

PÖGGELER, F. (1959). Neue Häuser der Erwachsenenbildung. Beiträge zur Erwachsenenbildung. Ratingen: Henn.

PRILL, A. (2019). Lernräume der Zukunft. Vier Praxisbeispiele zu Lernraumgestaltung im digitalen Wandel. Arbeitspapier Nr. 45. Berlin: Hochschulforum Digitalisierung.

RÄTZEL, D. (2006). Erwachsenenbildung und Architektur im Dialog. Ein Beitrag zur dialogorientierten Konzeption von Räumen in der Erwachsenenbildung. Hamburg: Verlag Dr. Kovac.

RITSCHEL, T. (2024). Über den Raum hinaus. Potenzielle Räume im Lernprozess erschließen und gestalten. In: Zeitschrift für Sozialmanagement, 22. H. 1. (im Erscheinen).

ROSEWITZ, B., SCHÄFER, E. & WOLF, H. (1980a). Forschungsbericht „Zur Pädagogischen Konzeption des Weiterbildungszentrums ‚Ravensberger Spinnerei' in Bielefeld". Bielefeld: Fakultät für Pädagogik der Universität Bielefeld.

ROSEWITZ, B., SCHÄFER, E. & WOLF, H. (1980b). Lernprozesse und Lernumwelten. In: Volkshochschule im Westen, 32, H. 6. S. 307ff.

RÖBKE, T. (Hrsg.) (1993). 20 Jahre Neue Kulturpolitik. Erklärungen und Dokumente 1972–1992. Hagen: Kulturpolitische Gesellschaft.

RUMMLER, K. (Hrsg.) (2014). Lernräume gestalten – Bildungskontexte vielfältig denken. Münster/New York: Waxmann.

SCHÄFER, E. (2024). Phänomene der Präsenz und Absenz im digitalen Hochschulraum im Kontext von Lehren und Lernen. In: IN: A. BUCHE, K. BECKER & G. GRAEßNER, G. (2024) (Hrsg.). Lehren und Prüfen. Empirische Ergebnisse und Reflexionen zu Hochschulen der Zukunft. Bremen: Apollon University Press. S. S. 37–58.

SCHÄFER, E. (2021). Wurzeln: „Vorläufer" der Volkshochschule als Institution. In: Blick zurück nach vorn. Überlegungen zur Zukunft der Volks-

hochschule, hrsg. von R. Egler, U. Klemm & J. Küfner. Ulm: Klemm + Oelschläger. S. 52–71.
SCHÄFER, E. (2017). Lebenslanges Lernen. Erkenntnisse und Mythen über das Lernen im Erwachsenenalter. Berlin: Springer.
SCHÄFER, E. & EBERSBACH, A. (2021). Die digitale Transformation in der Weiterbildung. Berlin: Springer.
SCHARMER, C. O. (2020): Theorie U: Von der Zukunft her führen (5. Aufl.). Heidelberg: Carl Auer.
SCHÜßLER, I. (2016). Lernkulturen in Transformationsgesellschaften. Paradoxien, Herausforderungen und Gestaltungsoptionen. In: Differente Lernkulturen. Regional, national, transnational, hrsg. von O. Dörner, C. Iller, H. Pätzold & S. Robak. Opladen/Berlin/Toronto: Barbara Budrich. S. 15.
STANG, R. (2020). Häuser für Bildung und Kultur: Entwicklungen, Chancen und Grenzen kommunaler „Dritter Orte“. In: Neue Häuser der Erwachsenenbildung 1959 und 2019, hrsg. von B. Käpplinger. Berlin: Peter Lang. S. 23–40.
STANG, R. (2021). Körper, Leib und Raum. Dimensionen eines untrennbaren Verhältnisses. In: Zeitschrift für Sozialmanagement, 19. H. 1. S. 11–22.
STANG, R. (2023). Bildungs- und Kulturzentren als kommunale Lernwelten: Konzepte, Umsetzungen und Perspektiven. Berlin, Boston: De Gruyter Saur. https://doi.org/10.1515/9783110501117. Zugegriffen am 25. März 2024.
STANG, R., BERNHARD, C., KRAUS, K. & SCHREIBER-BARSCH, S. (2015). Lernräume in der Erwachsenenbildung. In: Handbuch Erwachsenenbildung/Weiterbildung, hrsg. von R. Tippelt & A. von Hippel. Springer Reference Sozialwissenschaften. Wiesbaden: Springer VS. S. 643–658.
STANG, R. & VOLLMER, T. (2012). „Wir brauchen eine pädagogische Bauleitung“. Gespräch mit Richard Stang über das Verhältnis von Architektur und Erwachsenenbildung. In: DIE Zeitschrift für Erwachsenenbildung, 3. S. 22–25.
WITTWER, W., DIETTRICH, A. & WALBER, M. (Hrsg.) (2015). Lernräume. Gestaltung von Lernumgebungen für Weiterbildung. Wiesbaden: Springer.
UKENA, D. (1983). Von der Idee zur Realisierung: Ravensberger Spinnerei als „Haus der Weiterbildung“. In: Hinweise für Standortentscheidungen für eigene Häuser der Weiterbildung. Planungshilfen 5. Projekt Neu- und Umbauten für die Weiterbildung. Neuss: Landesinstitut für Curriculumentwicklung, Lehrerfortbildung und Weiterbildung. S. 89–98.
UKENA, D. (1989). Von der Idee zur Realisierung: Ravensberger Spinnerei als Volkshochschule. In: Die Ravensberger Spinnerei. Von der Fabrik zur Volkshochschule – Zur Umnutzung eines Industriedenkmals in Bielefeld, hrsg. von D. Ukena & H. J. Röver. Landschaftsverband Westfalen-Lippe. Westfälisches Industriemuseum. Schriften, Bd. 8. Hagen: Linnepe Verlagsgesellschaft. S. 105-110.
UKENA, D. (2013a). Die Geschichte der Volkshochschule Bielefeld. „Bildung fürs Volk“. In: Stadtbuch Bielefeld 1214–2014, hrsg. von A. Beaugrand. Bielefeld: BVA BikeMedia. S. 740–745.
UKENA, D. (2013b). Der Umbauarchitekt: Erinnerungen an Peter Obbelode. In: Stadtbuch Bielefeld 1214–2014, hrsg. von A. Beaugrand. Bielefeld: BVA BikeMedia. S. 451.
UKENA, D. & RÖVER, H. J. (Hrsg.) (1989). Die Ravensberger Spinnerei. Von der Fabrik zur Volkshochschule – Zur Umnutzung eines Industriedenkmals in Bielefeld. Landschaftsverband Westfalen-Lippe. Westfälisches Industriemuseum. Schriften, Bd. 8. Hagen: Linnepe Verlagsgesellschaft.
VOGEL, N. (1994). Grundtvigs Bedeutung für die deutsche Erwachsenenbildung. Bad Heilbrunn: Klinkhardt.
VOLKSHOCHSCHULE BIELEFELD (1972). Bau eines Bildungszentrums in Bielefeld (Ravensberger Spinnerei), Vorschlag der Volkshochschule Bielefeld, 26. Oktober.
WALDEN, R. (2016). Architekturpsychologie. Die Wirkung von gestalteter Umwelt. In: Weiterbildung, 5. S. 14–17.
WIESENER, A. (2020). Vom Weiterbauen einer alten Spinnerei und der Verfertigung von Geschichte. In: Vom Wert des Weiterbauens. Konstruktive Lösungen und kulturgeschichtliche Zusammenhänge, hrsg. von E. V. Froschauer, W. Lorenz, L. Rellensmann & A. Wiesener. Berlin/Boston: Birkhäuser. S. 147–164.
ZERNIG, N., GRUBER, E. & MÜLLNER, G. (2022). Virtual Reality in der Erwachsenen- und Weiterbildung – Wo stehen wir heute? Wo gehen wir hin? In: Magazin erwachsenenbildung.at. Das Fachmedium für Forschung, Praxis und Diskurs. Ausgabe 44-45. Online: https://erwachsenenbildung.at/magazin/ausgabe-44-45. Zugegriffen am 7. Februar 2022.

Foto: unbekannt, © Stadtarchiv Bielefeld, Best. 400,3/Fotosammlung, Nr. 31-124-057.

*Postkartenansichten der Ravensberger Spinnerei aus dem 19. Jahrhundert,*

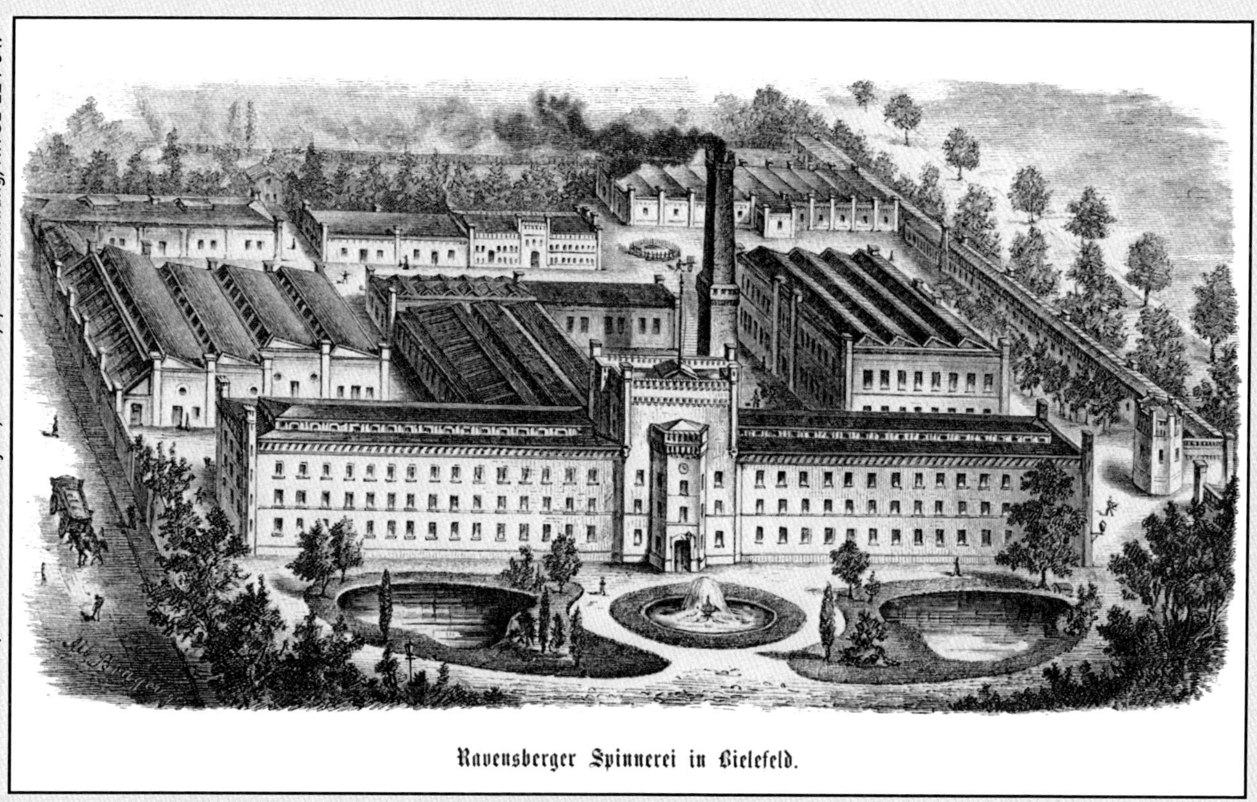

Ravensberger Spinnerei in Bielefeld.

Foto: unbekannt, © Stadtarchiv Bielefeld, Best. 400,3/Fotosammlung, Nr. 31-124-04.

Foto: unbekannt, © Stadtarchiv Bielefeld, Best. 400,3/Fotosammlung, Nr. 31-124-071.

*Beide: Blick auf die laufende Textilproduktion in einem Flügel des Hauptgebäudes der Ravensberger Spinnerei.*

Foto: unbekannt © Stadtarchiv Bielefeld, Best. 400,3/ Fotosammlung, Nr. 31-124-010.

Foto: Arnulf Brückner, © LWL-DLBW.

*oben:* *Die oberste Etage präsentierte sich nach Produktionsende leergeräumt, wie diese historische Aufnahme aus den 1970er Jahren dokumentiert.*

*unten:* *Nach dem Wegzug der Produktion stand das markante Gebäude der Ravensberger Spinnerei einige Jahre leer und war vom Abriss bedroht.*

Foto: Arnulf Brückner, © LWL-DLBW.

Forschungsbericht

Bernd Rosewitz · Erich Schäfer · Hartmut Wolf

**Zur Pädagogischen Konzeption des Weiterbildungszentrums ‚Ravensberger Spinnerei' in Bielefeld**

Universität Bielefeld

1980

## Inhalt

## VORWORT

Die vorliegende Arbeit resultiert zum einen aus der kontinuierlichen Beschäftigung der Autoren mit Fragen der Erwachsenenbildung in ihrem Studium und zum anderen aus ihrer Tätigkeit als nebenamtliche Kursleiter an der Volkshochschule.

Das Interesse an der gewählten Themenstellung beruht auf folgender Erkenntnis: Wenn Weiterbildung dem einzelnen neben fachlichen Qualifikationen auch humane und soziale Kompetenzen für die Gestaltung des persönlichen und gesellschaftlichen Lebens vermitteln will, so bedarf sie eines institutionell und räumlich gesicherten Standorts, an dem und zu dem hin der einzelne sich orientieren kann. Zwar wird mit dem Strukturplan des Deutschen Bildungsrates (1970) die Weiterbildung zum integralen Bestandteil des Bildungssystems erklärt, doch die Ausstattung für die Erwachsenenbildungsarbeit hinsichtlich eigener Räume und Gebäude ist erst ansatzweise realisiert. Vorstellungen für den Ausbau der Volkshochschule zum öffentlichen Weiterbildungszentrum liegen nur vereinzelt vor.

Die sich uns stellende Aufgabe lautet deshalb, Ansätze für eine pädagogische Konzeption zu entwickeln, welche Aussagen über die architektonische, räumliche und inhaltliche Gestaltung des Weiterbildungszentrums ‚Ravensberger Spinnerei' erlauben.

Unser Dank gilt an dieser Stelle der Volkshochschule Bielefeld und insbesondere ihrem Direktor Herrn D. Ukena, der dieses Projekt ermöglicht und unterstützt hat. Des weiteren sei jenen Einrichtungen der Erwachsenenbildung gedankt, die uns mit den Erfahrungen ihrer eigenen Häuser vertraut gemacht haben. Herr Prof. Dr. D. Baacke und Frau Dipl. Päd. I. Wessel haben unser Projekt mit Hinweisen und Anregungen begleitet. Nicht zuletzt sei der Universität Bielefeld für die Gewährung einer finanziellen Unterstützung gedankt.



## 1. ZIELSETZUNG, AUFBAU UND METHODISCHES VORGEHEN

Zur Zeit wird der Umbau der ehemaligen Ravensberger Spinnerei in Bielefeld zu einem Weiterbildungszentrum geplant. Ziel der vorliegenden Untersuchung ist es, durch eine begleitende Forschung praxisorientierte Planungsanregungen für eine pädagogisch sinnvolle Gestaltung und Nutzung des Weiterbildungszentrums einzubringen. Den Ansatzpunkt für zu entwickelnde Vorschläge stellen die für Bielefeld spezifischen Bedingungen städtebaulicher und architektonischer Art dar: Hier handelt es sich um die Neugestaltung eines bereits vorhandenen Fabrikgebäudes aus dem letzten Jahrhundert, das als Weiterbildungszentrum ausgebaut auf einem großen Gelände mit Parklandschaft im Zentrum der Stadt zum Kristallisationspunkt eines vielfältigen Freizeit- und Kulturangebotes werden soll.

Die Idee, die Ravensberger Spinnerei als Weiterbildungszentrum zu nutzen, ist auf dem Hintergrund einer kontinuierlichen Entwicklung zu verstehen.

Sie reicht von den ersten Vorschlägen Ende der 50er Jahre eigene Häuser für die Erwachsenenbildung zu schaffen über die vom Deutschen Bildungsrat im „Strukturplan für das Bildungswesen" (1970) vollzogene Anerkennung des Weiterbildungsbereiches als integraler Bestandteil des Bildungssystems bis hin zu den Vorschlägen der Planungskommission ‚Erwachsenenbildung – Weiterbildung' des Kultusministers von Nordrhein-Westfalen, in denen anhand eines Baufinanzierungsmodells erstmals konkrete Planungsvorschläge unterbreitet werden.

Unserer Einschätzung nach besteht nur ein loser Zusammenhang zwischen pädagogischen Zielvorstellungen, die ausschließlich der Weiterbildung zur Verfügung stehende Räume und Gebäude fordern, und deren baulicher Umsetzung. Deshalb ist es notwendig, erste

Ansätze zu einem Modell einer pädagogischen Konzeption für Weiterbildungszentren zu entwickeln. Hiermit wird das Ziel verfolgt, Kriterien zu erarbeiten, aufgrund derer Aussagen und Vorschläge zur architektonischen Gestaltung, zur räumlichen Ausstattung und zur inhaltlichen Arbeit des Weiterbildungszentrums abgeleitet werden können.

Gemäß der Zielsetzung des Projekts, derzufolge die Erstellung von pädagogisch fundierten Vorschlägen für das Weiterbildungszentrum ‚Ravensberger Spinnerei' den Schwerpunkt bilden sollen, wurden zunächst anhand einer Auswertung der einschlägigen Literatur sowie einer Akten- und Dokumentenanalyse sämtliche relevanten Aspekte, die für die Entwicklung von Planungsanregungen bedeutsam sind, eruiert. Zusätzlich fanden Gespräche mit verantwortlichen Mitarbeitern der Volkshochschule statt. Hierauf aufbauend wurde dann ein Interviewleitfaden zu folgenden Themenkomplexen erarbeitet: Planungsphase, organisatorische und pädagogische Rahmenbedingungen und Schwerpunktsetzungen sowie Erfahrungen mit der Umsetzung pädagogischer Zielvorstellungen. Der Interviewleitfaden wurde bei der Besichtigung vergleichbarer Einrichtungen der Erwachsenenbildung eingesetzt, um spezielle Gesichtspunkte hinsichtlich der ersten Erfahrungen mit den neuen Zentren zu klären beziehungsweise zu vertiefen.

Die Auswahl der besichtigten Zentren erfolgte aufgrund folgender Kriterien, von denen mindestens eines erfüllt sein sollte:

- Weiterbildungszentrum einer Bielefeld größenmäßig vergleichbaren Stadt
- Umbau eines schon bestehenden Gebäudes zu einem Weiterbildungszentrum
- Weiterbildungszentrum mit Modellcharakter.

Im einzelnen wurden die Weiterbildungszentren von Detmold, Essen, Marl, Mülheim a.d. Ruhr, Wuppertal



sowie eine Einrichtung in Emmen, die aufgrund der unterschiedlichen Organisation und Struktur der Weiterbildung in den Niederlanden nicht direkt mit den Zentren in Nordrhein-Westfalen zu vergleichen ist, besichtigt.

Das gewählte methodische Vorgehen hat sich bewährt. Die Heterogenität des Untersuchungsfeldes und die Begrenztheit bisheriger empirischer Forschung auf diesem Gebiet machten eine flexible Explorationsmethode erforderlich. Angesichts der am Anwendungsbezug orientierten Anlage der Untersuchung bleibt eine Reihe der während der Erkundung anderer Weiterbildungszentren gewonnenen Informationen hier unberücksichtigt. Auf die Erfahrungen der verschiedenen Weiterbildungszentren wird nur an jenen Stellen verwiesen, die von besonderer Relevanz für die Gestaltung der ‚Ravensberger Spinnerei' sind.

Wir sind uns der Begrenztheit der hier vorgelegten Ergebnisse bewusst. Sollte es uns gelungen sein, einerseits Möglichkeiten zur Verwirklichung bestimmter pädagogischer Zielvorstellungen bei der Gestaltung des Weiterbildungszentrums ‚Ravensberger Spinnerei' aufzuzeigen und andererseits in der Auseinandersetzung mit der Praxis Anstöße zu einer Weiterentwicklung der theoretischen Konzeption zu vermitteln, so wäre schon viel erreicht.

Unsere Entscheidung für eine praxisorientierte, auf die Anwendbarkeit ihrer Ergebnisse hin ausgerichteten Forschung stellt diese in einen sehr engen Bezug zum Planungsprozeß um die ‚Ravensberger Spinnerei'. Damit wird der Forderung entsprochen, dass „Planungsprozesse … forschend zu begleiten und auszuwerten (sind); Forschung … durch Planungserfahrung und den Bedingungszusammenhang, in dem sie stehen, zu korrigieren (ist)" (Baacke 1979:82).

Unsere in den Planungsprozess eingebrachten Anregungen erfuhren durch Rückkopplungsprozesse dieser Art entscheidende Impulse, die uns zu ihrer Modifikation veranlassten. Die hier vorliegende Fassung basiert auf Kontakten und Gesprächen mit dem Leiter und den pädagogischen Mitarbeitern der Volkshochschule Bielefeld.

Da die Vorschläge zur Gestaltung und Ausstattung des Weiterbildungszentrums nur die generellen Ideen zur Umsetzung pädagogischer Zielvorstellungen aufzeigen sollen, wird auf Details, so weit als möglich, verzichtet. Alternativen, die sich im Laufe des Planungsprozesses ergaben, werden – wo dies erforderlich erscheint – angeführt. Welche Anregungen und Vorschläge sich schließlich realisieren lassen, wird sich in der Praxis herausstellen müssen.

Das gewählte Vorgehen eines Versuchs der qualitativ-produktiven Durchdringung von Planungs- und Forschungsprozeß gestaltete sich zunächst für beide Seiten zwar aufwendiger, doch ist zu hoffen, dass hierdurch ein wichtiger Beitrag zur Überwindung der oftmals bestehenden Kluft zwischen Theorie und Praxis geleistet werden kann.



## 2. DIE ‚RAVENSBERGER SPINNEREI' IM ZENTRUM STÄDTEBAULICHER UND KULTURELLER ÜBELEGUNGEN

### 2.1 DIE STADT ALS LEBENSRAUM

Der Umbau der Ravensberger Spinnerei zu einem Weiterbildungszentrum muß in seiner Bedeutung für das städtische Umfeld des neuen Zentrums gesehen werden. Es wird ein Teil des sozio-kulturellen Arrangements von Bielefeld sein, wobei sich vielseitige Wechselbeziehungen zwischen der Stadt und dem Zentrum entwickeln werden.

Bielefeld ist als Großstadt mit mehr als 300 000 Einwohnern ein Oberzentrum des ostwestfälischen Raumes. Hier ist der Sitz bedeutender Industriebetriebe und Institutionen. Darüberhinaus besitzt Bielefeld als Einkaufsstadt für die Umgebung einen großen Anreiz.

Diese Situation ist für das neue Weiterbildungszentrum sehr wichtig. Daher wollen wir hier etwas allgemeiner aufzeigen, welche ökonomischen, sozialen und kulturellen Merkmale eine Stadt wie Bielefeld auszeichnen.

Max Weber hat in seiner Untersuchung über die Entstehung von Städten (1972:514 f) darauf verwiesen, daß sie sich vornehmlich von Märkten aus entwickelt haben. Das Vorhandensein eines Platzes zum freien Austausch von Gütern und Dienstleistungen ist für ihn Kernpunkt einer Stadt. Er sieht also die ökonomisch günstigen Voraussetzungen als wesentliche Entwicklungskraft an.

Später trat neben den Handel durch Ansiedlung die Industrie, die die Entwicklung der Städte enorm vorangetrieben hat. Die Städte wurden über ihre

Rolle als Marktflecken hinaus zum Anziehungspunkt für Bewohner des Umlandes, die Arbeit suchten.

Die Industrie brauchte Arbeitskräfte, die sich dann auch in der Stadt ansiedelten. Damit entwickelte sich ein weiterer Schwerpunkt städtischer Lebensform, indem die Städte zu einem großen Wohnort wurden. Daher beziehen sich auch maßgebliche Definitionen von Stadt auf dieses Merkmal des verdichteten Wohnens. So etwa die von Wirth (1974:48), welche unter einer Stadt „eine relativ große, dicht besiedelte und dauerhafte Niederlassung gesellschaftlich heterogener Individuen" versteht.

Die Menschen wohnen dichter zusammen, die Stadt bietet ganz andere Möglichkeiten als das Leben auf dem Land. Das Leben in der Stadt wirkt sich auch auf die Beziehungen der Menschen untereinander aus; die Lebensform ‚Stadt' grenzt sich von der auf dem Land oder auf dem Dorf ab.

Sehr scharfsinnig hat dies bereits Simmel beobachtet und beschrieben, als er über die Großstädte und das Geistesleben nachdachte. „Wenn der fortwährenden äußeren Berührung mit unzähligen Menschen so viele innere Reaktionen antworten sollten, wie in der kleinen Stadt, in der man fast jeden Begegnenden kennt und zu jedem ein positives Verhältnis hat, so würde man sich innerlich völlig atomisieren und in eine ganz unausdenkbare seelische Verfassung geraten" (1903:51)

Simmel beschreibt hier, wie sich das Verhältnis der Menschen untereinander in der Großstadt verändert. Gegenüber den überschaubaren und begrenzten sozialen Bezugsgeflechten in Dörfern und Kleinstädten entwickelt sich in der Großstadt eine größere und kompliziertere Struktur. Die Einbindung in große Verwandtschaften ist für Großstädter typischerweise geringer als bei Bewohnern der ländlichen Gegenden. Die Beziehungen zwischen den sich täglich begegnenden Menschen sind oberflächlicher und distanzierter. Dieser Zustand wird vielfach als die Anonymität der Großstadt bezeichnet. Nun wäre es aber falsch, ein soziales Vakuum in der Großstadt zu diagnostizieren; es ist vielmehr so, daß sich in der großstädtischen Lebenssituation andere soziale Formen entwickeln.



Es muß sich eine positive Beziehung zwischen der Stadt und ihren Bewohnern ausbilden, soll der Gefahr einer sozialen Isolierung der Einwohner entgegengewirkt werden. Die Heterogenität ihrer Einwohner spiegelt sich in den sozialen Formen. Gerade weil die Stadt ein Ort ist, der Menschen unterschiedlichster Herkunft einen Lebensraum bietet, müssen die sozialen Formen von Offenheit und Toleranz geprägt sein. Es entsteht eine Atmosphäre, die den Bewohnern keine engen Vorschriften macht und ihre sozialen Möglichkeiten erweitert. Diese Lebensart ist von den frühen Stadtbewohnern als eine Befreiung empfunden worden. Diese Leistung der Stadt wird von den Bewohnern anerkannt, indem sie ihrerseits eine positive Beziehung zur Stadt aufbauen. Der italienische Soziologe Pareto hat die Beziehung zwischen dem Kern einer Stadt und ihren Bewohnern als eine Residualkategorie bezeichnet. Mackensen sieht eine ergänzte Funktion der Stadt über deren Dienstleistungen hinaus. „Diese Funktion erschöpft sich nicht in Dienstleistungen; erst wenn diese in das Zentrum der gesellschaftlichen Existenz des Einzelnen rücken und sich daraus eine ‚Beziehung' entwickelt, kann sich die Stadtmitte als ‚Ort' etablieren". (Mackensen et al. 1959:74)

Die Stadt muß also auf sozialer Ebene ihren Bewohnern ein Äquivalent für das bieten, was den Bewohnern durch das Herausreißen aus ihren früheren sozialen Gemeinschaften auf dem Land verloren gegangen ist.

In diesem Kontext ist das Entstehen einer Öffentlichkeit in der Stadt von großer Bedeutung. Die Stadt wird mit ihren Straßen und Plätzen zu einem Ort der Begegnung, zu dem die Bewohner eine positive Beziehung entwickeln. Uber Straßen und Plätze schreibt Bahrdt: „Diese bildeten früher den Raum der Öffentlichkeit, d.h. den Ort, an dem das Kollektiv der Bürger sich begegnete. Diese Begegnung setzt bei aller Flüchtigkeit der öffentlichen Kontakte eine gewisse Gelassenheit des Gehens und die Möglichkeit des Verweilens voraus" (1961:99).

Die Bewohner brauchen also die Möglichkeit, einander zu begegnen und sich zu treffen, auch wenn ihre sozialen Beziehungen weniger dicht und eng sein mögen als früher. Das Vorhandensein einer Öffentlichkeit ist ohne Zweifel ein zentrales Moment, zu dem die Stadtbewohner ein positives Verhältnis aufbauen.

Dieser Zusammenhang ist offenbar lange Zeit im Bewußtsein der Stadtplaner und -gestalter unterbewertet worden. Die Gestaltung der Stadt aus verkehrsmäßigen Erfordernissen heraus verwandelte viele Straßen und Plätze in tunnelförmige Röhrensysteme, in denen die Begegnungen noch flüchtiger und zufälliger werden, als es die Situation der Stadt ohnehin erfordert. Das Ziel einer verkehrsgerechten Stadt konzentriert sich zu einseitig auf die ökonomischen Aspekte des städtischen Lebens und droht, die sozialen Erfordernisse an den Rand zu drängen.

Diese Entwicklung hat viele Kritiker herausgefordert. So meinte Mitscherlich in einer Philippika auf die Unwirtlichkeit der modernen Städte (1970), daß sie eine Identifikation zwischen Einwohnern und Ort verhindern. Mitscherlich argumentiert aus einer Perspektive heraus, die eine vielseitige und intensive Beziehung zwischen Bewohnern und Stadt anstrebt: „Die



Stadt ist ein bemerkenswertes Unikum zwischen Landschaft, Natur und einem Gebilde, das man auf eine menschenähnliche Weise liebt. Sie ist von Menschen gebildet, wird von Menschen bewohnt und bietet sich in dieser untrennbaren Einheit von Gebilde und Bewohnern an." (1970:38)

Eine andere Kritik wird von Pröckl (1976:10) erwähnt; er sieht einen historischen Prozeß, in dem die Chancen und Vorteile des städtischen Lebens durch moderne Entwicklungen verschüttet worden sind: „die befreiende Kraft der Stadt ... hat sich heute in eine Fessel der Befreiung verkehrt, sie wird zu einer Instrumentalisierung des Menschen".

In einer Rezeption derartiger Kritik hat sich ein neues Verständnis von Stadt entwickelt, das sich in städtebaulichen Maßnahmen umzusetzen beginnt. Es ist die soziale Bedeutung und Funktion der Stadt neu ins Bewußtsein gedrungen, bereits vor Jahrzehnten entstandene Vorschläge zu einer bewußt sozial orientierten Stadtgestaltung haben einen neuen Auftrieb bekommen.

Im Angesicht des Wildwuchses der Städte am Ende des neunzehnten Jahrhunderts forderte Howard die Gestaltung der Städte als Gartenstadt. „Er propagierte in seinem Entwurf der Gartenstadt einen engen Bezug der Stadt zur Landschaft, sozusagen die ins Grün der Landschaft eingepaßte Stadt mit durchgrüntem Stadtkern und einem die Stadt umgebenden und begrenzenden Grüngürtel" (Pröckl 1976:11; vgl. hierzu auch Sack, Himmer 1979).

Diese Entwicklungen und Veränderungen lassen sich anhand der Stadt Bielefeld nachweisen. Bielefeld versteht sich in neuerer Zeit als eine Stadt, die auch im Kerngebiet mit Grünzonen durchzogen ist. Damit ist das Idealbild einer an die Landschaft angepaßten und den Bezug zur Natur betonenden Stadt als Zielvorstellung deutlich. Auch in der sichtbaren Wirklichkeit läßt sich dieses Bemühen ablesen. So stellt Brödner (1977:73) in einer städtevergleichenden Studie über Bielefeld fest, daß „auch im Stadtkern zahlreiche locker miteinander verbundene Grünflächen zu finden sind, die vorzüglich in das Städtebild integriert wurden. Bielefeld – die grüne Stadt am Teutoburger Wald – ist nicht nur ein Slogan, sondern beruht auf Realität".

Die Idee einer mit Grünflächen durchzogenen Stadt dient dem Ziel, die Lebensqualität der Stadt zu erhöhen. Die Unwirtlichkeit des städtischen Lebens wird durch grüne Zonen verringert, es werden damit neue Räume geschaffen, die dem Menschen erlauben, die Beziehung zu seiner Stadt zu intensivieren. Bielefeld bemüht sich, mehr das Stadtbild insgesamt im Auge zu haben, um dadurch die vielseitige Funktion der Stadt zur Entfaltung kommen zu lassen.

Mittlerweile ist man dem bestehenden Stadtbild bewußter verbunden und bemüht sich, das Charakteristische der Stadt mehr zu erhalten, als es früher der Fall war. Lange Zeit wurde die Stadtplanung primär an den Erfordernissen des Straßenverkehrs ausgerichtet und die Bedeutung der Stadt als Lebensraum unterbewertet. Inzwischen hat sich, nicht zuletzt durch die Initiative engagierter Bürger, einiges geändert.

Von diesem Umdenken zeugt ein Ratsbeschluß vom 26. Januar 1978, in dem es heißt: „Die Erhaltung und Funktionsbestimmung alter Stadtviertel, von Gebäudegruppen und Einzelgebäuden muß ... mit größerer Aufmerksamkeit betrieben werden, als das in den letzten 25 Jahren im allgemeinen geschehen ist".

In Zukunft möchte der Rat der Stadt das urbane Gefüge Bielefeld bewußt gestalten und an dem anknüpfen, was an Bausubstanz vorhanden ist. Damit entspräche die neuere planerische Orientierung in etwa dem,



was Bahrdt unter der Idealkonstruktion einer City versteht: „Unter der ‚City' als Idealkonstruktion wollen wir den Typus eines Quartiers verstehen, das die zentralen sozialen, kulturellen und ökonomischen Funktionen eines großen zentralen Ortes in sich aufnimmt, insoweit sie dazu geeignet sind, sichtbar zum öffentlichen Leben an Lokalitäten beizutragen" (1972:177).

Insgesamt scheint ein Wandel der Entwicklungsorientierung vorzuliegen. Stand früher allein die ökonomische Weiterentwicklung der Stadt im Vordergrund, sind nun die sozialen und kulturellen Komponenten von Bielefeld als ‚City' stärker ins Blickfeld gekommen. Dieser Orientierungswandel drückt sich beim Umbau der ‚Ravensberger Spinnerei' in ganz besonderer Weise aus.

Die Ravensberger Spinnerei ist ein architektonisches Symbol für den industriellen Aufschwung der Stadt im vergangenen Jahrhundert. Das anhaltende Wachstum der Stadt in diesem Jahrhundert hat dazu geführt, daß sich die Industrie heute weiter vom Stadtkern entfernt ansiedelt. Dadurch wird es möglich, die sozialen und kulturellen Funktionen der Stadt in ihrem eigentlichen Kern zu lokalisieren.

Das neue Bewußtsein über die Formen und Möglichkeiten des städtischen Lebens findet seinen architektonischen Ausdruck in einem Umbau des bestehenden Gebäudes. Damit wird zugleich eine neue Art der Stadtplanung realisiert. Man verläßt damit eindimensionale Entwicklungsschemata, die anhand gradliniger Maßstäbe eine Entwicklung in Gang setzen, man wendet sich hin zu historisch bewußten Formen der städtischen Planung, die das Entstehen und Werden der Stadt in seiner Eigenart berücksichtigen. Umgeben von einem Park wird die ‚Ravensberger Spinnerei' in hervorragender Weise ein Ort sein, an dem sich die Identifikation der Bewohner mit ihrer

Stadt vollziehen kann. Sie befinden sich in einem Gebäude, das untrennbar mit der Geschichte der Stadt verbunden ist, das sich heute aber in einer veränderten Form ihnen gegenüberstellt und ein neuer Raum für soziale Kontakte und erfüllte Freizeit sein will. Es dokumentiert damit die Entwicklung der Stadt von einem ökonomischen Anziehungspunkt und Zentrum hin zu einem integrierten Ganzen, das soziale und kulturelle Orientierungen zu vermitteln als eine wichtige Aufgabe ansieht.

Damit paßt sich mit der ‚Ravensberger Spinnerei' ein neues Element in das städtische Gefüge ein. War es zunächst ein Platz der ökonomischen Produktion, so wird es nun zu einern Ort der sozial und kulturell orientierten Angebote für die Bielefelder. Ein verändertes Element hat sich in das städtische Arrangement einzufügen, und es wird sich harmonisch mit dem bereits bestehenden zu verbinden haben.

Die kulturellen Bezugspunkte des Stadtkerns, bislang vertreten durch Museen, Theater und Kunsthalle werden mit dem neuen Weiterbildungszentrum um eine neue Einrichtung ergänzt.

Diese Entwicklung fügt sich ein in die Bemühungen, die Stadtkultur in ihrer Eigenart zu fördern und zu entwickeln. Der Bau des neuen Weiterbildungszentrums ist eine Maßnahme zur Belebung der städtischen Kultur, wenn man Schwencke in seiner Definition folgt: „Stadtkultur meint also die qualitative Entfaltung latenter menschlicher Bedürfnisse und gesellschaftlicher Interessen in überschaubarer, in der Regel wohl historisch gewachsener Topographie"(1977:59).

Das Weiterbildungszentrum ‚Ravensberger Spinnerei' ist daher als ein Schritt in die Richtung zu werten, die Stadt und ihre Lebensform engagiert in ihrer Einzigartigkeit als einen Wechselbezug zwi-



sehen Architektur und Bewohnern zur Entfaltung kommen zu lassen und zu einer erweiterten Bestimmung urbaner Lebensformen beizutragen.

## 2.2 ZUR SCHAFFUNG EINER KULTURELLEN TOPOGRAPHIE

Für das in den letzten Jahren in verstärktem Maße artikulierte Interesse an der Erhaltung, bzw. Schaffung von städtebaulicher Lebensqualität steht die mit großer Publizität geführte Auseinandersetzung um die Ravensberger Spinnerei beispielhaft. Auf die Erkenntnis, daß eine primär an technischen und ökonomischen Interessen ausgerichtete Stadtentwicklung das Gleichgewicht des städtischen Lebens bedroht, antwortete der Deutsche Städtetag 1973 mit dem Konzept „Wege zur menschlichen Stadt". Die in dieser Veröffentlichung gemachten Vorschläge zielen auf eine insbesondere soziale und kulturelle Ziele berücksichtigende Stadtplanung. Es sollen jene Aspekte stärkere Beachtung finden, die Städte als Bildungs- und Kulturzentren auszeichnen, und von denen die Attraktivität städtischen Lebens zunehmend bestimmt wird.

„Wenn die Stadt nicht länger nur Profitopolis sein soll, sondern Heimat, muß sie Umwelten schaffen, in denen der Mensch sich zu Hause fühlen, in denen er heimisch werden kann."(Glaser 1974:6)

Die städtischen Topographien sollten so beschaffen sein, daß sie eine Identifikation der Bürger mit ihrer Stadt ermöglichen. Dies wird ihnen nur gelingen, wenn die Stadtlandschaft Individualität besitzt. „Das setzt eine Umwelt voraus, die Anforderungscharakter hat, die Neugier und Interesse weckt." (Sauberzweig 1974:10)

Daß diese Voraussetzungen für das Gelände der Ravensberger Spinnerei weitgehend gegeben sind, darauf haben die Bürgerproteste hingewiesen. In diesem Fall sind die Menschen schon in einem hohen Grad für diesen Teil ihrer Umwelt sensibilisiert. Mobilisierende Elemente ergaben sich dabei nicht zuletzt aus der Tatsache, daß hier eine historische Substanz zur Disposition stand, die einen wesentlichen Teil Bielefelder Industriegeschichte repräsentiert. Nicht allein das Baudenkmal, sondern die Nachrichten über Menschliches, die dieses Fabrikschloß verkörpert, waren Ausgangspunkt und Gegenstand von Diskussionen. Dies weist darauf hin, daß sich schon im Vorfeld der Bemühungen,in und um die Ravensberger Spinnerei kulturelle Topographie zu verwirklichen, kulturelle Bezüge offenbaren, insofern über die Beschäftigung mit diesem Baudenkmal die Bürger in Zusammenhänge mit der Geschichte gestellt werden (vgl. Meissner 1974:14).

Die Aufgabe, die es jetzt zu bewältigen gilt, lautet: unter weitgehender Erhaltung der historischen Gebäudesubstanz das Gelände um die ‚Ravensberger Spinnerei' durch die Verortung der Weiterbildung auf diesem Gelände möglichst nutzbringend in den Kreislauf der heutigen städtischen Aufgaben einzugliedern. Hierbei stellt sich sowohl die Chance als auch Verpflichtung, städtisch reizvolle Plätze in ihrem Erlebniswert zu erhöhen, indem die kulturelle Dimension eingebracht wird (vgl. Guhr o.J.:3).

Daß Behagen, Vergnügen und Sinnlichkeit beim Umgang mit Kultur nicht nur möglich, sondern auch anzustreben sind, dafür könnte eine Architektur sorgen, die um der funktionalen Zwecksetzung willen nicht auf den Erlebniswert der architektonischen Gestaltung verzichtet. Dem bloß Notwendigen darf die kulturelle Ergänzung nicht verweigert werden. Ein Zeugnis für die Zeit, in der der Sinn für Ästhetisches noch nicht völlig vom Geschäftlichen auf



das Private verlagert war, gibt die Ravensberger Spinnerei ab, in deren Hauptgebäude Säulengewänder der Antike angelegt sind. „Da es den ‚Bautypus Fabrik' erst noch zu entwickeln galt, imitierte die Industrie zwei existierende Bautypen, die reich an Prestige waren: Schloß und Kirche." (Sack 1979:69) So entstanden die Fabrikschlösser in Anlehnung an adelige und klerikale Baukünste.

Die gestalterische Umsetzung der Anforderungen an ein Haus der Weiterbildung wird neben der aktiven Einbeziehung historischer Bausubstanz eine hier zum Ausdruck kommende Architektur als Kunst des Raumes (vgl. Bode 1979) fortzuschreiben haben.

So soll vor allem der Saalcharakter der bis zu 40 Meter langen ehemaligen Maschinensäle weitgehend gewahrt bleiben. Dies wird dadurch angestrebt, daß die Säle statt durch viele Mauern in Einzelräume in nach oben offene Raumzellen untergliedert werden sollen, um auch weiterhin den Lichteinfall von den Fenstern her ausnutzen zu können. Durch das hier zum Ausdruck kommende grundlegende Prinzip, die gesuchte Balance „zwischen dem Schließen und Öffnen von Räumen" (Bode 1979), wird der Versuch gemacht, Raumbildung erlebbar zu machen, Rhythmus, Abwechslung und Vielfalt herzustellen. Seine Fortsetzung findet das Prinzip des Wechselspiels zwischen Polaritäten in der Durchdringung von Innen und Außen, durch einen die Verbindung zwischen Gebäude und Natur betonenden Resalit, einen Vorbau an der Längsfläche des Hauptgebäudes, dessen durchgehende Fensterflächen einen freien Blick aus allen Stockwerken auf das innere Forum des zukünftigen Zentrums geben.

Es ist das mit der Verwirklichung der angedeuteten architektonischen Prinzipien angestrebte Ziel, den menschlichen Bedürfnissen nach einem „komplexen, unverwechselbaren, mit eigenem Leben zu erfüllendem Raum ... , in dem sich Kopf und Glieder entfalten können " (Bode 1979) gerecht zu werden.

Die Idee der Schaffung von erlebbaren Räumen ist aber nicht nur im Haus und im Verhältnis des Gebäudes zu seiner unmittelbaren Umgebung umzusetzen, vielmehr ist zu untersuchen, inwieweit dieses Konzept auch für die Funktionsbestimmung des Weiterbildungszentrums im Rahmen einer Stadtentwicklung fruchtbar gemacht werden kann.

Während die vorindustrielle Stadt Straßen und Plätze als freiwillig ausgesparte Räume städtischer Gemeinschaft kannte hat Stadtform heute den Charakter eines sozialen Raums verloren (vgl. Bode 1979). Stellte früher der Markt als Öffentlicher Raum einen Ort der Möglichkeit spontaner Betätigungen, des menschlichen Kontakts und der Begegnungen dar, so müssen heute neue Kristallisationskerne geschaffen werden" (Sauberzweig 1974:10). Kommunaler Kulturpolitik fällt hier die Aufgabe zu, für jene Bedingungen zu sorgen, die eine "soziale und geistige Entfaltung aller Bürger und damit Selbständigkeit und Kritikfähigkeit" (Sauberzweig 1978:'18) ermöglichen. Dies schafft die Grundlage auf der sich erst jener Prozeß der Auseinandersetzung des Menschen mit seiner natürlichen und gesellschaftlichen Umwelt vollziehen kann, in dem Bildung sich vermittelt.

Auf diesen Zusammenhang hat der Deutsche Städtetag schon 1973 in seinen Empfehlungen zu "Bildung und Kultur als Elemente der Stadtentwicklung" hingewiesen. Aus diesem Konzept ergibt sich eine scheinbar selbstverständliche, in der Praxis aber kaum berücksichtigte Schlußfolgerung: „Bildung und Kultur sind als Einheit zu sehen und durch ein übergreifendes Konzept in der Stadt miteinander zu verbinden." (Sauberzweig 1978:95)

Für kommunale Bildungs- und Kulturpolitik sollen



dabei folgende Leitsätze gelten:

1. „Es ist die Kommunikation zu fördern und damit der Vereinzelung entgegenzuwirken."

2. „Es sind Spielräume zu schaffen und damit ein Gegengewicht gegen die Zwänge des heutigen Lebens zu setzen". Diese Freiräume sind keine Fluchtwege vor der Realität, sondern in die gesellschaftliche Bedingtheit zu integrieren.

3. „Es ist die Reflektion herauszufordern und damit bloße Anpassung und oberflächliche Ablenkung zu überwinden." (Sauberzweig 1974:10f)

Aus einem solchermaßen abgesteckten Gesamtkonzept kommunaler Kulturpolitik erwächst die vom Deutschen Städtetag erhobene Forderung: „Es sind Kristallisationspunkte eines vielfältigen sozialen Beziehungsgeflechts von Bildung, Kultur, Geselligkeit, Sport, Erholung und Versorgung in der Stadt zu schaffen." (Deutscher Städtetag 1973) Daß diese Zielkriterien für Stadtentwicklung keinen utopischen Charakter zu tragen brauchen, verdeutlicht ein Blick auf das Gesamtkonzept der „grünen Insel" in Bielefeld.

Neben der Volkshochschule, die als öffentliches Weiterbildungszentrum mit ihren -später noch im einzelnen zu beschreibenden- Kooperationsbeziehungen den organisatorischen Mittelpunkt der auf dem Gelände der Ravensberger Spinnerei stattfindenden Aktivitäten darstellt, sind in der unmittelbaren Umgebung weitere Einrichtungen geplant, die ein reichhaltiges Freizeit- und Kulturangebot offerieren werden: Die Shed-Halle wird in absehbarer Zeit das historische Museum der Stadt Bielefeld aufnehmen, das Stadtarchiv wird nebenan in der alten Karderie ein neues Zuhause bekommen. In der früheren Schlosserei soll eventuell ein Kindertheater mit einer Probebühne entstehen und die Hechelei wird möglicherweise in eine Gaststätte umgestaltet. Außerdem werden zu der neu entstehenden ‚grünen Insel' eine Großsporthalle, ein städtisches Freibad sowie ein Schulkomplex gehören. Lassen sich die Planungen verwirklichen, so bestehen gute Chancen, daß hier eine wirkungsvolle soziale und kulturelle Infrastruktur geschaffen wird, die auch von der Bevölkerung angenommen und genutzt wird.

Aufgrund der zentralen Lage im Zentrum Bielefelds, einer verkehrsmäßig günstigen Erschließung und nicht zuletzt wegen des Parkcharakters des Geländes sind hier die besten Voraussetzungen gegeben, eine soziale Kultur zu verwirklichen, die Wert darauf legt, daß kulturelle Möglichkeiten allen Bevölkerungskreisen zugänglich sind, die das Bedürfnis nach Spiel, Kommunikation und kreativer Tätigkeit haben (vgl. Sauberzweig 1978:93).

## 2.3 DIE BIELEFELDER ‚RAVENSBERGER SPINNEREI' ALS WEITERBILDUNGSZENTRUM

### 2.3.1 DIE VORGESCHICHTE

Die Firma ‚Ravensberger Spinnerei' verlagerte ihren Betrieb gegen Ende der sechziger Jahre nach Ummeln. Die dabei freiwerdenden Gebäude wurden 1968 von der Stadt Bielefeld erworben.

1972 ist die Produktion auf dem Gelände, das nun der Stadt gehörte, eingestellt worden. Es wurde ein Verwaltungsgebäude eingerichtet. Ein weiteres Gebäude wurde einer Berufsschule zur Verfügung gestellt. Ursprünglich hatte die Stadt die Absicht, hier eine Stadthalle zu bauen.

Kurze Zeit später wurde ein Plan bekannt, der den vollständigen Abriß des alten Spinnereigebäudes zum



Ziel hatte. Es sollte eine Straßenkreuzung entstehen, die sowohl eine gerade Tangente östlich des Stadtkerns aufnahm, als auch die begradigte Heeper Straße, die direkt zum Jahnplatz weiterführen sollte, schnitt.

An verschiedenen Stellen wurde nun Widerstand laut, wodurch der Abriß des Gebäudes verhindert werden sollte. Der gemeinnützige Grünflächenverein ‚Pro Grün' setzte sich für die Erhaltung des Ravensberger Parks ein und wandte sich entschieden gegen die Pläne für einen Bau von Straßen auf diesem Gelände. Dennoch hielt die Stadt zunächst an ihrem Plan weiter fest. Inzwischen hatte die Diskussion um die alte Ravensberger Spinnerei immer weitere Kreise gezogen. Regionale und überregionale Medien beschäftigten sich mit der Diskussion um das Gelände östlich des Stadtkerns. Eine Bürgerinitiative setzte sich für die Erhaltung des Fabrikschlosses ein und brachte diese Ansicht auch mit Plakaten zum Ausdruck.

Es fand eine Demonstration von Studenten in der Innenstadt statt, die den Erhalt des Gebäudes forderten. Dennoch hielt die Stadt an ihren Plänen fest. Nach einem Bericht der ‚Neuen Westfälischen' vom 21.2.76 wollte sich ‚Pro Grün' nicht damit abfinden. Man befürchtete vom Bau einer Schnellstraße einen negativen Infrastruktureffekt und meinte, daß 4000 Menschen ihre Wohnungen verlassen müßten, wenn der Straßenneubau verwirklicht werde. Der Bau einer Citytangente wurde als ‚abenteuerlicher Blödsinn' bezeichnet. In der ‚Neuen Westfälischen' vom 12.3.76 heißt es, der Hauptausschuß habe beschlossen, daß auf dem Gelände des Wiesenbades in unmittelbarer Nähe des Spinnereigebäudes ein Straßenkreuz entstehen soll. Neben der Kunsteisbahn solle eine neue und noch größere Anlage der gleichen Art errichtet werden.

Dieser Beschluß löste weitere politische Diskussionen aus. In der Hauptausschußsitzung deutete sich dies bereits an. Die F.D.P.-Delegierten kündigten Widerstand gegen diese Entscheidung an. Ihre Ratsfraktion meint dazu: „Diese Entscheidung bedeutet in der Sache nichts anderes als die Vernichtung eines einmaligen Freizeit- und Erholungsgeländes in der Bielefelder Innenstadt“ (Westfalenblatt vom 12.3.76). Man beschloß, einen auswärtigen Stadtplaner mit einem Gutachten zu beauftragen, wie Bürgermeisterin Schwerdt ankündigte. Einen Tag später berichtet die ‚Neue Westfälische‘ (13.3.76) von einem Beschluß der Jungdemokraten, der das Verhalten der SPD-Fraktion in der Hauptausschußsitzung kritisiert. Es heißt, die SPD habe einen Charakter gezeigt, daß sie nur noch Absegnungsinstrument für großmannssüchtige Verwaltungsplanung sei. Man sieht an derartigen Äußerungen, welche grundsätzlichen Dimensionen die Diskussion um das Gelände Ravensberger Spinnerei annahm.

Eine Woche später berichtet die ‚Neue Westfälische‘ (20.3.76) davon, daß die CDU nunmehr das Straßenkreuz ablehne. Sie spreche sich nun für die Schaffung einer Fußgängerzone vom Kesselbrink über den Ravensberger Park bis zum Hallenbad aus und sehe darin die Chance, einen Grünzug vom Kesselbrink über den Ravensberger Park bis zum Teutoburger Wald zu schaffen.

Im Oktober 1976 legten die Professoren Spengelin und Wunderlich ein Gutachten über die Nutzung des Geländes vor. Im Mai 1978 wurde dieses Gutachten noch präzisiert und ergänzt. Die Professoren sind der Ansicht, daß der Gebäudekomplex ein Baudenkmal ist, das sich als planmäßig konzipiertes Ensemble in Zusammengehörigkeit und Vollständigkeit präsentiere. Die Gutachter sprechen sich dafür aus, die Faktoren Umweltqualität, Erholungswert und Denkmalpflege vor den Erfordernissen des Straßenverkehrs anzusiedeln. Die Durchschneidung des Geländes würde den Freizeit- und Erholungsbereich entwerten, heißt es im Gutachten.



Im Lauf der Diskussion wird auch die Alternative entwickelt, das Straßenkreuz unterirdisch zu bauen. Dies befürwortete der Bielefelder Generalverkehrsplaner, Professor Schaechterle (Neu-Ulm), dessen Vorschlag eine Untertunnelung der Ravensberger Spinnerei vorsah. In einern Bericht des ‚Westfalenblattes‘ vorn 8.3.76 heißt es, daß sich die CDU für den kreuzungsfreien Ausbau der Heeper Straße in Tieflage zwischen Freibad und dem Spinnereigebäude einsetzen wolle, um den Verkehrserfordernissen zu entsprechen und dennoch den Freizeitwert zu erhalten. Im gleichen Bericht heißt es, daß es auch in der SPD in dieser Frage zu innerparteilichen Diskussionen gekommen sei, da man befürchtete, daß die eigene Wählerbasis die Verkehrspläne nur schwer nachvollziehen könne.

Das Gutachten der beiden Professoren Spengelin und Wunderlich beinhaltet den Vorschlag, das gesamte Gelände rund um das Spinnereigebäude in einen Park für ein intensives Freizeiterlebnis umzugestalten.
An den Rändern des Areals wird die Einrichtung von Parkplätzen vorgeschlagen.

Eng verwoben mit dem Schicksal der Gebäude und des gesamten Geländes ist die weitere Nutzung der Häuser auf dem Gelände der Ravensberger Spinnerei.
Nachdem sich auch der Landeskonservator 1973 für die Erhaltung des Fabrikschlosses einsetzte, indem er es zum Baudenkmal erklärte, gewann mehr und mehr die Erkenntnis an Boden, daß das Gebäude nicht abgerissen werden sollte. Es wurden jedoch unterschiedliche Vorstellungen geäußert, was in den Gebäuden untergebracht werden soll. Nach einem Bericht des ‚Westfalenblattes‘ vom 19.2.76 setzte sich die F.D.P. dafür ein, ein Industriemuseum in der Spinnerei einzurichten und sie regte an, eine Kombination mit einer

Stadthalle zu planen.

Das ‚Westfalenblatt' berichtet am 5.10.76 ausführlich von dem Vorschlag der Weerkgemeenschap Amersfort, einer niederländischen Architektengemeinschaft. Sie sprechen sich gegen das geplante Straßenkreuz aus und wollen die Ravensberger Spinnerei in ein Spiel- und Erholungszentrum für Eltern, Kinder, Familien und Einzelgänger umgestalten. Ein Kleinkino, ein Musikstudio, Kabarettsäle, Bühnen und Hobbyräume sollen nach diesem Vorschlag eingerichtet werden. Daneben sieht dieser Vorschlag die Einrichtung von Beratungsstellen verschiedener Art vor, Räume für einen Altenclub, die Telefonseelsorge, die Heilsarmee und eine Moschee für Gastarbeiter. Die Architektengemeinschaft wollte ein Zentrum schaffen, in dem immer etwas los ist.

Weitere Vorschläge wurden gemacht, die die Errichtung eines Freizeitzentrum vorsahen; auch als Kommunikationszentrum oder Bürgerzentrum war die Ravensberger Spinnerei im Gespräch.

Bereits 1972 hatte die Volkshochschule ihr Interesse geäußert, das Gebäude für sich zu beanspruchen (Der Bau eines Bildungszentrum in Bielefeld (Ravensberger Spinnerei) 1972).

Die ‚Neue Westfälische' veranstaltete eine Bürgerbefragung, die ein Meinungsbild über die spätere Nutzung des Gebäudes hervorbringen sollte.

Die Bürgerinitiative zur Erhaltung der Ravensberger Spinnerei hat sich im November 1972 konstituiert und die Auswertung der zurückgesandten Fragebögen übernommen.

Nach vielen Diskussionen im Rat der Stadt und im Hauptausschuß wurde im Februar 1977 beschlossen, das Gebäude der Ravensberger Spinnerei als ‚Haus der Weiterbildung' zu nutzen. Die Volkshochschule sollte also neuer Nutzer des Fabrikschlosses werden. Stand vorher noch die Möglichkeit zur Diskussion,



die öffentliche Stadtbücherei mit in das Gebäude zu übernehmen, so ist dies durch den Umzug der Stadtbibliothek in ein großes Gebäude im Stadtkern hinfällig geworden. Mit auf dem Gelände ist allerdings die Einrichtung einer Experimentier- bzw. Probebühne für das Stadttheater geplant. Das Hauptgebäude wird der Volkshochschule und der Stadtbildstelle zur Verfügung stehen. Inzwischen hat die Volkshochschule ihre Aufgabe als Bauherr des Umbaus angenommen, ein Architekt ist mit der Planung und Durchführung beauftragt.

Die Entwicklung von dem Ankauf des freiwerdenden Fabrikgebäudes bis hin zur Planung eines Weiterbildungszentrums muß wohl als einzigartig angesehen werden. Als Beispiel für die große öffentliche Reaktion, die dieser Vorgang hervorgerufen hat, sei an einen Bericht der Wochenzeitung ‚Die Zeit' vom 22.10.76 erinnert. Unter dem Titel ‚Ein Schloß für Bürger' wird die Entwicklung als ein viereinhalb Jahre währender Machtkampf zwischen einer bockigen Stadtverwaltung und aufgeweckten Bürgern beschrieben. Die Bürger hätten eine Änderung der schon beschlossenen Straßenbaupläne erzwungen, wobei die Stadtverwaltung die Erhaltung des Gebäudes lange als unrealistisch abgekanzelt habe und anderslautende Informationen zurückzuhalten versucht hätte. Erst aufgrund der Bürgerproteste sei ein neuer Gutachter bestellt worden, der sich für die Erhaltung des Fabrikschlosses eingesetzt habe.

Wenngleich aus heutiger Sicht nicht mehr ein vollständiges Bild aller Vorgänge und Prozesse gewonnen werden kann, so ist doch eindrucksvoll, daß die Entscheidung für ein Weiterbildungszentrum ‚Ravensberger Spinnerei' erst als Folge eines sehr tiefgründigen und langwierigen Streits und auch danach noch aktualisierter Alternativen gefallen ist. Es haben sehr viele Personen und Interessengruppierungen an den Diskussionen um das Gebäude teilgenommen; es wurde sogar ein Expertenhearing im Bavinkgymnasium am 5.10.76 veranstaltet, an dem laut ‚Westfalenblatt' vorn 7.10.76 500 Zuhörer teilgenommen haben.

Hier ist also der Plan für ein Weiterbildungszentrum nicht als Idee von der Volkshochschule oder einer anderen einzelnen Instanz entwickelt worden, sondern es erfolgte eine Auseinandersetzung um den Erhalt von Gebäuden und erst danach kam es zur Planung eines Weiterbildungszentrums.

### 2.3.2 BESONDERHEITEN IM VERGLEICH ZU ANDEREN WEITERBILDUNGSZENTREN

Aus der Entstehungsgeschichte dieses Weiterbildungszentrums geht bereits einiges hervor, was die Besonderheit dieses Projekts ausmacht. Zunächst einmal handelt es sich um einen Altbau, der umgestaltet werden soll.

Durch gewisse Auflagen des Landeskonservators, der das Gebäude unter Denkmalschutz gestellt hat, sind die Gestaltungsmöglichkeiten eingeschränkt. So darf der gesamte äußere Eindruck, also die Fenster und deren Größe, aber auch die Innengestaltung des obersten Stockwerks nicht grundlegend verändert werden. Auch einige Fußböden sollen nach den Vorstellungen des Landeskonservators erhalten bleiben. Eine Besonderheit ergibt sich aus der statischen Konstitution des Gebäudes. Die Last des Baus wird von einer Vielzahl von Säulen getragen und ruht nicht auf den Außenmauern, wie sonst üblich. Deshalb dürfen auch die sich durch alle Stockwerke hindurchziehenden Säulen nicht ausgebaut werden. Sie sind die eigentlich tragenden Ele- .



mente des Hauses. Von daher ergeben sich für die Innengestaltung besondere Voraussetzungen, die zu berücksichtigen sind. So ist etwa die Raumhöhe von 4,70 Metern eine Besonderheit.

Man muß also stets im Auge behalten, daß das Gebäude als Zweckbau für Produktionszwecke errichtet worden ist, wenngleich äußerlich und in der Grundrißgestaltung Anlehnungen an Schloßbauten erkennbar sind. So wußte man nicht, ob die Stahlträger überhaupt die Statik garantieren können, weil über das Material Gußeisen keine entsprechenden DIN-Vorschriften bestanden und erst eine Materialprüfung darüber Aufschluß brachte. Das Weiterbildungszentrum ‚Ravensberger Spinnerei' stellt also mehr und speziellere Anforderungen, als es bei einem Neubau der Fall wäre.

### 2.3.3 LAGE DES GEBÄUDES

Für Weiterbildungszentren wird eine verkehrsgünstige Lage gefordert. So meint Tietgens "EB-Zentren brauchen ein Haus, das ihnen uneingeschränkt zur Verfügung steht. Es muß in einer verkehrsgünstigen Lage seinen Platz finden, der der Bedeutung eines der Allgemeinheit dienenden Versorgungsbetriebes gerecht wird."(1970:137)

Ähnlich äußert sich dazu auch der Strukturplan Weiterbildung von 1975. Er stellt fest: „Das Gebäude des öffentlichen Weiterbildungszentrums sollte … an den Schnittpunkten des städtischen und regionalen Verkehrs liegen." (1975: 60)

Diese Forderung wird durch das Weiterbildungszentrum ‚Ravensberger Spinnerei' teilweise erfüllt. Es liegt etwa 400 Meter vom Stadtkern entfernt und ist in Sichtweite des Kesselbrinks, dem derzeitigen Bielefelder Busbahnhof. Ein Vorteil ist darin zu sehen, daß es inmitten einer Grünfläche liegt. Der Rochdale-Park empfängt den Besucher, bevor er das Gebäude erreicht. Rings um das Gebäude befinden sich noch weitere Grünflächen, zum Teil auch ein alter Baumbestand. Somit ist die Vorstellung einer grünen Oase inmitten von Bielefeld nicht verfehlt.

#### 2.3.4 ART DES GEBÄUDES

Der gesamte Komplex wurde von 1855-58 errichtet, wobei das hier behandelte Gebäude die zentrale Einheit darstellt. Es wurde als repräsentatives viergeschossiges Gebäude errichtet. An einen Mittelteil schließen sich zwei gleich große Flügelteile an.

Im Mittelteil nimmt ein großzügig angelegtes Treppenhaus den meisten Raum ein. Die rechts und links an den Mittelbau anschließenden Säle haben eine Grundfläche von je 17 x 42 Metern. Die Höhe der Räume beträgt 4,70 Meter.

In diesen Sälen waren Spinnereimaschinen aufgestellt. Tragende Elemente sind zwei Reihen von gußeisernen Säulen, die durch eine Kappengewölbevorrichtung miteinander verbunden sind. Licht fällt ein durch zwei Fensterfronten an den Längsseiten. Das Laternengeschoß läßt aufgrund seiner besonderen Konstruktion von oben her Licht einfallen. Insgesamt stehen etwa 7000 Quadratmeter Grundfläche im Hauptgebäude zur Verfügung.



## 3. ZUR DISKUSSION UM WEITERBILDUNGSZENTREN

Nachdem wir im letzten Kapitel die städtebauliche und kulturelle Eingebundenheit des für Bielefeld geplanten Weiterbildungszentrums ‚Ravensberger Spinnerei‘ thematisiert haben, wollen wir nun die allgemein geführte Diskussion um Weiterbildungszentren ansprechen. Hierbei ist einleitend zu bemerken, daß der Begriff des ‚Weiterbildungszentrums‘ erst neueren Datums ist.

In den fünfziger und sechziger Jahren wurde hauptsächlich von „Häusern für die Erwachsenenbildung“ (Groot 1963; Seminar des Europarates 1964; Beier 1965) gesprochen. Aus dieser Zeit stammen auch Appelle und Forderungen führender Volkshochschulvertreter, die darauf ausgerichtet waren, daß „in allen Städten eigene Häuser geschaffen werden (sollten), die der Erwachsenenbildung auch räumlich ein Zentrum geben“. Diese Forderungen, daß „der Erwachsene ... eine eigene Bildungsstätte“ braucht, resultiert aus der Erkenntnis, daß Erwachsene „nicht gut auf Schulbänken sitzen“ können, und daß der Ort sowie die Atmosphäre eine Rolle spielen (Becker 1957:68; vgl. hierzu auch die während dieses Zeitraumes in der Zeitschrift ‚Volkshochschule im Westen‘ immer wieder aufkommende Diskussion zu diesem Thema).

In der politischen Diskussion sind diese Appelle zunächst auf keinen fruchtbaren Boden gefallen, obwohl im Bundesland Nordrhein-Westfalen bereits im Jahre 1954 die „Erste Verordnung zur Ausführung des Gesetzes (von 1953) über die Zuschußgewährung an Volkshochschulen und entsprechende Volksbildungseinrichtungen“ den Volkshochschulen die Möglichkeit gab, für Um-, Erweiterungs- und Neubauten die anfallenden Darlehenszinsen sowie Mieten und Hypotheken beim Land geltend machen zu können. Da aber bei den Kommunalpolitikern die Meinung vorherrschte, daß es für die Volkshochschulen genüge, ihnen als sogenannten ‚Abend'-Volkshochschulen fremde Räume, hauptsächlich in Schulen, zur Verfügung zu stellen, sind in den fünfziger Jahren nur drei Volkshochschulneubauten in Marl (1955), Dortmund (1956) und Ingelheim (1957) entstanden (vgl. Otto et al. 1973:31).

Trotzdem aber bemühten sich die Volkshochschulen immer wieder, aus der Gastrolle in anderen Gebäuden herauszutreten, um ihre Eigenständigkeit unter Beweis stellen zu können. Diese Bemühungen wurden vor allem vom Deutschen Volkshochschulverband unterstützt und mit vorangebracht, zwischendurch aber auch von anderer Seite her aufgegriffen.

So leitete sich für den Deutschen Ausschuß für das Erziehungs- und Bildungswesen (1960:56) die Forderung, daß die Erwachsenenbildung in eigenen Institutionen zusammengefaßt werden soll aus der Erkenntnis her, daß die Volkshochschule als Stätte gemeinsamer Bildung „in ihrer Arbeit ... und in ihrem Auftreten gegenüber der Öffentlichkeit einen eigenen Stil haben" muß; der „in eigenen Räumen zum Ausdruck kommen soll" (Deutscher Ausschuß für das Erziehungs- und Bildungswesen 1960:60; vgl. hierzu auch Deutscher Volkshochschulverband 1966:6). Die hier implizit geäußerte Ansicht, daß die Volkshochschule nur unter dem Postulat der Eigenständigkeit eine Breitenwirkung erzielen kann, zieht sich weiterhin kontinuierlich durch die gesamte Diskussion um ‚Häuser für die Erwachsenenbildung' hindurch.

Selbst die ‚Ständige Konferenz der Kultusminister' gab im Jahre 1964 eine Empfehlung heraus, in der sie als mögliche für die Erwachsenenbildung bundeslandspezifisch in Betracht zu ziehende Maßnahmen unter anderem die Errichtung, den Ausbau und die Einrichtung eigener Häuser und Räume benennt. Denn mehr und mehr wurde zugestanden, daß auch Erwachsene ein Recht auf Bildung haben, und daß ihnen die Möglich-



keit gegeben werden muß, dieses Bedürfnis in einem für sie adäquaten Rahmen artikulieren zu können. Aus diesem Grund wurde auch zunehmend von der Bestandsaufnahme ausgehend, daß die Einrichtungen der Erwachsenenbildung „in Schulen, Gasthäusern oder anderen völlig ungeeigneten Räumen" (Kultusminister von Nordrhein-Westfalen 1964, zit. nach Hürten/ Beckel 1966:284) nur unzulänglich untergebracht seien, dafür plädiert, daß nur mit der Errichtung geeigneter Häuser und Räume der Bildungsarbeit von Erwachsenen eine angemessene Umgebung geboten werden könne. In diesem Zusammenhang konnte auch dem immer wiederkehrenden Einwand einer nur ungenügenden, weil auf die Abendstunden beschränkten Auslastung eigener Erwachsenenbildungshäuser mit neuen Argumenten begegnet werden, die sich aus der allgemein zunehmenden Bedeutung des Bildungsbereiches in den vorhergehenden Jahren erst entwickelt hatten. Aufgrund einer sich verkürzenden Arbeitszeit kamen Tageslehrgänge und Ganztagskurse zunehmend in Betracht. Diese neuen Möglichkeiten ließen sich ohne ein eigenes Haus aber kaum verwirklichen, da ihre Realisation erfahrungsgemäß an technischen Kooperationsschwierigkeiten scheitern würde. Ein weiteres, zu dieser Zeit an Relevanz gewinnendes Argument, bezieht sich auf ein sich auf den ganzen Tag erstrekkendes Volkshochschulangebot, um hiermit bisher benachteiligten Gruppen, wie älteren Mitbürgern, Hausfrauen oder Schichtarbeitern auch die Möglichkeit zu geben, aktiv am Volkshochschulprogramm partizipieren zu können.

Trotz dieser zunehmenden Bemühungen auf verschiedenen Ebenen die Volkhochschule in eigenen Gebäuden zu institutionalisieren sind in den sechziger Jahren in der gesamten Bundesrepublik zu den drei in den fünfziger Jahren fertiggestellten Häusern nur zwölf Neubauten hinzugekommen (vgl. Otto et al. 1973:33).

Die Wichtigkeit und Notwendigkeit der um Erwachsenenbildungshäuser geführten Diskussion läßt sich auch daran nachweisen, daß volkshochschuleigene Häuser von der Bevölkerung überall positiv aufgenommen wurden und stark expandiert sind. Diese Expansionsphase ist in den meisten Volkshochschulen so schnell vorangegangen, daß sie nach einer gewissen Zeit feststellen mußten, daß das eigene Gebäude für die von ihnen geplanten Aktivitäten schon wieder zu klein war; über diese Erfahrung berichteten unter anderem alle von uns besuchten Volkshochschulen.
In den siebziger Jahren dann hat der Erwachsenenbildungsbereich eine besondere Aufmerksamkeit erfahren und ist in zunehmendem Maße expandiert. Als ein Hauptkriterium in diesem Prozeß kann der vom Deutschen Bildungsrat 1970 verabschiedete „Strukturplan für das Bildungswesen" angesehen werden, durch den die offizielle Anerkennung des Erwachsenenbildungsbereiches als integraler Bestandteil des Bildungssystems vollzogen wurde.

Damit zusammenhängend ist auch ein begrifflicher Wandel eingetreten: während in den fünfziger und sechziger Jahren der Terminus ‚Erwachsenenbildung' vorherrschend war, wurde Anfang der siebziger Jahre als umfassender Terminus für die Bereiche Fortbildung, Umschulung und Erwachsenenbildung der Begriff ‚Weiterbildung' eingeführt.

Als auslösendes Moment dieser begrifflichen Umdefinition lassen sich die gesellschaftlichen Wandlungsprozesse in allen Lebensbereichen identifizieren. Aufgrund der fortschreitenden Technisierung und Automatisierung und den sich in den letzten Jahren immer rascher wandelnden gesellschaftlichen Anforderungen an den Einzelnen reicht eine gering organisierte und relativ unverbindliche Erwachsenenbildung allein nicht aus. Die immer stärker zum Tragen kommende Tendenz der Notwendigkeit eines ‚Lebenslangen



Lernens' findet daher auch zunehmend in sich wandelnden Programmstrukturen der Weiterbildungsinstitutionen ihren Ausdruck. Trotz der immer mehr in den Vordergrund tretenden großen Bedeutung dieses Bereiches gibt es in der Bundesrepublik Deutschland allerdings kein einheitliches System der Weiterbildung. Hier stehen neben den öffentlich-rechtlichen Trägern die nicht-öffentlichen Träger mit ihren Weiterbildungsangeboten gleichberechtigt und fast immer unkoordiniert nebeneinander (vgl. Erstes Gesetz zur Ordnung und Förderung der Weiterbildung im Lande Nordrhein-Westfalen 1974). Obwohl die größtenteils von den Kommunen getragenen Volkshochschulen die wohl bekanntesten Anbieter im Weiterbildungsbereich sind, offerieren ebenso wirtschaftliche, konfessionelle, politische und kommerzielle Organisationen die unterschiedlichsten Lernangebote.

Daß den Forderungen nach beruflicher Umschulung und Fortbildung eine immer größere Aufmerksamkeit zukommt, läßt sich an mehreren Tendenzen aufzeigen: nicht nur die explizite Benutzung dieser Termini durch den Deutschen Bildungsrat, sondern auch ein verstärktes Angebot der Volkshochschulen in diesen Bereichen sowie die Diskussion um den Bildungsurlaub sind Indizien für eine zunehmende Integration der beruflichen Anforderungen in den allgemeinen Weiterbildungsbereich.

Durch die offizielle Anerkennung des Weiterbildungsbereiches ist in der Bundesrepublik erstmals ein Rahmen geschaffen worden, der als Orientierungsmuster für den weiteren Ausbau der Weiterbildung in anderen Bundesländern dienen kann.

Obwohl die Bildungskommission davon ausgeht, daß ständige Weiterbildung sich auf eine institutionelle und organisatorische Basis stützen muß, macht sie Neubauten von der möglichen Nutzung bereits vorhandener Einrichtungen der Erwachsenenbildung abhängig

(vgl. Deutscher Bildungsrat 1970:208, 314).
Im Gutachten heißt es, daß „Weiterbildung ... nicht auf allen Gebieten eigene Einrichtungen" benötigt (Deutscher Bildungsrat 1970:209). Es komme vielmehr darauf an, Räume in Schulen, Hochschulen und Betrieben zu nutzen, sowie in geplanten Schul- und Kulturzentren die Möglichkeit einer Integration der Weiterbildung mit zu berücksichtigen.

Diesen Gedanken griffen Knoll und Mitarbeiter auf, indem sie ein Modell konzipierten, welches vorsah, ein Bildungszentrum an die Sekundarstufe II einer Gesamtschule anzubinden. Eine derartige Integration der Erwachsenenbildung in ein Schulzentrum sollte von vorneherein baulich und organisatorisch mitgeplant werden, damit eine erwachsenengerechte Atmosphäre geschaffen werden kann (vgl. Knoll et al. 1972:9-13). Dieser Vorschlag hat zwar die bildungspolitische Diskussion belebt, konnte sich aber schließlich nicht durchsetzen.

Weitere Konzeptionsvorschläge bestanden darin, die Volkshochschule an andere kulturelle Einrichtungen anzubinden oder sie in ein Kommunikations- bzw. Freizeitzentrum umzuwandeln. Diese unterschiedlichen Möglichkeiten entfachten gleichzeitig eine Diskussion um die zukünftige Benennung der Volkshochschule. Dabei hat vor allem die Diskussion um Kommunikations- und Freizeitzentren einen breiten Raum eingenommen, da man davon ausging, daß durch die offene Gestaltung eines derartigen Zentrums möglichst alle Bevölkerungsgruppen und Altersschichten angesprochen werden könnten.

Einzelne Konzeptionen wurden von verschiedenen Städten auch mit unterschiedlichem Erfolg verwirklicht, letztendlich aber blieb die Forderung der Volkshochschulen nach einem eigenständigen Bildungszentrum bestehen. In den letzten Jahren zeichnet sich ein Trend in der Begrifflichkeit von ‚Häusern der Er-



wachsenenbildung' hin zu ‚Weiterbildungszentren' ab. Hierzu trägt unter anderem auch der 1973 von der Bund-Länder-Kommission für Bildungsplanung herausgegebene „Bildungsgesamtplan" bei. Aufgrund der möglichen Ausdehnung der Bildungsurlaubsangebote ist eine neue Situation im Erwachsenenbildungsbereich eingetreten, die es unumgänglich macht, Einrichtungen zu schaffen, die im Ganztagesbetrieb zu nutzen sind. Da den Erfordernissen nach Teil- und Vollzeitveranstaltungen Rechnung zu tragen ist, sollen eigene Bildungsstätten nach dem Grundsatz der möglichst „vielseitigen Verwendbarkeit" (Bund-Länder-Kommission für Bildungsplanung 1973:61) errichtet werden. Auch in dem 1975 veröffentlichten „Strukturplan Weiterbildung" wird gefordert, daß ein Weiterbildungszentrum nicht einer schon vorhandenen oder geplanten Kultureinrichtung angeschlossen oder nachgeordnet werden, sondern für sich als organisatorischer und pädagogischer Mittelpunkt der Weiterbildung fungieren soll. Daher bedürfe es eines eigenen Gebäudes, das an den Schnittpunkten des städtischen und regionalen Verkehrs liegen sollte (Strukturplan Weiterbildung 1975:60).

Hierdurch wird für erwachsene Lerner der Übergang von einem Lernangebot zum anderen, von einer Veranstaltungsform zur anderen, erleichtert ..., weil sie nicht jeweils neue Zugangsschwellen überwinden müssen" (Tietgens et al. 1970:135).

Während die zuletzt angesprochenen Argumente und Forderungen auch nur einen unverbindlichen Empfehlungscharakter hatten, wurden die Weiterbildungsvorstellungen in Nordrhein-Westfalen konkretisiert.
Da dem „Strukturplan für das Bildungswesen" eine große Bedeutung zugemessen wurde, hat der Kultusminister bereits im Jahre 1971 eine Planungskommission einberufen, die sich mit dem Bereich ‚Erwachsenenbildung - Weiterbildung' befassen sollte. In ihren

sogenannten ‚Krefelder Thesen' von 1972 geht sie davon aus, daß sich die Verpflichtung des Landes darin ausdrückt, den Kommunen die Pflichtaufgabe zur Errichtung und Unterhaltung von Weiterbildungsinstitutionen zu übertragen, um eine flächendeckende Versorgung der Bevölkerung mit Weiterbildungsangeboten sicherzustellen (Erwachsenenbildung und Weiterbildung 1972:18). Diese These wird auch im 1. Weiterbildungsgesetz und im Weiterbildungsentwicklungsplan übernommen.

Durch die Eingliederung der Volkshochschule in die Kommunalverwaltung wird sie als rechtlich unselbständige Einrichtung in den organisatorischen Aufbau eines rechtsfähigen Trägers integriert, dem die Aufgaben des Ausbaues und der Mittelfinanzierung obliegen. Auf diese Weise sind keine Eingriffsmöglichkeiten in die Volkshochschularbeit von seiten des Landes möglich, so daß die konkrete Ausgestaltung der einzelnen Volkshochschulen den Kommunen überlassen bleibt. Der besondere Vorteil einer derartigen Regelung tritt augenscheinlich dann hervor, wenn es um den Bau und die Verortung eines Weiterbildungszentrums im städtischen Gefüge geht, da sich bei den Diskussionen um Standort und Lage neben den professionell damit befaßten Planern auch die Bürger aktiv daran beteiligen können.

Gerade im Hinblick auf die Bauten für die Weiterbildung sind die Aussagen der Planungskommission besonders wichtig, da anhand eines Baufinanzierungsmodells erstmals konkrete Planungsvorschläge unterbreitet werden. In diesem Modell werden einige Relationsformeln hinsichtlich des Lehrvolumens, der Anzahl der hauptamtlichen Mitarbeiter und der Teilnehmerzahlen zugrunde gelegt, nach denen sich die benötigten Räume und der Gesamtflächenbedarf errechnen lassen (vgl. Erwachsenenbildung und Weiterbildung 1972). Auf der Grundlage dieser Ergebnisse basiert



das 1974 verabschiedete „Erste Gesetz zur Ordnung und Förderung der Weiterbildung im Lande Nordrhein-Westfalen", das unter anderem die kreisfreien Städte und kreisangehörigen Gemeinden ab 40 000 Einwohner dazu verpflichtet, Einrichtungen der Weiterbildung, also Volkshochschulen zu errichten und zu unterhalten.

Mit diesem Gesetz und der 1978 verabschiedeten Verordnung zur Weiterbildungsentwicklungsplanung ist die Diskussion hinsichtlich des Baus von Weiterbildungszentren einen großen Schritt vorangekommen. In der Zwischenzeit ist immer wieder die Frage gestellt worden, ob durch ein Weiterbildungszentrum eine flächendeckende Versorgung der Bevölkerung mit Weiterbildungsangeboten gewährleistet werden kann. Eine derartige Fragestellung wurde besonders für große Städte in zunehmendem Maße relevant, da sich hier die nachgewiesene Tendenz eines zwischen Stadt und Land bestehenden Weiterbildungsgefälles auf den Bereich von Innenstadt zu Außen- beziehungsweise Randbezirken verlagerte. Diese Tendenz wurde auch vom Deutschen Bildungsrat angesprochen, der feststellte, daß es erhebliche Differenzen bezüglich Quantität und Qualität des Weiterbildungsangebotes und der Nachfrage zwischen Ballungsräumen und dünnbesiedelten Regionen gebe, was auch innerhalb großstädtischer Räume zutreffe.

Diese neue Ausgangslage machte es notwendig, neben der Zentralisierungsdiskussion im Hinblick auf Weiterbildungszentren eine Dezentralisierungsdiskussion in den Großstädten durchzuführen. Bereits 1970 hatte Tietgens darauf hingewiesen, daß neben einem eigenen Haus, in dem „ein großer Teil der kontinuierlichen Kurse und Arbeitsgruppen" stattfindet ein anderer Teil, je nach den öffentlichen Verkehrsverhältnissen, dezentralisiert werden kann (Tietgens 1970: 137).

Bei einer Dezentralisierung des Weiterbildungsangebotes können folgende Formen als Möglichkeiten in Betracht gezogen werden: Bei sehr großen und räumlich weit ausgedehnten Städten erscheint der Ausbau mehrerer Zentren, statt nur eines einzelnen, eine sinnvolle Alternative zu sein, um dem Weiterbildungsbedürfnis der Bevölkerung in einer angemessenen Weise entsprechen zu können - zu denken wäre hierbei unter anderem an außerhalb des Ballungszentrums liegende Trabantenstädte.

Für Großstädte mit überschaubaren Dimensionen bezüglich des Einzugsbereiches der Bevölkerung lassen sich verschiedene Angebotsformen in dezentraler Hinsicht unterscheiden: neben dem zentralen und verkehrsgünstig in der Stadtmitte liegenden Weiterbildungszentrum können in den umliegenden Stadtbezirken Neben- oder Außenstellen eingerichtet werden. In diesen besteht zum einen die Möglichkeit, den Versuch zu unternehmen, das gesamte Volkshochschulprogramm in Kleinformat zu repräsentieren.

Hierbei geht man davon aus, „daß ein vorhandenes, zentrales Angebot dem Bedarf und den Interessen der potentiellen Teilnehmer entspricht, und daß das Angebot nur örtlich näher an sie herangebracht werden muß" (Ufermann 1979: 144).

Zum anderen besteht die Möglichkeit, unabhängig vom zentralen Angebot der Volkshochschule ein eigenes, sich an den vermuteten Interessen der Bevölkerung orientierendes Stadtteilprogramm aufzustellen.
Und als dritte Alternative können die beiden vorher genannten, und sich in dieser Form ausschließenden Möglichkeiten in einem integrativen Konzept vereinigt werden. Diese Möglichkeit bezeichnet Ufermann (1979) als ein Modell der gestuften Konzentration, wo ein inhaltlich fixiertes Grundangebot neben offenen Stadtteilveranstaltungen besteht. Auch Meulemann/ Weishaupt (1977:298) weisen darauf hin, daß die



Dezentralisierung der Weiterbildung die vorhandenen Problemstellungen des Stadtteils und die Interessen seiner Bewohner berücksichtigen soll.

Unseres Erachtens kommt eine derartige Angebotsform den spezifischen Interessen unterschiedlicher Teilnehmergruppen am nächsten. Denn zum einen bleibt eine inhaltliche Verknüpfung mit dem Hauptprogramm der Volkshochschule gewährleistet, so daß festliegt, welche Angebote der Volkshochschule regelmäßig erfolgen, wodurch sie für den potentiell Interessierten eine verläßliche Planungsbasis darstellen, und zum anderen kann ein spezieller Adressatenbezug (Zielgruppenarbeit) verwirklicht werden.

Diese Dezentralisierungsform hat Emmerich (1975: 210) für die Stadt Dortmund wie folgt beschrieben: „Aus dem Selbstverständnis der Volkshochschule Dortmund resultiert, daß Stadtteilarbeit nicht nur der bloße Aufbau kleiner Nebenstellen, Filialen oder Außenstellen der Volkshochschule sein kann, sondern daß die Arbeit in den Stadtteilen auf die strukturellen Besonderheiten dieser Bereiche zugeschnitten sein muß. So verstandene Stadtteilarbeit ist nicht bloße schematische Dezentralisation, sondern kontinuierliche Arbeit mit den Bürgern eines Stadtbezirkes."
Gleichzeitig mit der Diskussion um eine Dezentralisierung wurde auch die Frage nach der Zumutbarkeit von Entfernungen für den Einzelnen gestellt. Denn für verschiedene Städte konnte nachgewiesen werden, daß mit zunehmender Entfernung vom Unterrichtsort die Weiterbildungsnachfrage geringer wird. So ergaben sich beim Vergleich Bochumer Stadtbezirke gleicher Sozialstruktur mit und ohne Volkshochschul-Zweigstellen deutlich höhere Hörerquoten in den Bereichen mit Volkshochschul-Zweigstellen (Meulemann/ Weishaupt 1977:299).

Der Vorstand des Landesverbandes der Volkshochschulen von Nordrhein-Westfalen (1977) hat die Frage nach der Entfernung in zeitlicher Hinsicht dahingehend beantwortet, daß jeder Bürger in der Lage sein sollte, die Häuser und Räume der Volkshochschule in maximal 30 Minuten zu erreichen.

Wenn wir die Fragen nach zentralem und dezentralem Angebot, sowie zeitlicher Zumutbarkeit zur Wahrnehmung dieses Angebotes, im Hinblick auf Bielefeld thematisieren, so kommen wir zu folgendem Ergebnis: Das funktionsspezifisch geplante Weiterbildungszentrum ‚Ravensberger Spinnerei' nimmt im städtischen Gefüge eine zentrale und verkehrsgünstig gelegene Stellung ein (vgl. Kap. 2). Ein dezentralisiertes Angebot in den Stadtbezirken wird von der Volkshochschule Bielefeld schon seit Jahren durchgeführt, wobei auch zunehmend eine Zielgruppenorientierung ins Blickfeld rückt.

Neben dem zentralen Angebot im Weiterbildungszentrum und den dezentralisiert aufgebauten Nebenstellen wird die Volkshochschule aber auch weiterhin Räume in Schulen mitbenutzen - hierbei wird als Lösung eine Beschränkung auf zwei Schulen im größeren Stadtkern angestrebt, die jeweils in einem Bereich der Stadt in einer angemessenen Entfernung zum Weiterbildungszentrum und zu den Nebenstellen als zusätzliche Knotenpunkte angesehen werden können. Auf diese Weise kann das Entfernungs- beziehungsweise Zeitproblem der Bevölkerung im Hinblick auf die Wahrnehmungsmöglichkeit des Volkshochschulangebotes für Bielefeld im wesentlichen als bereits gelöst angesehen werden.



## 4. ANSÄTZE ZU EINER PÄDAGOGISCHEN KONZEPTION FÜR EIN WEITERBILDUNGSZENTRUM

Während in den vorangegangenen Kapiteln auf städtebauliche und architektonische Besonderheiten und Möglichkeiten im Zusammenhang mit der Diskussion um die Gestaltung und Nutzung der ‚Ravensberger Spinnerei' eingegangen worden ist, um daran anschließend die Planung des Bielefelder Weiterbildungszentrurns auf dem Hintergrund einer Tendenz zum Bau von eigenen Häusern für die Erwachsenenbildung zu verorten, wollen wir in diesem Abschnitt auf allgemeiner Ebene Überlegungen zu Ansätzen einer pädagogischen Konzeption für ein Weiterbildungszentrum diskutieren.

Unter einer pädagogischen Konzeption soll jener argumentative Begründungszusammenhang verstanden werden, der unter Einbeziehung gesellschaftlicher und individueller Rahmenbedingungen anhand zu entwickelnder Kriterien Aussagen über die Grundsätze sowohl der architektonischen Gestaltung, der räumlichen Ausstattung als auch der inhaltlichen Arbeit eines Weiterbildungszentrums zuläßt.

Anknüpfend an die Vorstellung einer engen Beziehung zwischen Bildung und Kultur gilt es, die Ausgangslage der Individuen in modernen Gesellschaften zu kennzeichnen, um hierauf aufbauend die Aufgabe und Bedeutung, die der Bildung heute zukommt, herauszuarbeiten. Diese Überlegungen bilden die Grundlage für die Formulierung wesentlicher Gestaltungsprinzipien von Weiterbildungsprozessen.

Kernpunkt jeglicher Weiterbildungsprozesse ist die spezifische Form der Kommunikation innerhalb von Institutionen der Weiterbildung, die ihrerseits in die einzelnen Phasen des Bildungsprozesses integriert ist. Soll Bildung der Ermöglichung eines "sinnvollen Lebens" dienen, so sind sowohl die dieses Ziel verfolgenden Lernprozesse als auch die entsprechenden

Lernumwelten nach gemeinsamen Prinzipien zu gestalten.

Die Ausdifferenzierung sowie Umsetzung der zentralen Elemente einer pädagogischen Konzeption stellt schließlich den Anwendungsbezug der theoretischen Überlegungen dar.

## 4.1 ZUR KENNZEICHNUNG DES BILDUNGSBEGRIFFS IN DER WEITERBILDUNG

Bei der Entwicklung von Elementen einer pädagogischen Konzeption für ein Weiterbildungszentrum setzen wir einerseits an den historisch gewachsenen institutionellen Formen außerschulischer Erwachsenenbildung mit ihren expliziten und impliziten Funktionen innerhalb des gesellschaftlichen Gefüges und andererseits am bildungspolitischen Prinzip des ‚Lebenslangen Lernens' an. „Education permanente kann umschrieben werden als: ein kulturpolitisches Prinzip, durch das ein vollständig zusammenhängendes, integriertes und flexibles System von Maßnahmen erstrebt wird, das jedem Menschen während seines ganzen Lebens die für ihn geeigneten Möglichkeiten bieten muß, seine educativen, sozialen und kulturellen Bedürfnisse seinen Anlagen entsprechend zu befriedigen sowie - u.a. durch seine Arbeit und seine Freizeitgestaltung - seine Persönlichkeit sowohl zum eigenen Nutzen als auch zum Wohle der Gemeinschaften, in denen er lebt, zu entfalten." (Gesellschaftskritik durch Weiterbildung 1970:106).

Analysiert man die Träger von Weiterbildungsmaßnahmen hinsichtlich ihrer Stellung und Funktion im gesamtgesellschaftlichen System, so läßt sich für die Volkshochschule im Vergleich zu anderen staatlichen Instanzen und auf dem Gebiet der Weiterbildung tätigen Organisationen ein relativ hoher Grad an Autonomie feststellen. Zwar unterliegt die Volkshochschule als



öffentliche Einrichtung der Kontrolle kommunaler Stellen, doch sind im Gegensatz zu den sonstigen Bereichen des öffentlichen Bildungssystems hier die Gestaltungsfreiräume hinsichtlich Programmangebot, Arbeitsformen und Mitarbeiterrekrutierung noch am größten. Trotz des Spannungsverhältnisses zwischen Öffentlichkeitscharakter und relativer Autonomie der Volkshochschule kann man feststellen, daß sich die Zusammenarbeit von Volkshochschule und Kommune bewährt hat.

Ein Vergleich mit anderen auf dem Gebiet der Weiterbildung tätigen Organisationen zeigt, daß die Volkshochschule ihrer Aufgabenstellung sowie ihrem Selbstverständnis nach nicht eindeutig auf bestimmte Inhalte von Bildungsprozessen festgelegt ist. Für Volkshochschularbeit ist vielmehr der ambivalente Charakter bezeichnend, demzufolge adaptive und emanzipatorische Elemente von Bildung nebeneinander, parallel zueinander oder in integrierenden Ansätzen existieren. Darüberhinaus läßt sich zur besonderen Kennzeichnung von Volkshochschularbeit festhalten, daß Weiterbildung von den sie tragenden gruppengebundenen Organisationen generell als Sekundärziel im Hinblick auf hierdurch zu realisierende Organisationsziele angesehen wird, während Weiterbildung für die Volkshochschule ein primäres Ziel ist.

Die konstatierte relative Autonomie der Volkshochschule im Bereich des Bildungssystems entspricht nicht dem Bild einer Gesellschaft und der in ihr handelnden staatlichen Organe, welche an dem Prinzip der Zweckrationalität ausgerichtet ist. Die Institution Volkshochschule stellt somit im sozio-ökonomischen System einen Bereich normierter Normabweichung dar. Indem der Volkshochschule ein relativ hohes Maß an Autonomie zugestanden wird, fällt ihr hiermit gesellschaftlich die Funktion zu, jene individuellen und gesellschaftlichen Innovationspotentiale zur Entfaltung kommen zu lassen, die durch sonstige Maßnahmen nicht abzudecken sind, die aber in Zeiten beschleunigter gesellschaftlicher Entwicklungen einen Beitrag zu angestrebtem Wandel zu leisten vermögen. So läßt sich auch erklären, daß eine zunehmende Thematisierung des Weiterbildungsbereichs stets in Krisensituation stattfindet. Dies bringt neben der Gefahr einer Instrumentalisierung von Volkshochschul-Arbeit im Sinne bestimmter gesellschaftlicher Interessen aber auch eine enorme Chance für die Gestaltung der Volkshochschul-Arbeit mit sich. In dem Maße wie nämlich Gesellschaft auf den Weiterbildungsbereich in bestimmten Situationen Einfluß zu nehmen versucht ist, läßt sich auch die umgekehrte Beziehung postulieren, daß ausgehend vom Bildungsbereich Veränderungen in anderen gesellschaftlichen Bereichen induziert werden. Ob und in welchem Umfang solche Innovationen vom Weiterbildungsbereich ausgehen wird neben der relativen Autonomie gesellschaftlicher Subsysteme nicht zuletzt davon abhängen, ob die Weiterbildung jenen institutionell gesicherten Standort erhält, an dem und zu dem sich der Einzelne orientieren kann (vgl. Deutscher Städtetag 1976). Die als Weiterbildungszentrum in eigenen Räumen untergebrachte Volkshochschule könnte diese Funktion erfüllen. Darüberhinaus werden die oben angesprochenen Impulse von der Klarheit der Vorstellungen und ihrer Realisierung bezüglich der Gestaltung der internen Struktur von Weiterbildungszentren und der Bildungsprozesse als ihrem zentralen Moment mitbestimmt.

Durch den Prozeß der Bildung als einem lebenslangen Prinzip, der sich im Bereich der Weiterbildung in einem institutionellen Rahmen manifestiert, werden Individuum und Gesellschaft miteinander in Beziehung



gesetzt. Die Volkshochschule läßt sich somit als jener Ort charakterisieren, an dem Ansätze unternommen werden, das Problem der Determiniertheit bzw. Indeterminiertheit im Verhältnis zwischen Individuum und Gesellschaft durch einen dialektischen Prozeß konstruktiv aufzugreifen. Indem Bildung hier zwei Prozesse, nämlich den der gesellschaftlichen Entwicklung auf Makroebene und den der Persönlichkeitsentwicklung auf der Mikroebene zu verbinden sucht, ist sie tendenziell sowohl auf Reflexion zur Gewinnung von Einsichten als auch auf Handlungsorientierung angelegt.

Angesichts einer sich vertiefenden Beziehungslosigkeit zwischen gesellschaftlicher Entwicklung und individueller Existenz gestalten sich Bildungsprozesse einerseits zunehmend schwieriger, andererseits kommt ihnen jedoch eine wachsende Bedeutung zu. Durch das Leben in einer Gesellschaft, in der der Mensch die meisten seiner traditionellen Begegnungsstätten verloren hat, sind sinngebundene Lebenszusammenhänge weitgehend zerstört. Die Mehrzahl der Menschen befindet sich heute in der paradoxen Situation, bei einem allgemein zunehmenden Wissen von dieser Welt die Undurchsichtigkeit der eigenen Lebenswelt zu erfahren, angesichts einer ständig steigenden Umweltkomplexität die Begrenztheit der eigenen Verarbeitungsmechanismen zu erkennen und trotz der Ausweitung ihrer Handlungsmöglichkeiten durch technische Hilfsmittel mit der Einschränkung ihrer Handlungsspielräume konfrontiert zu werden. Trifft es zu, daß komplexe Gesellschaften nicht in der Lage sind eine vernünftige Identität auszubilden (vgl. Habermas 1974:23 ff), um wieviel schwerer muß dann für die Individuen dieser Gesellschaften die Bildung einer Identität sein, die nur über die zur Hilfenahme der gesellschaftlichen Symbolstruktur entwickelt und ausgedrückt werden kann (vgl. Mead 1968). Zwar haben die alten Plausibilitätsstrukturen, an die subjektive Wirklichkeit gebunden ist für viele Menschen heute an Überzeugungskraft und Legitimation verloren, doch es stehen noch keine neuen Elemente symbolischer Sinnwelten zur Verfügung, welche zur Beendigung der Identitätskrisen und dem Aufbau einer neuen individuellen Identität notwendig sind (vgl.Berger, Luckmann 1971).

Es ist zu vermuten, daß „die kollektive Identität ... heute nur noch in reflexiver Gestalt denkbar (ist), nämlich so, daß sie im Bewußtsein allgemeiner und gleicher Chancen der Teilnahme an solchen Kommunikationsprozessen begründet ist, in denen Identitätsbildung als kontinuierlicher Lernprozeß stattfindet" (Habermas 1974:23 f). Demnach ist die Ermöglichung von Kommunikation eine Grundvoraussetzung für die Entwicklung individueller und gesellschaftlicher Identität.

In den letzten Jahren hat sich deutlich die Tendenz einer gestiegenen Nachfrage nach Kultur in dem Erproben mannigfacher Formen kultureller Ausdrucksweisen gezeigt. Das wesentliche Motiv für das Entstehen dieser in ihrer unterschiedlichen Ausprägung in vielen Industriestaaten zu beobachtenden soziokulturellen Aktivitäten, die sich neben dem Sektor professioneller Kultur entwickelt haben, scheint das Bedürfnis der Menschen nach Kommunikation zu sein (vgl. Jor 1978:130 ff). Dieses hier artikulierte Bedürfnis gilt es ernst zu nehmen, indem man dafür Sorge trägt, daß die zu seiner Erfüllung notwendigen sozialen und kulturellen Vorleistungen erbracht werden. Eine Gesellschaft bzw. Kommune, der an einer Selbstverwirklichung, Autonomie und Befähigung ihrer Mitglieder zur Mitbestimmung gelegen ist, wird Stadtentwicklung auf das Ziel zur Schaffung jener Kristallisationspunkte der sozialen Beziehungen verpflichten,



die Zentren allgemeiner Kommunikation darstellen. Das Weiterbildungszentrum kann in diesem Sinne als jene kulturelle Institution verstanden werden, die eine Vermittlung zwischen Sozialem und Individuellem herzustellen vermag. Bildung zielt demnach auf Minderung der eingangs konstatierten Sinndefizite und der Entwicklung eigener Handlungsalternativen ab. Durch die Einbeziehung der kulturellen Dimension „wird die Alltäglichkeit transformiert ... so vollzieht sich Rückgewinnung der Alltagswelt als ‚Lebenswelt', in der die Handlungen des Menschen nicht mehr unverbunden nebeneinander stehen, sondern auf einen verstehbaren und mitgestaltbaren Sinn bezogen sind" (Guhr o. J. : 2). So verstandene Weiterbildung leistet folglich einen Beitrag den Menschen ein „sinnvolles Leben" zu ermöglichen. Unter „sinnvollem Leben" wollen wir mit Joas dabei jenen Prozeß verstehen, den eine Persönlichkeit, durch das Bemühen um die Aufhebung der Entfremdung, kennzeichnet, „die die Hierarchie ihrer Werte selbständig verantwortet und ihre verschiedenen Erfahrungen, Erkenntnisse und Tätigkeiten in ein kohärentes Weltbild zu integrieren weiß" (Joas 1978: 17). Zusammenfassend läßt sich Weiterbildung als ein Vorgang charakterisieren, der sich um eine kommunikative Reduzierung jenes Sinndefizits bemüht, das strukturell durch moderne Gesellschaft verursacht wird.

Indem Weiterbildung sich als jener Prozeß kennzeichnen läßt, durch den der Einzelne über die Einsicht in die eigene Situation und ihre gesellschaftliche Vermitteltheit zum Aufbau von ein „sinnvolles Leben" erlaubenden Deutungsmustern befähigt werden soll, die ihrerseits wiederum zu Handlungsorientierungen - ausgerichtet an den durch die gesellschaftliche Situation gegebenen Möglichkeiten - werden, verweist er auf die beiden Aspekte von Bildung die jede Weiterbildungsarbeit zu berücksichtigen hat.

Unter Deutungsmustern wollen wir jene Alltagstheorien

verstehen, die "ein konsistentes Gefüge von Interpretationsregeln (enthalten), die ihrer eigenen Logik gemäß die Erfahrungen der Subjekte zu einer für die Subjekte sinnvollen, ihre Relevanzbereiche ‚bestimmenden Wirklichkeit ordnen" (Neuendorff, Sabel 1976 : 1) .

Zur Unterscheidung der individuellen und der sozialen Komponente von Bildung existieren im niederländischen zwei separate Begriffe, die im deutschen nicht zur Verfügung stehen, den Sachverhalt um den es uns hier geht aber gut kennzeichnen. „Ontwikkeling" betont die individuelle auf Reflexion bezogene Seite der Bildung, während „vorming" den Aspekt der Sozialisierung und wechselseitigen Gestaltung von Individuum und gesellschaftlicher Umwelt meint. Beide Elemente bilden eine untrennbare Einheit. Weiterbildung läßt sich nach diesem Verständnis als jener institutionelle Prozeß begreifen, der auf die Förderung der Individualisierung und Sozialisierung ausgerichtet ist (vgl. hierzu Gesellschaftskritik durch Weiterbildung: 31 ff, 190 ff). Diese Betrachtungsweise von Weiterbildung als einem Beitrag zur Selbstverwirklichung des Menschen, die die oben genannten Aspekte umfaßt impliziert ein Menschenbild, das davon ausgeht, daß „das Einmalige des Menschen ... in seiner Freiheit (liegt), in der Möglichkeit, die er unter allen Umständen hat, mit den Gegebenheiten, mit seiner Unfreiheit fertig zu werden „ (Frese 1976:21). Gleichzeitig beinhaltet dieses scheinbar individuelle Menschenbild aber auch ein spezifisches Gesellschaftsverständnis: „Man kann Selbstverwirklichung nur dann fördern, wenn man eine Gesellschaft anstrebt, in der jedem einzelnen optimale Chancen eingeräumt werden, seine persönliche Freiheit zu realisieren" (Frese 1976:21).
Diese Sichtweise beruht auf dem Verständnis des symbolischen Interaktionismus demzufolge der dialek-



tische Prozeß zwischen Individuum und Gesellschaft durch die drei Elemente der Externalisierung, Objektivation und Internalisierung gekennzeichnet ist; das heißt Gesellschaft ist menschliches Produkt, Gesellschaft ist objektive Wirklichkeit und der Mensch ist ein gesellschaftliches Produkt (vgl.Berger/Luckmann 1971). Die wechselseitige Hereinnahme des Individuellen in die Gesellschaft und des gesellschaftlichen in das Individuum verweist somit auf die gegenseitige Bedingtheit gesellschaftlicher und individueller Entwicklung.

Mit der dargestellten Auffassung von Bildungsprozessen sind grundsätzliche Regeln für die Gestaltung von Weiterbildungsprozessen als Wechselverhältnis von Reflexion und Handlung vorgegeben. Jeder Bildungsprozeß trägt sowohl analytischen als auch vorbereitenden und damit antizipatorischen Charakter und versucht, in einem Prozeß der gegenseitigen Abstimmung dieser Bestandteile, Realität und Zielvorstellungen enger miteinander zu verbinden.

Die folgenden Überlegungen sollen der Diskussion der zentralen Kategorien dienen, die auf dem entwickelten Verständnis von Bildungsprozessen Anhaltspunkte für die Gestaltung der internen Beziehungen eines Weiterbildungszentrums als institutionellem Feld wechselseitiger kommunikativer Einflußnahme von Erwachsenen anzugeben versuchen.

## 4.2 DAS MODELL EINER PÄDAGOGISCHEN KONZEPTION FÜR WEITERBILDUNGSZENTREN

Mit der Bestimmung von Erwachsenenbildung als einer institutionellen Variante der wechselseitigen und intentionalen Beeinflussung von Erwachsenen sind schon zwei zentrale Elemente von Kommunikation in Weiterbildungszentren genannt, die sich auf Zielsetzung und Prozeßcharakter von Kommunikation beziehen. Als drittes konstitutives Element von Weiterbildung das die Beziehungsebene kennzeichnet, ist das angestrebte Machtgleichgewicht zwischen den Kommunikationspartnern (vgl. hierzu Bennis 1966) im Sinne eines herrschaftsfreien Diskurses (vgl. Haberrnas) zu nennen.

Die angeführten drei Elemente der Wechselseitigkeit, Intentionalität und Gleichberechtigung mit denen sich die besondere Form der Kommunikation innerhalb von Institutionen der Weiterbildung idealtypisch charakterisieren läßt, bilden den Ausgangspunkt für unser Modell einer pädagogischen Konzeption für Weiterbildungszentren.

Die für Einrichtungen der Weiterbildung – insbesondere der Volkshochschule – gekennzeichnete spezifische Art der Kommunikation ist eingebettet in einen Bildungsprozeß, der in die drei Phasen der Analyse, Antizipation und Handlung unterteilt werden kann. In der Phase der Analyse werden Erfahrungen hinsichtlich der Gewinnung von Einsichten in persönliche und gesellschaftliche Zusammenhänge und Wirkungsmechanismen untersucht. Hieran schließt sich der Entwurf von alternativen Handlungsorientierungen auf der Grundlage der Analysephase an. In der Handlungsphase können die antizipatorisch entworfenen Handlungsmuster auf ihre Praxisrelevanz hin untersucht werden, um die aus den Handlungen gewonnenen Erfahrungen wiederum in eine erneute



Phase der Reflexion einbeziehen zu können.
Bei diesem Versuch, Bildungsprozesse begrifflich zu systematisieren, kann es sich nur um eine grobe idealtypische Annäherung an Wirklichkeit handeln, die uns jedoch im Verständnis konkret ablaufender Lernprozesse helfen soll. Auf die Frage, inwieweit bestimmte Kursarten die beschriebenen Prozeßelemente innerhalb des Bildungsprozesses unterschiedlich akzentuieren, soll an anderer Stelle noch eingegangen werden.

Haben wir Kommunikation in Weiterbildungszentren auf der Ebene der Zielsetzung als wechselseitig postuliert, so läßt sich bezogen auf den Bildungsprozeß das Ziel nach ‚Orientierung' formulieren.
Das Gefühl einer Verunsicherung aufgrund atomisierter Erfahrungs- und Wissensbestände und der empfundene Mangel an Handlungsorientierung lassen das Bedürfnis vieler Menschen nach umfassenden Deutungsmustern aufkommen. Bei diesen Wünschen und Bedürfnissen nach Information, Kommunikation und Kompensation hinter denen die Hoffnung auf eine sinnvolle Gestaltung eigenen Lebens steht, gilt es anzusetzen und Hilfen für die Orientierung zu entwickeln (vgl. Deutscher Ausschuß für das Erziehungs- und Bildungswesen 1960:56-73; Deutscher Städtetag 1976). Ein an transkontextuellem Orientierungswissen ausgerichteter Bildungsprozeß hat zunächst Komplexität zu reduzieren, das heißt er hat "die unheimliche Vielzahl der Möglichkeiten auf ein sinnhaft erlebtes Format" zu verringern (Luhmann 1970:72).

Erst hierauf aufbauend kann es vor dem Hintergrund eines neu gewonnenen Wissens von sinnhaft aufgebauter Welt darum gehen, „eine Welt alternativer Handlungsmöglichkeiten von äußerster Komplexität" zu entwerfen (Habermas 1971:161). Eine solche Abfolge in der Organisation von Lernprozessen geht den Weg vom Abstrakten zum Konkreten, um von diesem Kern sinnhafter Erklärungszusammenhänge eine um so gezieltere und reichere Palette von Handlungsmöglichkeiten zu entwerfen (vgl. Negt 1971).

Die Verpflichtung' auf das Prinzip 'Orientierung' erfordert ein sich dialektisch ergänzendes Angebot das sowohl der Vermittlung von Wissen, der Emanzipation als auch der Lebenshilfe dient.

Das Bild des öffentlichen Weiterbildungszentrums wird insofern stärker Kontur gewinnen als es „nicht nur Anforderungen und Ansprüche beschreibt, sondern zugleich auch Voraussetzungen ihrer Arbeit fixiert, die der Handlungsorientierung dienen" (Otto 1979b:65).

Orientierung ist den im vorigen Abschnitt angeführten Überlegungen zufolge als Voraussetzung für jenen Prozeß zu begreifen, der sowohl die Entwicklung von Individuen als auch von Gesellschaftsstrukturen anstrebt. Selbstverwirklichung läßt sich für das Individuum nämlich nur dann erfolgreich praktizieren, wenn die neu gewonnenen Einsichten auch in Handlungen umgesetzt werden können ohne vorzeitig an gesellschaftlich vorgegebene Grenzen der persönlichen Freiheit zu stoßen. Es muß qewährleistet sein, daß der Prozeß von Reflexion und Handlung nicht unterbrochen wird. Andererseits kann gesellschaftliche Entwicklung nur von Individuen getragen werden, denen ihrerseits von der Gesellschaft optimale Chancen zur Selbstverwirklichung geboten werden, welche selbst die Grundlage und Voraussetzung für die Entfaltung von auf die Gesellschaft bezogenen Innovationen darstellen. Dies bedeutet, daß sich individuelle und gesellschaftliche Entwicklung gegenseitig bedingen und das eine ohne das andere nicht zu realisieren ist.

Diese Überlegungen weisen zwar über den unmittelbaren Wirkungsbereich von Weiterbildungszentren hinaus, indem sie mögliche Grenzen für innerhalb von



Häusern der Weiterbildung entwickeltes und auf konkrete Gegebenheiten bezogenes Handeln thematisieren. Doch gerade in der Initiierung von Bildungsprozessen, die in die verschiedenen Lebensbereiche ausstrahlen und individuelle und gesellschaftliche Entwicklungen in Gang setzen sollen, liegt eine bedeutende Wirkungsmöglichkeit von Weiterbildungszentren. Inwieweit sich die Zielbestimmung verwirklichen läßt, hängt neben den gesellschaftlich nicht unmittelbar aufhebbaren Begrenzungen mitentscheidend von der Organisation der Bildungsprozesse ab, die – wollen sie den oben genannten Anforderungen genügen – stets die Einheit von Analyse, Antizipation und Handlung zum Ziel haben müssen. Neben dem durch die Kategorie der Entwicklung betonten Außenbezug von Weiterbildungsprozessen ist ein Weiterbildungszentrum selbst materieller Niederschlag kommunikativer Prozesse,' über die soziale Realität abgebildet wird. Unter diesem Aspekt nehmen Weiterbildungszentren als Treffpunkte jene Funktion wahr, die ehemals öffentliche Plätze als Stätten der Willensbildung und des Meinungsaustausches innehatten.

Dieser Funktionsbestimmung von Weiterbildungszentren zufolge kommt solchen Zentren angesichts einer zunehmend größer werdenden Diskrepanz zwischen einerseits mikro- und andererseits makro-sozialer Orientierung in verstärktem Maße die Aufgabe zu, „zwischen den Menschen, ihrer Kultur und ihrer Umwelt eine sich prozessual verstehende immer ergänzende und berichtigende Gesamtbeziehung herzustellen" (Müller-Blattau 1979:61). Weiterbildungszentren als Orten des kommunikativen Austausches kommt hierbei eine wesentliche Aufgabe zu. Sie sind als solche dem Prinzip der Offenheit verpflichtet.
Das Offenheitsgebot gegenüber Themen, Teilnehmern, Mitarbeitern und Methoden (vgl. Deutscher Volkshoch-

schulverband 1966 und 1978; Deutscher Städtetag 1976) bezieht sich in einem umfassenden Sinn sowohl auf Bedürfnisse, Interessen und Anregungen, die von außen an das Weiterbildungszentrum herangetragen werden als auch auf jene, die aus den internen Kommunikationsbeziehungen resultieren.

Offenheit kann für ein Weiterbildungszentrum aber nicht ausschließlich bedeuten, für jene dazusein, die es verstehen, ihre Vorstellungen zu artikulieren und eigene Interessen einzubringen; Offenheit hat für ein Weiterbildungszentrum ebenfalls aktivitätsfördernden Bezug, indem es auch jene zur Teilhabe zu animieren gilt, die bislang keinen Gebrauch von dem Prinzip der Offenheit gemacht haben. Parallel zur Bedürfnisbefriedigung von Teilnehmerwünschen sollte deshalb intensiv um neue Zielgruppen geworben werden und Angebote für diese gemacht werden, um so zu demonstrieren, daß Weiterbildungszentren ihrem Anspruch nach Zentren für alle an Weiterbildung potentiell Interessierte sind.
Was sich im Umgang mit dem Weiterbildungszentrum als Offenheit präsentiert erfordert auf Seiten des pädagogischen Personals ein Höchstmaß an Flexibilität gegenüber inhaltlichen, methodischen und nicht zuletzt auch organisatorischen Voraussetzungen.

Das Prinzip der Offenheit ist eine für die Arbeit von Weiterbildungszentren essentielle Bestandsvoraussetzung. Über einen in seiner Ausgangsposition noch unspezifischen Bezug von Interessen und Bedürfnissen wird ein Anknüpfungspunkt für Kommunikation geschaffen, der von gemeinsamer Betroffenheit ausgeht. Hierauf aufbauend lassen sich in kommunikativer Auseinandersetzung Kriterien für die Organisation von Erfahrungen entwickeln und somit Handlungsorientierungen gewinnen, die einen Beitrag zum ‚sinnvollen Leben' leisten.
Das zentrale Element der internen Organisation der Lernprozesse, an deren Abschluß die neu gewonnenen Handlungsorientierungen stehen, soll mit der Kategorie



der ‚Integration' gekennzeichnet werden.

Der Begriff der Integration „kann als Wiederherstellung eines Ganzen aus seinen Teilen, als Verbindung, Zusammenschluß einer Vielheit zu einer Einheit, als ein übergeordnetes Ganzes schaffender Prozeß definiert werden" (Pukas 1978:169). Integration bezieht sich dabei auf mehrere Dimensionen. Zunächst drückt sich hierin das Prinzip der Einheit von Analyse, Antizipation gesellschaftlichen Handelns und die hieraus resultierende Auseinandersetzung des Menschen mit seiner Umwelt im konkreten Handeln aus. Während auf bildungstheoretischer Ebene Integration sich auf die grundsätzliche Aufhebung des Gegensatzes von beruflicher und allgemeiner Bildung bezieht, meint Integration auf methodischer Ebene die gleichberechtigte Einbeziehung von Erfahrung, Wissen und Gefühlen in die Bildungsprozesse, wodurch der Auffassung Nachdruck verliehen wird, daß der Mensch in seiner Gesamtheit in Lernprozesse einbezogen werden muß, sollen diese handlungswirksam werden.

Ein weiterer Aspekt von Integration bezieht sich auf die Inhalte Von Bildungsprozessen. Da der Mensch als komplexes soziales Wesen sich nicht in isoliert nebeneinander bestehende Bereiche aufteilen läßt, wird es darauf ankommen, die bislang noch zum Teil getrennten Bereiche von politischer, beruflicher und allgemeiner Bildung im Bildungsprozeß miteinander zu verbinden. Indem der Bildungsrat Weiterbildung als lebenslange Notwendigkeit erkennt, wird schon hier auf die Interdependenz zwischen beruflicher, gesellschaftlicher und personaler Existenz verwiesen. Der Strukturplan betont programmatisch die Einheit von allgemeiner, politischer und beruflicher Bildung und begründet sie wie folgt:

"Eine Absonderung beruflicher Weiterbildung ist ebensowenig gerechtfertigt und vertretbar wie eine Isolierung sozio-kultureller oder politischer Inhalte der Weiterbildung ... Jeder Bildungsgang der Weiterbildung muß übergreifende, allgemeine Gesichtspunkte berücksichtigen, um jedem die Möglichkeit zu geben, Einsicht zum Beispiel in politische, wirtschaftliche, soziale und kulturelle Zusammenhänge zu gewinnen und zu Teilhabe und Mitwirkung befähigt zu werden" (Deutscher Bildungsrat 1970:57).

Diese bildungspolitische Absichtserklärung gilt es heute in der Praxis zu realisieren, da es sich gezeigt hat, daß „Zur Anregung lernungewohnter Gruppen ... es besonders wichtig (ist), die formale und didaktische Trennung von allgemeiner, beruflicher und politischer Bildung zu überwinden" (Bundesministerium für Bildung und Wissenschaft 1975:24). Auch wenn die Bund-Länder-Kommission in ihrer Fortschreibung des Bildungsgesamtplanes nicht mehr die Forderung nach Integration als wechselseitiger Durchdringung von Allgemeinbildung und Berufsbildung stellt, sondern von „gleichrangigen Maßnahmen der beruflichen Aufstiegs- und Anpassungsfortbildung auf der einen Seite und der persönlichen und gesellschaftspolitischen Bildung auf der anderen Seite" spricht (zit. nach Fischer 1978:167), so besteht doch allgemeiner Konsens darüber, „daß jede Form von Weiterbildung die Interdependenzen von Technik, Ökonomie, Kultur und Politik verdeutlichen und somit das prüfungsorientierte Lernen und das freie aufklärende Lernen nicht voneinander getrennt werden sollte" (Sauberzweig 1978:193). Für die Organisation von Lernprozessen bedeutet das Integrationsgebot: Individuelle Qualifizierung muß Hand in Hand gehen mit der Analyse der gesellschaftlichen Interdependenzen von Arbeits- und Berufssituation, um den Teilnehmern zu jener Handlungskompetenz zu verhelfen, die gleichermaßen fachliche und allgemein-politische Bildung umfaßt (vgl. Neue Grundsätze für die Volkshochschul-Arbeit in Hessen, 1971:108 ff). Durch die soziale Integration sollen schließlich „Lernende aus verschiedenen sozialen



Herkunftsbereichen und mit unterschiedlichen Sozialerfahrungen ... zusammengeführt werden" (Pukas 1978:171).

Neben den angeführten Aspekten von Integration auf der Ebene von internen Weiterbildungsprozessen gilt es noch einen externen Bezug zu erwähnen. Auf kommunaler Ebene muß „die Integration der Volkshochschule in das öffentliche Bildungssystem durch ihre Integration in ein Verbundsystem der kulturellen Institution ergänzt werden. Gerade wegen ihrer engen Verflechtung· zum Bildungsbereich kann die Volkshochschule zum wichtigsten Bindeglied zwischen Bildung und Kultur werden" (Sauberzweig 1978:157). Eine solche Integration ist angesichts der mit der postulierten Einheit von Bildung und Kultur verfolgten Zielsetzung zur Orientierung, Urteilsbildung und Eigentätigkeit des Bürgers beizutragen zu begrüßen.

Ausgehend von einer gesellschaftlichen Problemlage, die wir als eine ständig sich vertiefende Beziehungslosigkeit zwischen gesellschaftlicher Entwicklung und individueller Existenz gekennzeichnet haben, kommt dem Weiterbildungszentrum eine wichtige Funktion zur Überwindung der beschriebenen Problemlage zu, indem Weiterbildungszentren als Stätten kultureller Begegnung eine Vermittlung zwischen öffentlichen und privaten Aktivitäten zufällt. Nach welchen zentralen Kategorien die Arbeit in einem Weiterbildungszentrum zu konzipieren ist - soll es jene Voraussetzungen schaffen, die es dem einzelnen ermöglichen den Prozeß der Selbstverwirklichung und der aktiven Teilnahme an der Gestaltung sich wandelnder gesellschaftlicher Verhältnisse vollziehen zu können - wurde in dem Entwurf zu einem pädagogischen Konzept für ein Weiterbildungszentrum zu entwickeln versucht. Die zentralen Kategorien des Modells haben wir als ‚Orientierung', ‚Offenheit' und ‚Integration' vorgestellt.

Die Kategorie der ‚Orientierung' ist auf die Zielsetzung von Bildungsprozessen in seinen beiden Aspekten von individueller und gesellschaftlicher Entfaltung bezogen und thematisiert damit zugleich mögliche Wechselwirkungen zwischen Weiterbildungszentrum und die es umgebenden gesellschaftlichen Subsysteme. Unter dem Begriff der ‚Offenheit' haben wir die Ausrichtung von Weiterbildungszentren an den von den (potentiellen) Teilnehmern an das Zentrum herangetragenen Bedürfnissen, Interessen und Anregungen behandelt. Mit dem Begriff der ‚Integration' werden alsdann die Regeln angegeben nach welchen ein am Offenheitsprinzip orientiertes Angebot zu strukturieren ist, um eine im oben genannten Sinne angestrebte Entwicklung zu ermöglichen.

Ein nach diesen Grundsätzen konzipiertes Weiterbildungszentrum wäre als Vermittlungsinstanz individueller und gesellschaftlicher Existenz aufgrund der in ihm herrschenden Normen, die von sonst praktizierten Regeln abweichen, ein Modell welches als eigenständiger Organismus die Richtung angestrebter individueller und gesellschaftlicher Entwicklung vorzugeben vermag und somit antizipierenden Charakter trägt.



Schaubild 1

Das Modell einer pädagogischen Konzeption für Weiterbildungszentren

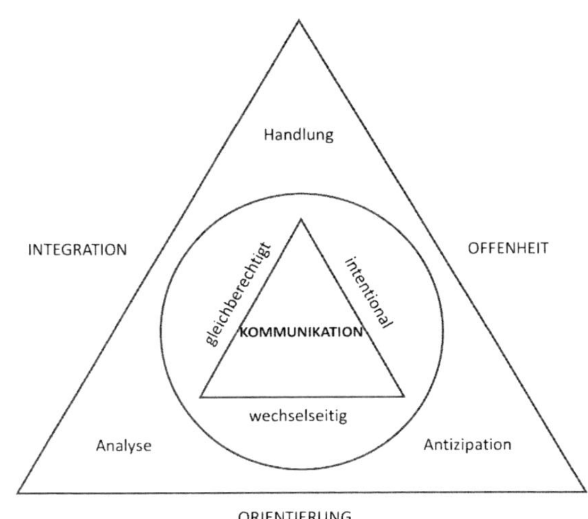

## 4.3 ZUR UMSETZUNG ZENTRALER ELEMENTE EINER PÄDAGOGISCHEN KONZEPTION

Die im letzten Abschnitt ausgeführten Prinzipien der Gestaltung von Bildungsprozessen zielen auf eine ganzheitliche Betrachtung von Bildung ab. Dies impliziert neben der Erfüllung der Forderung nach Vereinbarkeit von Bildungsziel und den Mitteln zu dessen Erreichung, daß die architektonischen, räumlichen und organisatorischen Bedingungen eines Weiterbildungszentrums denselben für den Bildungsprozeß gültigen Kriterien unterliegen, da sie selbst integraler Bestandteil dieses Prozesses sind. Sowohl Lernprozesse als auch Lernumwelten sind, sollen sie der Gewinnung ein „sinnvolles Leben" ermöglichenden Handlungsorientierungen dienen, anregend, informativ und die Eigenaktivität fördernd zu konzipieren.

Was die Konkretisierung der entwickelten pädagogischen Prinzipien in architektonischer, räumlicher und inhaltlicher Hinsicht betrifft, so sollen hier nur einige generelle Aussagen getroffen werden, die die Grundlage für die in den nachfolgenden Kapiteln zu entwickelnden Vorschläge und Anregungen abgeben. Unter Umsetzung zentraler Elemente einer pädagogischen Konzeption wollen wir jene Strategien und Maßnahmen verstehen, über die eine Realisierung der theoretischen Erkenntnisse angestrebt wird.

Grundvoraussetzung einer Verwirklichung der für Bildungsprozesse aufgestellten Prinzipien ist das Vorhandensein einer intakten Kommunikationsstruktur sowohl innerhalb des Weiterbildungszentrums als auch zwischen diesem und seinem Umfeld.

Eine Umsetzungsstrategie muß deshalb zunächst darauf abzielen, bei Besuchern und Teilnehmern eine ‚Schwellenangst' erst gar nicht aufkommen zu lassen. In Marl versucht man dies beispielsweise durch das Konzept der ‚abgestuften Verbindlichkeit' zu erreichen, indem der



Zugang von der Ladenstraße über die Kommunikationsflächen zu den Räumen der Volkshochschule, Stadtbibliothek und dem Lesesaal durch einen stufenlosen Übergang der einzelnen Bereiche gewährleistet wird (vgl.die insel, Marl o.J.:9). Hier zeigt sich deutlich, welche Bedeutung einer baulichen Konzeption zukommt, die einerseits die allgemeine Zugänglichkeit fördert und andererseits durch die Gestaltung der Räumlichkeiten Handlungsspielräume schafft, die der Entdeckung von Interessen, Fähigkeiten und Bedürfnissen förderlich sind.

Für die architektonische Gestaltung der Ravensberger Spinnerei in Bielefeld bedeutet dies, daß unter Ausnutzung der verkehrsmäßig günstigen Erschließung sowie des Freizeitwertes der „grünen Insel" eine die Transparenz betonende bauliche Konzeption anzustreben ist, welche das pädagogische Prinzip der Offenheit repräsentieren soll. Insbesondere an Hand des, einen Einblick gestattenden Resalits, der Eingliederung der Cafeteria als Treffpunkt sowie dem Forumcharakter der Kommunikationsflächen läßt sich anschaulich verdeutlichen, was mit architektonischer Umsetzung bildungstheoretischer Kriterien gemeint ist. Ebenso kann eine Ausstattung der Räumlichkeiten, die den Parkcharakter der Umgebung in das Innere zu übersetzen vermag sowie eine Betonung des Bezugs zwischen Denkmalschutz und Modernisierung als ein Beitrag zur Integration von Polaritäten verstanden werden. Schließlich ist das Gelände in seiner Gesamtheit übersichtlich zu gestalten, so daß für jeden eine gute Orientierung möglich wird, denn nur so kann man mit den Möglichkeiten des Hauses vertraut werden, um sie zur Entfaltung eigener Aktivitäten zu nutzen.

Auf der Ebene der räumlichen Ausstattung des Weiterbildungszentrums sollten unter der Prämisse, daß ein Optimum von Kommunikation in den Kursen und auch untereinander stattfindet, die einzelnen Funktionsbereiche im Grundschema flexibel und multifunktional angelegt sein, so daß sie vielfältigen Anforderungen gerecht werden können. Dies läßt sich zum Beispiel realisieren durch mobile Stellwände, einzubeziehende Galerien sowie transportable technische und sonstige Einrichtungsgegenstände.

Wie sich pädagogische Prinzipien bei der Konzipierung des Raumprogramms niederschlagen, soll exemplarisch an dem im historischen Zustand verbleibenden Raum illustriert werden. Diesem im dritten Obergeschoß angesiedelten Raum könnte die Funktion zukommen, Theorie und Praxis aufeinander zu beziehen. Durch gemeinsame Ausstellungen zu einem Themenkomplex sollen die Teilnehmer des Fachbereichs kulturelle Weiterbildung, die sich vorwiegend mit Theorie beschäftigen, hier animiert werden, sich auch mit der Praxis vertraut zu machen, wie umgekehrt Teilnehmer aus den angrenzenden Werkstätten des Fachbereichs kreative Weiterbildung die Gelegenheit haben sollen, sich mit theoretischen Erkenntnissen zu beschäftigen. Positiv für gegenseitige Anregungen und Kommunikation könnte sich die unmittelbare Nähe dieses Raumes zu den für den Berufsverband Bildender Künstler vorgesehenen Ateliers auswirken. Langfristig ist die pädagogische Zielrichtung, die bisherige Trennung der Bereiche kulturelle und kreative Weiterbildung aufzuheben.

Ausgehend von der Funktionsbestimmung des Weiterbildungszentrums als Kristallisationspunkt für Kommunikation und Sozialisation können wir die für eine architektonische Umsetzung pädagogischer Prinzipien grundlegende Vorstellung folgendermaßen zusammenfassen: Es soll den Besuchern und Teilnehmern des Weiterbildungszentrums der Übergang von einer allgemeinen kommunikativen Zugänglichkeit des Hauses zu einer spezifischen kommunikativen Eingebundenheit der aktiven Teilnahme ermöglicht werden. Diese Konzeption



bezieht sich sowohl auf das Verhältnis zwischen dem umgebenden Gelände und dem Weiterbildungszentrum als auch auf die Aufteilung und Gestaltung des Hauses selbst. Sowohl in der Horizontalen wie in der Vertikalen sollen die Angebote parallel zur räumlichen Entfernung vom Eingangsbereich den Weg vom Allgemeinen zum Speziellen und Intensiven nachzeichnen. Diese Ausbreitungsrichtung der Aktivitäten vom Eingangsbereich wird überlagert von einem zweiten Zentrum erhöhter Kommunikationsdichte, den in und um das Treppenhaus mit seinem rundbauartigen Vorbau angelegten Verkehrsflächen.

Haben wir bislang jene Aspekte thematisiert, welche die architektonischen und räumlichen Elemente einer kommunikationsstiftenden Umsetzungsstrategie betreffen, so wird es im folgenden darum gehen, zu untersuchen, wie eine zweite wesentliche Voraussetzung für eine optimale Kommunikation, nämlich die Artikulationsformen und -möglichkeiten der Teilnehmer, gefördert werden können. In diesem Zusammenhang werden wir die Chancen erörtern, über die Ausweitung sozio-kultureller Weiterbildungsangebote, der hiermit eng zusammenhängenden Frage sich verändernder Anforderungen an das pädagogische Personal und eine daraus resultierende verstärkte kommunale Kooperation, das Angebot des Weiterbildungszentrums im Interesse der Bürger adressatengerechter zu gestalten.

Die Entscheidung, das Bielefelder Weiterbildungszentrum als funktionsspezifisches Haus zu konzipieren, entspricht einem Konzept der ‚gestuften Konzentration‘, das neben der Zusammenlegung von Kursen mit hohem Spezialisierungsgrad an einem Standort auch die Dimension der Stadtteilbezogenheit berücksichtigt (vgl. Ufermann 1979:144 f). Insofern ergänzen sich die Prinzipien der Dezentralisierung und Spezialisierung bei der Sicherstellung und dem Ausbau eines regionalen Weiterbildungsangebots. Die Notwendigkeit der Errichtung eines in besonderem Maße die funktionsspezifischen Räumlichkeiten berücksichtigenden Hauses der Weiterbildung ergibt sich - neben den Vorteilen, die mit einem institutionell gesicherten Standort verbunden sind - aus dem vom Gebäude ausgehenden Signalcharakter für Nachfrage nach Bildungsangeboten sowie einer sich - nicht zuletzt hierdurch - veränderten Nachfrage- und Angebotsstruktur im Rahmen der Volkshochschul-Arbeit. Dies gilt insbesondere für das ‚Stoffgebiet Kunst'. Hier vollzieht sich ein Veränderungsprozeß, der in seiner Konsequenz auf die Aufhebung der Trennung von Kultur als Rezeption bzw. Eigentätigkeit abzielt; stattdessen sollen künftig im Gesamtbereich „Kunst, manuelles und musisches Arbeiten" mehr die gemeinsamen Probleme und Gesetzmäßigkeiten der kulturellen Bildung betonen (vgl. Das Stoffgebiet Kunst 1976:50-54; vgl. Müller-Blattau 1979:62). Parallel hierzu läßt sich die Tendenz feststellen, daß die häufig konzeptionell und institutionell geschiedenen Begriffe von allgemeiner, beruflicher und politischer Bildung zunehmend nicht als einander ausschließende Alternativen verstanden werden. Wenn stattdessen „das Stichwort ‚kulturelle Bildung' zunehmend häufiger benutzt wird, hat dies vermutlich einen wesentlichen Grund darin, daß in diesem Konzept unterschiedliche Bildungszwecke aufgehoben sein können" (Baacke 1979:78).

Das sich ändernde Verständnis von kultureller Bildung in Theorie und Praxis geht einher mit einem starken Anstieg der Angebote an kultureller Bildung in den Arbeitsplänen der Volkshochschulen (vgl. Strukturplan Weiterbildung 1975:38 ff; Bund-Länder-Kommission für Bildungsplanung und Forschungsförderung 1977, Bd. 2:20). Was den projektierten Ausbau des Bereichs „freizeitorientierte und die Kreativität fördernde Bildung" in Nordrhein-Westfalen angeht, so soll seine Steigerungsquote im Zeitraum von 1976–1981 wesentlich über dem Durchschnitt liegen und dies trotz bzw. wegen der Tatsache, daß dieser Sachbereich bereits mit fast 20% des gesamten Volkshochschulangebots den zweitgrößten Anteil - hinter den Sprachzertifikatskursen - am Gesamtvolumen hat (vgl. Weiterbildungsentwicklungsplanung in Nordrhein-Westfalen 1978: 115 f).



Daß ein gesteigertes Angebot an bzw. eine Nachfrage nach kreativ-gestalterischer Betätigung einer materiellen Vorsorge in Form von Räumen und Materialien innerhalb eines zu planenden Weiterbildungszentrums bedarf, ist folgerichtig. Dies bedeutet eine auf die differenzierten kulturellen Weiterbildungsinteressen abgestimmte funktionsspezifische Ausstattung.

Aus pädagogischer Sicht ist das verstärkte Aufkommen des Bedürfnisses vieler Menschen, eigene Ideen bzw. sich selbst durch bildnerisches, klangliches oder sonstiges kreatives Schaffen zu verwirklichen im Hinblick auf die hier liegende Chance, Artikulationsfähigkeit zu erlangen, von eminenter Bedeutung. Dieses Bedürfnis „nach Selbstverwirklichung durch Selbsttun" (Weinberg 1979:129), kann interpretiert werden als ein Interesse an der Entwicklung neuer Ausdrucksmöglichkeiten. Diesen Prozeß gilt es durch ein diesbezügliches Volkshochschulangebot kulturell-künstlerischer Techniken im Rahmen kultureller Bildung zu fördern. Die Erfahrung von kreativem Handeln sollte einer möglichst großen Zahl von Bürgern vermittelt werden, zumal dies ein Zugang für all' die Bevölkerungsgruppen sein kann, jene Artikulationsfähigkeit zu erlangen, deren Erwerb ihnen über traditionelle Bildungsgänge bislang verschlossen blieb. Aus diesem Zusammenhang ergibt sich die Bedeutung von Kreativ-Angeboten für die kulturelle Bildung; Kreativität, Artikulationsfähigkeit und Selbstverwirklichung bedingen sich gegenseitig. „Ohne die Einübung in eine der wirksamsten Formen der Auseinandersetzung mit sich selbst und dem gesellschaftlichen Umfeld bleiben entscheidende Möglichkeiten des einzelnen zur Selbstverwirklichung und zu sinnvollem gemeinsamen Handeln unterentwickelt“ (Boberg 1979:65). Eine analoge Sichtweise wird im Ergänzungsplan zum Bildungsgesamtplan „Musisch-kulturelle Bildung“ vertreten. Kulturelle Bildung soll hiernach den einzelnen über eine differenzierte Wahrnehmung der Umwelt und die Heranführung zu schöpferischen Tätigkeiten in seiner intellektuellen Bildung vervollständigen und in seiner Persönlichkeitsbildung und -entfaltung fördern (vgl. Bund-Länder-Kommission für Bildungsplanung und Forschungsförderung 1977, Bd.1:6). Kulturell-schöpferisches Handeln kann somit für einen wesentlichen Teil der Menschen die “Voraussetzungen ... für kreative und motivierende Auseinandersetzung mit Problemstellungen in anderen Lebensbereichen“ schaffen (Boberg 1979:66). Insofern kann kulturelle Bildung in vielen Fällen einen Beitrag zur politischen Bildung des einzelnen leisten. Musisch-kulturelle Bildung ist “in bestimmter Weise originärer als politische Bildung, weil die erstere Erfahrungsmöglichkeiten und Erkenntnisfähigkeiten schult, die letztere voraussetzen muß“ (Bialas 1979:83).

Wenn es richtig ist, daß “kulturelle Bedürfnisse ... weiter verbreitet sind, als man in der öffentlichen Diskussion gemeinhin annimmt“ (Fohrbeck, Wiesand 1975:43) und die Arbeitspläne der Volkshochschule scheinen hierfür ein Beleg zu sein, dann wären zur Befriedigung eines bislang durch die bestehenden künstlerischen bzw. kulturellen Angebote nur zum Teil gedeckten Angebots, neben dem Bereitstellen von angemessenen Räumen und Materialien vor allem für die verschiedenen künstlerischen Techniken hochqualifizierte Vermittler nötig, „die über eine künstlerische Ausbildung, pädagogische Erfahrung und methodische Vielfalt verfügen“ (Boberg 1979:67). Diese Forderung zielt darauf ab, fachspezifische, das heißt künstlerische und pädagogische Kompetenzen in einer Person zu vereinigen. Ein anderer Weg bestünde in der Einrichtung der im Ergänzungsplan vorgeschlagenen kulturpädagogischen Dienste, welche die Zusammenarbeit verschieden qualifizierter Personen vorsieht. Für die Realisation der ersten Alternative wäre sowohl denkbar, daß ein Sozialpädagoge zusätzliche kunstpädagogische Ausbildungsinhalte erwirbt, wie auch umgekehrt, daß sich ein Künstler Zusatzqualifikationen sozialpädagogischer Art aneignet (vgl. Baacke 1979:81). Letztere Möglichkeit erprobt zur Zeit ein Modellversuch „Künstlerbildung“ in Berlin. Die Vorteile des Einsatzes von pädagogisch qualifizierten Künstlern in der Erwachsenenbildung bestehen darin, daß sie “die Sinne allseitiger ansprechen“ können. Phantasie wird bei ihnen nicht nur “als Sprache sondern (auch) als optisch Wahrnehmbares Gestalt“ (Kunde 1979:68).



Die sozial-kulturelle Bildung als Strukturelement und Prinzip für das Programmangebot der Volkshochschule muß als integraler Bestandteil jener Kulturpolitik gesehen werden, die der Kreativität zum Durchbruch verhelfen will (vgl. Glaser 1974:7) und sich das Ziel setzt, “die soziale und geistige Entfaltung aller Bürger und damit Selbständigkeit und Kritikfähigkeit zu fördern“ und die“ ... Menschen einander näherzubringen“ (Sauberzweig 1978:18).

Neben der Aufgabe der materiellen Daseinsvorsorge hat die Kommune auch einen kulturellen Auftrag. Diesen gilt es zu betonen, wenn von zunehmender Anerkennung der Erwachsenenbildung als Aufgabe der Daseinsvorsorge in öffentlicher Verantwortung gesprochen wird (vgl. Volkshochschule, KGSt-Gutachten 1973; Deutscher Volkshochschulverband 1978). Kulturelle Aktivitäten sind in dem Sinne Daseinsvorsorge, als sie Phantasie entbinden, und die brauchen wir, “um die Wirklichkeit zu verstehen, um sie zu meistern." "So wird der Umgang mit Kultur, zugleich das dauernde Neuschaffen, zum Prinzip und Gegenstand der Volkshochschule zugleich" (Meissner 1974:15).

Da Bildung und Kultur unverzichtbare Elemente der Gemeindeentwicklung sind, ist eine enge Bindung von Volkshochschule und Kommune erforderlich (vgl. Deutscher Volkshochschulverband 1978; Otto 1979b:63). Zugleich bedarf es aber auch einer Überwindung der "bisherige(n) organisatorische(n) und räumliche(n) Isolierung der Bildungs- und Kultureinrichtungen untereinander zu Gunsten übergreifender Strukturen" (Sauberzweig 1974: 10). Hier wird Kooperation notwendig.

Der kommunalen Volkshochschule als öffentlichem Weiterbildungszentrum könnte die Aufgabe zufallen, als organisatorischer und pädagogischer Mittelpunkt der Weiterbildung die Koordination und Kooperation im kulturellen Bereich zu übernehmen (vgl. Strukturplan Weiterbildung 1975:52). Der Gedanke, daß kulturelle Bildung nur in einem „Verbundsystem qualitativer Angebote mit integrierten Zuständigkeiten" vorstellbar ist, findet sich sowohl in den Empfehlungen des Deutschen Städtetages zu "Bildung und Kultur als Elemente der Stadtentwicklung" von 1973 als auch im Ergänzungsplan zum Bildungsgesamtplan „Musisch-kulturelle Bildung" (vgl. Baacke 1979:79).
Die Konsequenzen der Kooperation kommunaler Kulturinstitute erstrecken sich auf personelle, räumliche und materielle Aspekte. Welche besonderen Anforderungen beispielsweise für das pädagogische Personal aus einer Erweiterung der Kreativ-Angebote resultieren ist erörtert worden. Wir befinden uns hier am Anfang einer Entwicklung deren Zielrichtung erst in Umrissen zu erkennen ist. Dasselbe gilt auch für jene Folgerungen die sich auf eine gemeinsame Nutzung von Räumen sowie des Austausches und des gemeinsamen Gebrauchs von Materialien und Geräten beziehen.

Was wir heute für Bielefeld sagen können ist folgendes:



Die Kooperationsbeziehungen, die sich aus der gemeinsamen Unterbringung von Volkshochschule, Stadtbildstelle, 'Arbeit und Leben' sowie dem Berufsverband Bildender Künstler im Haus der Weiterbildung und der unmittelbaren Nähe dieses Gebäudes zu den geplanten Einrichtungen Museum, Theater und Berufsschule auf dem Gelände der ‚grünen Insel' anbieten, sind vielfältig. Sie zu nutzen wird Aufgabe und Verpflichtung der sie betreibenden Institutionen im Zusammenhang mit einer integrierten kommunalen Entwicklungsplanung sein. Kommunale Spitzenverbände haben mehrfach darauf hingewiesen, daß Bildung und Kultur als Zentralbereiche kommunaler Planung im Zusammenhang gesehen werden müssen (vgl. Deutscher Städtetag 1974, 1975, 1976). Mit dem Hinweis auf die integrierte Entwicklungsplanung wird deutlich, "daß der Ausbau der Volkshochschule nicht isoliert beschrieben werden kann, sondern als Teil der Bildungs- und Kulturentwicklungsplanung zugleich Glied einer umfassenden Stadtentwicklungsplanung sein sollte" (Otto 1977:262). Hier liegen entscheidende Aufgaben für die Zukunft.

Uns ging es in diesem Abschnitt darum, aufzuzeigen, wie durch die Ausweitung des kreativen Angebots, welches Hand in Hand geht mit engeren Kooperationsbeziehungen der im Bereich kultureller Bildung tätigen Stellen, die Voraussetzungen geschaffen werden können für eine erfolgreiche Umsetzungsstrategie, der es bei der Realisierung pädagogischer Prinzipien zunächst um die Herstellung von optimalen Voraussetzungen für Kommunikation durch die beschriebenen Maßnahmen gehen muß.

## 5. DIE GESCHOSSMÄSSIGE UND RÄUMLICH-ARCHITEKTONISCHE GESTALTUNG DES WEITERBILDUNGSZENTRUMS

### 5.1 ALLGEMEINE ÜBERLEGUNGEN

Für sporadische wie auch langjährige Teilnehmer von Weiterbildungsveranstaltungen ist es wichtig, wenn sie bereits in der Aufteilung des Weiterbildungszentrums eine klar ersichtliche Struktur erkennen. Sie verhilft zum einen zu einer erleichterten Orientierung für jeden Besucher, der ja zugleich immer auch potentieller Teilnehmer ist, und sie erweckt zum anderen eine gewisse Vertrautheit hinsichtlich der Konzeption von Informations- und Lernbereichen.

Als ein gelungenes Modell im Hinblick auf diese Anforderungen kann das Weiterbildungszentrum in Marl angesehen werden, wo der Versuch unternommen wird, die potentiellen Teilnehmer schrittweise an die Weiterbildung heranzuführen. Da das Weiterbildungszentrum in eine Ladenstraße integriert ist, wird den dort vorbeikommenden Menschen durch Plakate, kleinere Aushänge und Handzettel die Möglichkeit gegeben, sich erst einmal unverbindlich hinsichtlich des Weiterbildungsangebotes der Volkshochschule zu orientieren. Falls ihnen aus dem Angebot etwas zusagt, haben sie die Möglichkeit, sich bei den Fachbereichsleitern näher zu informieren beziehungsweise sich verbindlich anzumelden.

Aufgrund dieses Versuches, dem vorbeikommenden Publikum die Weiterbildungsangebote der Volkshochschule näher zu bringen, wird das Konzept auch als 'gestufte Verbindlichkeit' bezeichnet.
Eine Übertragung dieses Konzeptes auf das geplante Weiterbildungszentrum in Bielefeld ist jedoch nicht möglich, da hier die direkte Eingebundenheit in das



städtische Geschäftsleben fehlt. Daher soll hier ein eigenes Gestaltungskonzept für das Weiterbildungszentrum entwickelt werden.

Unserer Ansicht nach sollte hierbei eine Orientierung an dem horizontalen und vertikalen Baumuster der Ravensberger Spinnerei erfolgen, um auf diese Weise die gegebenen Möglichkeiten effektiv ausnutzen zu können. Damit unmittelbar zusammenhängend sollte das kommunikative Moment der von uns vorgestellten pädagogischen Konzeption verwirklicht werden.

### 5.2 DIE AUFTEILUNG DER INFORMATIONS- UND LERNBE REICHE IM WEITERBILDUNGSZENTRUM

In der als Weiterbildungszentrum geplanten ehemaligen Ravensberger Spinnerei, einem viergeschossigen Gebäude mit zwei je Geschoß sich gegenüberliegenden 50 Meter langen Flügeln, stehen insgesamt acht Bereiche zur Verfügung, die übersichtlich und erwachsenengemäß zu gestalten sind. Hinzu kommen der Resalit sowie die Verkehrs- und Ausstellungsflächen, die dem Besucher ein abgerundetes Bild vermitteln sollen.

Eine sinnvolle Aufteilung würde darin bestehen, den Besuchern im Eingangsbereich allgemeine Angebote wie Weiterbildungsinformationen, Weiterbildungsberatungen und Anmeldemöglichkeiten zur Verfügung zu stellen, um den nicht schon 'professionellen' Teilnehmern an Weiterbildungsveranstaltungen die Möglichkeit einer langsamen Eingewöhnung ins Weiterbildungszentrum zu geben. Eine gleichartige Informationsfunktion in vertikaler Richtung sollte durch die Cafeteria gewährleistet werden.

In den Flügeln der höheren Etagen sollten sowohl Lernbereiche eingerichtet, als auch Flächen für

Kommunikations- und Ausstellungsmöglichkeiten der unterschiedlichsten Art zur Verfügung gestellt werden, um eine gewisse Auflockerung in den lern- und freizeitspezifischen Angeboten des Weiterbildungszentrums zu erreichen. Zudem müssen in diesen Etagen Räumlichkeiten für die Verwaltung und anzugliedernde Institutionen bereitgestellt werden.

Um die Orientierung im Gebäude zu erleichtern, würde es sich außerdem anbieten, die einzelnen Funktionsbereiche in jedem Geschoßteil farblich zu kennzeichnen. Diese farblichen Markierungen, die auch auf den Wegweisern durch das Gebäude eingezeichnet werden müßten, könnten auf diese Weise zu einer besseren Orientierung der Besucher des Weiterbildungszentrums beitragen.

Eine weitere hilfreiche Stütze würde das Anbringen eines Gesamtwegweisers durch das Gebäude in jedem Mittelbereich der Stockwerke darstellen, wobei durch einen roten Punkt der jeweilige Standort des Betrachters gekennzeichnet werden sollte.

Unser Konzept ist darauf ausgerichtet, aufgrund der allgemeinen Informations- und Lernmöglichkeiten im Erdgeschoß, bis hin zu den speziellen und zeitintensiven Kursangeboten in den höheren Etagen, die aber immer wieder durch Kommunikations- und Ausstellungsflächen aufgelockert werden, den Weiterbildungsteilnehmern den Übergang von einer allgemeinen kommunikativen Zugänglichkeit zu einer spezifisch kommunikativen Eingebundenheit zu ermöglichen.

Diese These soll besagen, daß wir uns auch und gerade bei der baulichen Ausgestaltung des Weiterbildungszentrums an die im Kapitel 4 entwickelten Prinzipien der ‚Offenheit', ‚Orientierung' und ‚Integration' halten wollen, um den Teilnehmern nicht nur vorn themenspezifischen Angebot, sondern auch von einer erwachsenengerechten Konzeption des Hauses her



den Zugang zu erleichtern. Dabei gehen wir davon aus, daß das Gebäude neben einer ansprechenden Lernumgebung auch Möglichkeiten für eine effektive Freizeitgestaltung bereitstellen sollte. Diese Forderung wendet sich gleichzeitig gegen eine technisch-perfektionistische Ausgestaltung der einzelnen Lernbereiche.

Unsere Konzeption wird im Folgenden auf die Geschoßflächen hin spezifiziert und näher erläutert.

### 5.2.1 DIE GESCHOSSZUORDNUNG

Für das Weiterbildungszentrum selbst ergibt sich aufgrund der im letzten Abschnitt angeführten Kriterien in etwa folgende Aufteilung der Geschoßflächen hinsichtlich ihrer Funktionsbereiche:

Das Erdgeschoß sollte im Hinblick auf die Teilnehmer der allgemeinen Information und Orientierung dienen. Hierzu wäre es günstig im Eingangsbereich einen Wegweiser durch das Weiterbildungszentrum sowie Anschläge über Veranstaltungen und Ausstellungen anzubringen. Im rechten Flügel, möglichst vom Eingangsbereich aus direkt sichtbar, sollte eine Veranstaltungsinformations- und Weiterbildungsberatungsstelle eingerichtet werden. Im Anschluß an sie beziehungsweise parallel zu ihr sollte die Kursanmeldung während der Hauptanmeldetage erfolgen können. Auf diese Weise wäre gewährleistet, daß die Besucher ihre Informations- und Beratungswünsche direkt im Erdgeschoß erfüllt bekämen und nur bei ganz speziellen fachbereichsspezifischen Fragen an den zuständigen Hauptamtlichem Pädagogischen Mitarbeiter im zweiten Obergeschoß verwiesen werden müßten.

Eine derartige Einteilung würde von den Besuchern sicherlich als teilnehmerfreundlich anerkannt werden, da gerade im Erdgeschoß der größte Publikumsverkehr herrscht und die meisten Fragen wohl auch direkt beantwortet werden könnten.

Zusätzlich sollte im rechten Flügel des Erdgeschosses ein Kinderraum eingerichtet werden, damit Kinder von Kursteilnehmern die Zeit mit Spielen überbrücken können. Hierbei würde es sich gleichzeitig anbieten, einen Raum für eine Spielothek mit einzuplanen. Schließlich sollte die verbleibende Fläche mit einem Selbstlernzentrum ausgestattet werden. Neben den Einzellernplätzen und den auszuleihenden Cassetten würde sich die Angliederung einer Mediothek sowie eventuell einer Zeitschriftenausleihe unmittelbar anbieten. Auf diese Weise können Teilnehmer, die eine Kursstunde nachbereiten oder eigenständig einen Kurs im Selbstlernzentrum durcharbeiten wollen, ihre Einzellernplätze direkt im Erdgeschoß aufsuchen, und hier von anderen festgelegten Kurszeiten unabhängig mit ihrer Arbeit beginnen.

Im linken Flügel des Erdgeschosses könnte ein Veranstaltungssaal mit anzugliedernder Garderobe eingerichtet werden. Für die Anlage eines Veranstaltungssaales im Erdgeschoß sprechen mehrere Gründe: zum einen ist für die Besucher von dort stattfindenden Vorträgen eine gute Zugangsmöglichkeit geschaffen, da sie nicht erst in höhere Stockwerke hinaufgehen müssen, zum anderen wird vor Beginn und bei Abschluss der Veranstaltungen eine Störung anderer Kurse vermieden, da die ca. 300 potenziellen Teilnehmer dieser Vorträge mit ihnen gar nicht erst in Berührung kommen.

Während das Erdgeschoß aufgrund der beschriebenen Einteilung hauptsächlich der allgemeinen Information, der Kommunikation, der Freizeitgestaltung sowie spezielleren Veranstaltungen in Form von Vorträgen und Selbstlernmöglichkeiten dienen soll, sollten in den drei folgenden Stockwerken neben der Verwaltung, der



Stadtbildstelle und dem Berufsverband Bildender Künstler Lernbereiche eingerichtet werden, in denen auf spezifische Interessengebiete ausgerichtete Kurse stattfinden können.

Eine Variation dieses Konzeptes stellt die Cafeteria dar (siehe speziell hierzu Kapitel 6, Abschnitt 2), die im Resalit auf zwei Ebenen eingerichtet werden soll. In dem verglasten Anbau des ersten Obergeschosses sowie dem durch eine Treppe damit verbundenen Zwischengeschoß kann die Cafeteria zu einem weiteren zentralen Orientierungspunkt im Weiterbildungszentrum in vertikaler Richtung werden, der vielen Besuchern zu einem unkonventionellen und einfacheren Einstieg in die Weiterbildung verhelfen soll.

Da die Gründe für die Ausstattung und Anlage der verschiedenen Räume in Kapitel 6 näher skizziert werden, soll hier eine Beschränkung auf die Beschreibung der möglichen Funktionsbereiche in den einzelnen Stockwerken erfolgen.

Im ersten Obergeschoß ließe sich ein audio-visueller Lernbereich einrichten. Hierzu würden im rechten Flügel auf der einen Seite ein Film- und ein Tonstudio sowie ein Filmvorführraum gehören. Auf der anderen Seite, im direkten Zugriffsbereich hierzu, könnte die Stadtbildstelle institutionalisiert werden.

Im linken Flügel sollten möglichst noch einige Kursräume für den audio-visuellen Lernbereich mit eingeplant werden, sowie Arbeitsräume für Foto und Druck. Für eine weitere Kooperationsbeziehung, die die Volkshochschule mit der gewerkschaftlichen Vereinigung ‚Arbeit und Leben‘ aufrechterhalten will, sollten zusätzliche Verwaltungsräume in diesem Flügel eingerichtet werden.

Der zwischen beiden Flügeln liegende nach vorne ausgerichtete Anbau sollte, wie eingangs dargestellt, zu einer Cafeteria ausgebaut werden.

Im zweiten Obergeschoß ließe sich der rechte Flügel auf der einen Seite zu einem naturwissenschaftlichen Funktionsbereich mit Lernbereichen für Mathematik, Physik, Chemie und Biologie sowie einer kleinen Bibliothek ausbauen.

Auf der anderen Seite würden ein hauswirtschaftlicher Lernbereich, ein Schreibmaschinensaal sowie ein Sprachlabor ihren Platz erhalten.

Der linke Geschoßflügel ist für die Hauptamtlichen Pädagogischen Mitarbeiter und die Verwaltung einzurichten. Hier werden hauptsächlich Mitarbeiter- und Verwaltungsräume sowie Sitzungszirnrner eingeplant. In dem hier zwischen den Flügeln liegenden Anbau könnte ein Clubraum/Kursleiterraum und eine Anmeldemöglichkeit für Kurse außerhalb der Hauptanmeldetage entstehen.

Im dritten Obergeschoß sollte im rechten Flügel der Fachbereich kreative Weiterbildung seinen Kernbereich erhalten. In den dort zu planenden Räumlichkeiten sollten vor allem die schwereren Gerätschaften für die handwerklichen Tätigkeiten untergebracht werden, da sie das vierte Obergeschoß gewichtmäßig zu sehr belasten würden.

Da der linke Flügel auf Anweisung des Landeskonservators für Denkmalschutz im historischen Zustand verbleiben soll, wären in diesem Bereich nur Ausstellungen in wechselnden Abständen und mit unterschiedlicher Thematik möglich. Es kann hier ein breites Spektrum möglicher Themen - von aktuellen Dokumentationen politischer und kultureller Ereignisse über die Darstellung früherer zeitgeschichtlicher Themen bis hin zu reinen Kunstausstellungen beziehungsweise der Darbietung von Teilnehmerarbeiten aus dem Bereich der kreativen Weiterbildung - einem breiten Publikum vorgestellt werden. Diese wechselnden Ausstellungen sollten ganztägig zugänglich sein,



damit sowohl Besucher als auch Kursteilnehmer die Möglichkeit haben, sie vor oder nach einer Veranstaltung aufsuchen zu können.
Der Anbau zwischen diesen beiden Geschoßflügeln könnte zu einem Mehrzwecksaal ausgebaut und auf diese Weise für kleinere Vorträge und als kommunales Kino genutzt werden.

Das vierte Obergeschoß, auch ‚Laternengeschoß' genannt, ist besonders für Tätigkeiten geeignet, bei denen viel Licht benötigt wird, da sowohl von den Seiten als auch von der Glasdecke her ein direkter Tageslichteinfall ausgenutzt werden kann. Daher ist vorzusehen, dass im linken Flügel dieses Geschosses ein weiterer Teil des Fachbereiches kreative Weiterbildung eingerichtet wird, während der rechte Flügel dem Berufsverband Bildender Künstler zur Verfügung gestellt werden soll. Auf diese Weise könnte es zu einer kooperativen Zusammenarbeit zwischen dem Berufsverband Bildender Künstler und Mal-, Zeichen- sowie gestalterischen Kursen der Volkshochschule kommen.

### 5.3 DIE GESTALTUNG VON VERKEHRS-, AUSSTELLUNGS- UND KOMMUNIKATIONSFLÄCHEN

Die in diesem Abschnitt explizit angesprochenen Gebäudeflächen sind teilweise anderen Raumarten zugeordnet, bilden jedoch einen integralen Bestandteil des Weiterbildungszentrums. Deshalb werden sie an dieser Stelle gesondert thematisiert.

Zu den Verkehrsflächen zählen der Eingangsbereich, die Aufgänge, die Mittelbereiche zwischen den beiden Flügeln eines jeden Stockwerkes sowie die Gänge zu den einzelnen Räumen.

Die Verkehrsflächen können neben dem im vorletzten

Abschnitt beschriebenen Ausstellungsraum gleichzeitig auch als Ausstellungsflächen genutzt werden, um die einzelnen Etagen in ihrem Gesamtbild etwas aufzulockern. Diese Verkehrs- und Ausstellungsflächen können außerdem partiell als Kommunikationsflächen ausgestaltet werden, um den Besuchern in jedem Stockwerk die Möglichkeit zu geben, sich mit anderen unabhängig von einem Kursraum zu Gesprächen zusammensetzen zu können. Auf diese Weise kann am ehesten der implizite Freizeitaspekt verdeutlicht werden.

Generell sollte in jeder Etage darauf geachtet werden, dass neben einem Gesamtwegweiser durch das Gebäude eine Hinweistafel zu den einzelnen farblich gekennzeichneten Funktionsbereichen und Räumen an einer gut sichtbaren Stelle angebracht wird. Hierdurch kann erreicht werden, dass die Besucher und Teilnehmer sich sehr schnell im Weiterbildungszentrum zurechtfinden, und dass es bereits nach kurzer Zeit einen vertrauten Eindruck auf sie macht.

Wie an anderer Stelle bereits ausgeführt wurde, kommt dem Eingangsbereich die größte Orientierungsfunktion: zu. Daher sollten in diesem Teil, wie auch in der Cafeteria, weitere Wegweiser mit farblicher Kennzeichnung durch das Gebäude ausgehängt werden. Außerdem kann hier ein Querschnitt durch das breit gefächerte Volkshochschulangebot in den einzelnen Fachbereichen mittels Stellwänden gezeigt werden. Bei der Gestaltung dieser Aushänge sollte selektiv verfahren werden, um den Besucher nicht durch eine für ihn unübersehbare Informationsfülle abzuschrecken. Hauptsächlich sollte deshalb auf Schwerpunktveranstaltungen der einzelnen Fachbereiche hingewiesen werden, die gleichzeitig auch einen ersten Einstieg in die Weiterbildung vermitteln können.
In den Mittelbereichen der Stockwerke können aufgrund der Geräumigkeit runde Tische mit Stühlen



aufgestellt werden, die zum ausruhen, warten und kommunizieren einladen sollen. Auf Stellwänden kann man in diesem Bereich eine Volkshochschulzeitung aushängen und wiederum auf besondere Veranstaltungen hinweisen. Bei der Präsentation sollte aber auch hier darauf geachtet werden, dass sie zwar augenfällig aber nicht überreizend wirkt.

Die Aufgänge zwischen den einzelnen Stockwerken sollten außer mit Hinweisschildern nicht weiter ausgestaltet werden. Hier wäre es günstig, dem Besucher durch die Wahl eines angenehmen Farbtons einen Ruhepol zu vermitteln.

Die Gänge in den einzelnen Flügeln jedoch sollten wieder als Ausstellungsflächen genutzt werden. Hier bestände die Möglichkeit, Arbeiten aus den verschiedenen Kursen zu zeigen, um anderen Teilnehmern sowie Besuchern einen Einblick in die Fachbereichsaktivitäten zu vermitteln. Neben diesen Ausstellungen sollte die Volkshochschule sich aber auch ein Reservoir an Bildern (z.B. Fotos zu Themen der Fachbereiche) zulegen. Dadurch kann eine gewisse Abwechslung und Auflockerung erreicht werden.

## 5.4 DER ATMOSPHÄRISCHE AUSDRUCK DES WEITERBILDUNGSZENTRUMS

Bei dem Besuch eines Weiterbildungszentrums kommt es vor allem darauf an, welchen ersten Eindruck es auf das Publikum macht und welch eine Atmosphäre vermittelt wird. Als besonders günstig hat sich bei unseren Besuchen in bereits bestehenden Weiterbildungszentren die Auslegung der Verkehrsflächen mit Teppichboden erwiesen. Hierdurch wird dem Besucher im Gegensatz zu den kalt wirkenden Stein- und Fliesenfußböden vieler Ämter von vorneherein eine ansprechende Atmosphäre geboten. Zudem wird der Schall eingedämmt, so dass selbst bei einem größeren Besucherandrang der Lärmpegel auf einem niedrigen Niveau gehalten werden kann, was vor allem für die ständigen Mitarbeiter und die laufenden Kurse' von Vorteil sein wird.

Da das Bielefelder Weiterbildungszentrum in eine Grünfläche eingebettet ist, empfiehlt es sich, diesen Eindruck im Gebäude selbst weiterzuvermitteln. Wertvolle Anregungen für eine atmosphärische Ausgestaltung mit Blumen haben wir neben Weiterbildungszentren in Nordrhein-Westfalen vor allem im holländischen Emmen erhalten.

So bietet es sich an, bereits im Eingangsbereich eine kleine Fläche abzuteilen und diese mit Blattgewächsen am Boden oder in einem größeren Blumenkasten zu bepflanzen. Ebenso sollten die Cafeteria und der Eingangsbereich zum Veranstaltungssaal mit größeren Blattgewächsen bereichert werden. Einen weiteren sehr günstigen Platz hierfür stellen kleinere Flächen rechts und links vor den Aufgängen zum jeweils nächst höheren Stockwerk dar.

Vor allem aber müssen die Kommunikationsflächen mit verschiedenartigen Gewächsen ausgestaltet werden, um auf diese Weise zusammen mit dem Teppichboden eine ansprechende Atmosphäre zu schaffen.

Damit sowohl eine Auflockerung im Gesamtbild als auch eine leichtere Pflege ermöglicht wird, sollten neben den normalen Blumenkästen auch Hydrokulturen und kleinere Bereiche für Kakteen angelegt werden. Eine besonders gute Gelegenheit zur botanischen Ausgestaltung ist im Ausstellungsraum im linken Flügel des dritten Obergeschosses vorhanden, wo unter Ausnutzung des Tageslichtes eine besondere Atmosphäre geschaffen werden kann.

Aber nicht nur in diesem Raum und in der Cafeteria, sondern im gesamten Weiterbildungszentrum sollte



eine größtmögliche Ausnutzung von Tageslicht angestrebt werden.

### 5.5 DAS VERHÄLTNIS DES WEITERBILDUNGSZENTRUMS ZUR GESCHICHTE DER RAVENSBERGER SPINNEREI

Es wird wohl unvermeidlich sein, dass ein gewisser stilistischer Bruch zwischen der Außenfassade der ehemaligen Ravensberger Spinnerei und der modernen, erwachsenengemäßen Einrichtung des Weiterbildungszentrums entsteht. Trotzdem aber sollte dieser Gegensatz im Inneren des Weiterbildungszentrums durch die Ausstellung von Teilen der ehemaligen Fabrikeinrichtung etwas ausgeglichen werden.

Gleichzeitig könnten Bilder zusammengestellt werden, auf denen der Arbeitsprozess von der Anlieferung des Rohmaterials bis hin zur Auslieferung der Spindeln aufgezeigt wird. Eine besonders reizvolle Variante läge zudem in der Darstellung der sich über die Jahrzehnte hin wandelnden Arbeitstechniken und Maschinen.

Denn gerade dieser Bereich, einschließlich der Weiterverarbeitung des Materials, spielt in der industriellen Entwicklungsgeschichte Bielefelds bis heute eine wesentliche Rolle.

### 5.6 ZUR KOOPERATION MIT ANDEREN INSTITUTIONEN IM WEITERBILDUNGSZENTRUM

Kooperationsbeziehungen mit anderen Institutionen innerhalb des Weiterbildungszentrums sind anzustreben, um eine qualitative und quantitative Erweiterung der Volkshochschularbeit zu ermöglichen.

Die für das geplante Bielefelder Weiterbildungszentrum vorgesehenen Kooperationsformen mit der Stadtbildstelle, der gewerkschaftlichen Einrichtung `Arbeit und Leben' sowie dem Berufsverband Bildender Künstler scheinen diesen Zielen nahezukommen.

Im Hinblick auf bisher bestehende Weiterbildungszentren ist die Einmaligkeit dieser Kooperationsformen und der ihnen zukommende Modellcharakter hervorzuheben. So wird im Ersten Weiterbildungsentwicklungsplan der Stadt Bielefeld darauf hingewiesen, dass „ein wesentliches Kennzeichen des Ausbaus (der Ravensberger Spinnerei zu einem Weiterbildungszentrum - Anmerkung der Verfasser) die gemeinsame Unterbringung mit der Stadtbildstelle" sein wird.

Denn „die VHS hat als Einrichtung der Weiterbildung einen besonders hohen Verwendungsgrad an Medien, die optimal erst gemeinsam mit der Bildstelle zur Verfügung gestellt und genutzt werden können", da die Bildstelle in der Lage sein sollte, „ein gezieltes Medienangebot der VHS unter Berücksichtigung ihrer fach-, lern- und medienspezifischen Anforderungen als Lerninstitut Erwachsener anzubieten" (Erster Weiterbildungsentwicklungsplan der Stadt Bielefeld 1976–1981).

Durch die Bereitstellung von Verwaltungsräumen für die Mitarbeiter von ‚Arbeit und Leben' und durch deren Nutzungsberechtigung von Kursräumen innerhalb des Weiterbildungszentrums „soll erreicht werden, dass benachteiligte Bevölkerungsgruppen (Zielgruppen) allgemeine Angebote in dem Haus wahrnehmen" (Erster Weiterbildungsentwicklungsplan der Stadt Bielefeld 1976–1981).

Die dritte Kooperationsform mit dem Berufsverband Bildender Künstler schließlich könnte zu einer engen Zusammenarbeit auf künstlerischem Gebiet mit dem Fachbereich kreative Weiterbildung führen. Die geschoßmäßige Eingliederung dieser Institutionen ist in Kapitel 5 Abschnitt 2 dargelegt worden.



## 6. VORSCHLÄGE ZUR RÄUMLICHEN GESTALTUNG

### 6.1 EINGANGSBEREICH

Eine besondere Bedeutung kommt der Gestaltung des Eingangsbereiches zu, da sich hier wie in einem Brennglas der Charakter des gesamten Hauses offenbaren soll.

Durch eine klar strukturierte Raumgliederung dieses Bereichs, eine Innenausstattung, die hauptsächlich mit natürlichen Materialien wie Holz und Stein arbeitet, auf eine moderate Tönung achtet und Zonen für Blattgewächse vorsieht sowie insgesamt harmonische Proportionen, gilt es, eine Atmosphäre zu schaffen, die bei einer betont schlichten Einrichtung ein Gefühl der Zugehörigkeit und Orientierung vermittelt. Nur unter diesen Voraussetzungen scheint es möglich, auch jenen der Weiterbildung bislang fernstehenden Zielgruppen die Schwellenangst zu nehmen und allen Besuchern ein Gefühl der Einbezogenheit zu vermitteln.

Wenn wir hier vom Eingangsbereich sprechen, so gilt es zu betonen, dass sich dieser nicht nur auf die horizontale Ebene des untersten Geschosses erstreckt, sondern auch eine Ausdehnung in der Vertikalen durch den Vorbau erfährt, der neben dem Treppenhaus mit seiner Verteilerfunktion noch zahlreiche Kommunikations-, Verkehrs- und Ausstellungsflächen bereitstellt.

Durch Stellwände abgeteilte Informationsecken - die nicht nur mit dem Element der Sprache, sondern auch durch sonstige visuelle und haptische Anreize die Menschen anzusprechen versuchen - könnten den unterschiedlichen Lernweisen der potenziellen Teilnehmer sicher entgegenkommen und würden zudem die Möglichkeit schaffen, eigene Bedürfnisse im Angebot des

Weiterbildungszentrums wiederzuerkennen.

Eine weitere Funktion der quasi als Permanent-Ausstellung zu konzipierenden Informationszonen der verschiedenen Fachbereiche könnte darin bestehen, Besuchern durch das Aufstellen von Stühlen sowohl ein mögliches Verweilen innerhalb des Eingangsbereiches zu gestatten als auch kommunikationsstiftend zu wirken. Darüber hinaus bietet sich hier für das Weiterbildungszentrum und die in ihm Tätigen eine gute Chance der Selbstdarstellung sowie der Vermittlung eigener Aktivitäten.

Um ein Höchstmaß an Information und Orientierung im Eingangsbereich zu offerieren, sollte neben den Informationsecken der Fachbereiche sowie speziellen Übersichtstafeln und Wegweisern eine gesonderte Informations- und Weiterbildungsberatungsstelle eingerichtet werden, an die sich der Interessierte zu einem persönlichen Gespräch wenden kann. Im Interesse einer intensiven, auf den Einzelfall zugeschnittenen Beratung bietet es sich an, für die Weiterbildungsberatungsstelle eine eigene Zone im Eingangsbereich vorzusehen.

Der ansonsten offen gestaltete und durch die Stellwände multifunktional nutzbare Eingangsbereich könnte jeweils während der Hauptanmeldetage für die Kursanmeldung dienen sowie für sonstige besondere Zwecke zur Verfügung stehen.

Ein nach den oben genannten Kriterien konzipierter Eingangsbereich weist über seine unmittelbare Zweckbestimmung hinaus, indem er es ermöglicht, ein sich langsam entwickelndes Interesse zu wecken und zugleich eine gute Basis für weitere und schon spezifischere Auseinandersetzungen mit dem Angebot und den Möglichkeiten des Hauses schafft. Aus dem Einbezogen werden und dem sich langsam entfaltenden Interesse kann so auf die Dauer aktive Teilhabe am Geschehen im Weiterbildungszentrum werden, welches



wiederum nach außen wirkt und so vielleicht persönliche und gesellschaftliche Innovationen zu initiieren vermag.

## 6.2 CAFETERIA

Die Teilnehmer von Volkshochschulveranstaltungen benötigen innerhalb des Weiterbildungszentrums eine Aufenthaltsmöglichkeit, wo sie sich zu einem ungezwungenen Gespräch einfinden können. Neben diesem kommunikativen Aspekt ist zu bedenken, dass viele Teilnehmer bei Benutzung der städtischen Verkehrsmittel in den Abendstunden eine Möglichkeit brauchen, um ihre Wartezeit vor oder nach einer Veranstaltung angenehm zu verbringen. Um diesen Anforderungen gerecht zu werden, und gleichzeitig den Grundbedürfnissen der Teilnehmer Rechnung tragen zu können, sollte die Einrichtung einer Cafeteria geplant werden. Als Restaurationsmöglichkeit mit Selbstbedienungscharakter soll sie eine ungezwungenere Atmosphäre als ein Restaurant vermitteln und dadurch auch diejenigen zum Eintritt motivieren, die ohne Verzehrabsichten die Zeit zwischen zwei Kursen überbrücken oder sich mit anderen Teilnehmern vor oder nach einer Veranstaltung noch kurz zusammensetzen wollen.

Abgesehen von dieser mehr teilnehmerorientierten Ausrichtung der Cafeteria, soll sie in jedem Fall auch ganztägig als Treff- oder Verweilpunkt für alle anderen Besucher dienen. Angefangen von Schülern bis hin zu älteren Mitbürgern soll hier ein kornmunikativer Raum im Weiterbildungszentrum geschaffen werden, der jederzeit einen unverbindlichen Zutritt ermöglicht.

Aufgrund der zu erwartenden hohen Frequentierung

sollte die Cafeteria zentral und für jeden gut erreichbar angelegt werden. Am ehesten würde sich hierfür der nach außen verglaste Resalit eignen. Denn er gewährt zum einen einen offenen Einblick in das Weiterbildungszentrum, und er stellt zum anderen die direkte Verbindung zu der das Gebäude umgebenden Landschaft dar.

Die Cafeteria selbst soll im ersten Obergeschoß sowie dem darüber eingezogenen Zwischengeschoß ihren Platz finden. Dabei werden die beiden Geschoßebenen durch eine Treppe miteinander verbunden, wobei das Zwischengeschoß auch abgetrennt und bei Bedarf als Clubraum nutzbar gemacht werden kann.

Durch eine visuell am Offenheitsgebot ausgerichtete Cafeteria wird der ungezwungene Charakter des Weiterbildungszentrums zusätzlich verdeutlicht. Damit die Besucher sich unverbindlich über das Volkshochschulangebot orientieren können, sollten hier auf Stellwänden, neben dem eigentlich dafür prädestinierten Eingangsbereich, Plakate mit Weiterbildungsangeboten und ein Lageplan über die Räume im Weiterbildungszentrum ausgehängt werden.

Die Cafeteria sollte einem Pächter überantwortet werden, damit feste Öffnungszeiten und ein gleichbleibendes Verzehrangebot gewährleistet sind.
Als Ausstattung für die beiden Ebenen der Cafeteria ist eine Selbstbedienungstheke vorzusehen, an der die Speisen und Getränke, sowie zusätzlich zu üblichen Cafeterien auch Schreibwaren, ausgelegt sind. Vom Gestühl her empfiehlt es sich, die Tischform variabel zu halten, da sowohl die Möglichkeit gegeben sein sollte, einen Tisch für zwei Personen, wie auch einen Tisch für einen ganzen Kurs (ähnlich wie in Marl) mit 20 Personen bereitzustellen. Daher sind leicht verschiebbare quadratische Tische am geeignetsten, an denen je vier Personen Platz finden können.



In den Randzonen des Raumes sollten kleine runde Tische aufgestellt werden, die Platz für zwei bis drei Personen bieten, um so die Atmosphäre eines Straßencafes erzeugen zu können. Hierbei wäre es besonders reizvoll, den atmosphärischen Ausdruck durch Nachbildung von Gaslaternen zu unterstreichen, da ja die unmittelbare Verbindung zu der äußeren Umgebung durch die Verglasung bereits vorgegeben ist.

Obwohl Tische leicht zu säubern sein müssen, sollte man sie nicht wie andernorts in weiß, sondern in einem etwas ansprechenderen Farbton auswählen. Die Plastikstühle sollten mit einer Schaumstoffeinlage auf dem Sitz und an den Rückenlehnen ausgestattet sein, um auf diese Weise zum einen eine bequeme Sitzgelegenheit, zum anderen, durch einen farblichen Bezug, eine angenehme Atmosphäre zu vermitteln. Die zu wählenden Farben sind unseres Erachtens von den vorhandenen Lichtverhältnissen abhängig und sollten im Hinblick darauf auch ausgesucht werden. Durch eine derartige Ausstattung der Cafeteria mit runden und eckigen Tischen und einer farbigen Bestuhlung, soll eine sterile Atmosphäre gar nicht erst aufkommen. Die Cafeteria soll sowohl ein unverbindliches Angebot an Verzehr- wie auch an Informations- und Kommunikationsmöglichkeiten offerieren und auf diese Weise die Schwellenangst der Besucher des Weiterbildungszentrums vermindern helfen.

## 6.3 GARDEROBE

Bei der Frage nach der Anlage einer Garderobe trifft man in schon bestehenden Weiterbildungszentren auf die verschiedensten Lösungen, wobei allgemein darauf verwiesen wird, dass sich die von ihnen gewählte Form bewährt habe.

So sind in Marl die Garderobenhaken jeweils vor den Kursräumen an der Wand angebracht. Diese Art der Kleidungsablage erinnert unseres Erachtens die Teilnehmer zu sehr an ihnen noch aus ihrer Schulzeit bekannte lange Flure mit Kleiderhaken.

In Essen dagegen hat man eine zentrale Garderobenanlage direkt im Eingangsbereich gewählt, sowie in den einzelnen Etagen noch Kleiderständer aufgestellt.
Die Form einer zentralen Garderobe scheint uns auch nicht das Optimale zu sein, da bei den Kursen in den Abendstunden sowohl vor Kursbeginn, als auch nach Kursende längere Warteschlangen entstehen würden. Zudem muss die Garderobe den ganzen Tag über besetzt sein, auch wenn nur eine kleine Anzahl von Kursen stattfindet; so zum Beispiel im Sommer, wenn nur wenige Teilnehmer die Garderobe in Anspruch nehmen. Eine zentrale, aber nicht mit Personal besetzte Garderobe, wie wir sie in Emmen vorgefunden haben, erscheint uns aus versicherungstechnischen Gründen (Diebstahlgefahr) nicht geeignet zu sein. Ein weiterer Grund ist, dass die Teilnehmer diese Art der Garderobenbenutzung von anderen kulturellen Institutionen her nicht gewohnt sind.

Wir schlagen vor, der Wuppertaler Konzeption, wenn auch etwas modifiziert, zu folgen. Dort sind in die Wände eines jeden Kursraumes neben der Tür auf der Längsseite in Richtung zum Flur Schränke eingebaut, in die die Kleidungsstücke hineingehängt werden können.

Unser Vorschlag zielt nun darauf ab, statt Schränken eine Pin-up-Wand mit zwei seitlichen Öffnungen vor der Garderobe in jedem Raum anzubringen, so dass die Teilnehmer auf der einen Seite hineingehen können, um ihre Sachen aufzuhängen und auf der anderen Seite die Garderobe wieder verlassen können. Auf diese Weise bilden sich keine Warteschlangen vor den Kleiderschränken, sondern es wird eine direkte Durchgeh-



möglichkeit gewährleistet.

Die Vorteile einer derartigen Garderobenanlage sind zum einen darin zu sehen, dass die die Garderobe verdeckende Wand nicht in den Raum hineinragt, sondern mit den anderen Wänden eine Einheit bildet und zum anderen in der Möglichkeit, die Wand sowohl als Projektionswand für Dias und Filme, als auch für Wandzeitungen oder als Info-Wand benutzen zu können.
Eine Konzeption der Garderoben in dieser Art schließt jedoch eine gesonderte Garderobenanlage für den Saal nicht aus.

Eine fakultative Lösung könnte je nach festgelegter Funktionsspezifizität des Raumes darin gesehen werden, statt einer Pin-up-Wand einen Vorhang vor der Garderobe anzubringen. Diese Ausstattung würde sich zum Beispiel im Clubraum empfehlen, wo ein farbig gehaltener Vorhang noch einen gewissen Abwechslungsreiz bieten könnte.

Unabhängig von den verwirklichten Möglichkeiten hat eine Garderobenanlage für die Kursräume den Vorteil, dass je nach Jahreszeit und Frequentierung des Weiterbildungszentrums die Teilnehmer ihre Garderobe sowohl schnell ablegen, wie auch ebenso schnell wiederbekommen können, und sich in der Sicherheit wissen, dass kein Außenstehender an ihre Garderobe herankommt.

## 6.4 SAAL

Der große Saal soll für die Durchführung von Vortragsveranstaltungen, Podiumsdiskussionen, Versammlungen und eventuell auch für Theater- und Musikdarbietungen zur Verfügung stehen. Diese Aufgaben stellen besondere Anforderungen an die Gestaltung und Ausstattung des Saales. Angesichts der großen Platzkapazität und der dabei auftretenden räumlichen Distanzen bietet es sich an, den Saal vom Podium ausgehend in mehreren Ebenen ansteigen zu lassen. Die Stuhlreihen sollten dabei möglichst in Kreissegmenten, die um das Podium gruppiert sind, angelegt werden. Dies hätte zum einen den Vorteil, die durch die Säulen vorgegebene starre Strukturierung des Raumes aufzubrechen und zum anderen durch eine Rundung der Sitzreihen die Sehmöglichkeiten zu verbessern und somit günstigere Voraussetzungen auch für die Kommunikation unter den Zuhörern zu schaffen.

Beispiele für eine gelungene Saalkonzeption unter Einbeziehung vorhandener Säulen als tragenden Elementen bilden ‚The Great Hall of Cooper Union' von 1859 in New York, das ‚Round House' in London, das von einem Lokomotivschuppen aus der Zeit Stephensons in ein Gebäude für Theater-, Konzert- und Showveranstaltungen umgebaut wurde sowie der Saal der Volkshochschule Detmold.

Um den verschiedenen Anforderungen, die an den Saal gestellt werden, nachkommen zu können, empfiehlt sich eine mobile Bestuhlung. Auch wäre möglicherweise daran zu denken, den hinteren Teil des Saales durch transportable Wände abzuteilen, die je nach Bedarf umgestellt werden könnten. Dies hätte den Vorteil, dass man im kleinen Teilnehmerkreis nicht ständig mit den ungenutzten Kapazitäten konfrontiert würde und dennoch räumlich flexibel sein könnte.
Bei der innenarchitektonischen Gestaltung des Saales sollte auf eine möglichst angenehme Atmosphäre Wert gelegt werden, die weder das Fluidum eines luxuriösen Theaters noch die Sterilität eines Hörsaales vermitteln darf. Diese Forderung erwächst aus der Zielsetzung, ein erwachsenengemäßes Lernklima zu schaffen durch das einerseits eine mögliche Schwellenangst abgebaut und durch das andererseits die Erinnerung an Schulsituationen vermieden werden soll.



Der Gestaltung des Saales kommt nicht zuletzt auch deshalb eine besondere Bedeutung zu, da die Lage im Erdgeschoß den Vorbeikommenden einen Blick in das Innere des Hauses gestattet.

Durch große Fensterfronten kann eine Transparenz zwischen Innen und Außen geschaffen und somit dem Prinzip der Offenheit auch baulich entsprochen werden.

Eine Ausstattung des Saales, die den Parkcharakter der Umgebung in das Innere zu übersetzen vermag, indem beispielsweise an den Fenstern verstärkt Blumen und Gewächse angeordnet werden, könnte einen wesentlichen Beitrag zur Schaffung jener angestrebten Atmosphäre leisten, die sowohl Ruhe ausstrahlen als auch anregend wirken soll. Des Weiteren empfiehlt es sich bei der Verkleidung und Einrichtung des Saales vorwiegend mit natürlichen Materialien wie zum Beispiel Holz zu arbeiten. Die farbliche Abstimmung von Teppichboden, Stuhlpolstern und den Vorhängen zum Verdunkeln, beziehungsweise Abteilen vom Podium oder von anderen Raumteilen, sollte in dezenten, warmen und zugleich lichten Farbtönen geschehen.

Angesichts möglicherweise variabler Saalgrößen sollte auch auf eine gute Akustik geachtet werden, welche die unterschiedlichen Raumgrößen berücksichtigt. An den Kopfseiten des Saales sollten die für Projektionsmöglichkeiten erforderlichen Einrichtungen installiert werden. Im Boden verkabelte Anschlüsse für Saalmikrophone sowie Steckdosen für besondere Beleuchtungsarrangements scheinen vorteilhaft, da sie bei Bedarf bequem zu handhaben sind.

- 91 -

## 6.5 RAUM FÜR KINDER

Obwohl das Weiterbildungszentrum in erster Linie für Erwachsene eingerichtet wird, soll auch Kindern im Zentrum ein Raum vorbehalten bleiben. Hier wird es vor allem darum gehen, Müttern oder Vätern von jüngeren Kindern die Teilnahme an Veranstaltungen zu ermöglichen, wenn sie ihre Kinder nicht zu Hause lassen können oder wollen. Sie können ihre Kinder in das Weiterbildungszentrum mitbringen und sie im Raum für Kinder während ihres Aufenthaltes spielen lassen. Wenn die Eltern ihre Kinder in der Nähe wissen, werden sie vielleicht noch mehr als bisher das Weiterbildungsangebot ausnutzen. Der Raum für Kinder könnte also potenzielle Teilnehmer an das Weiterbildungszentrum heranführen. Obwohl es sich dabei nicht um eine systematische und regelmäßige Vorschuleinrichtung wie den Kindergarten handelt, sollte der Raum für Kinder sorgfältig gestaltet werden. Es sind schließlich die potenziellen Teilnehmer von morgen, die in diesem Raum ihre ersten Erfahrungen mit dem Weiterbildungszentrum machen werden.

In der ‚Ravensberger Spinnerei' besteht also die Chance, dass sie auch für die Kinder der Teilnehmer zu einem interessanten Aufenthaltsort wird. Dadurch könnte sich das Weiterbildungszentrum sehr umfassend im Bewusstsein der Besucher verankern. Auch wenn die Kinder nur unregelmäßig oder selten da sind, sollten sie sich im Kinderraum wohlfühlen. Die meisten Kinder sind sehr umweltorientiert und werden sich freuen, eine neue Umgebung kennenzulernen. Die Räumlichkeiten für Kinder sollten dazu möglichst einladen. Gerade bei Kindern findet man ein Lerninteresse. Es ist nicht so systematisch und geordnet wie bei den Erwachsenen, aber auch die Kinder wollen sich mit

- 92 -

ihrer Umwelt beschäftigen. Daher kann auch das Weiterbildungszentrum zu einer solchen Lernumwelt für Kinder werden, die ihre Entwicklung fördert, ohne dieses direkt als institutionelle Aufgabe zu verfolgen. So geht Großmann (1971:16) davon aus, dass Kinder von sich aus initiativ die Umwelt erfahren: „Die Initiative zum Lernen geht überwiegend vom Kinde aus. Das frühkindliche Lernen ist also ein aktives Erobern der verschiedenen Aspekte, Reaktionen und Zusammenhänge in der Umwelt".

Das Weiterbildungszentrum muss sich zumindest teilweise als ein Ort verstehen, der dieser Initiative einen Raum geben, sich ihr zur Verfügung stellen will. All dies kann natürlich nur funktionieren, wenn eine pädagogische Fachkraft ständig bei den Kindern ist und sie betreut.

Aus diesen Überlegungen folgt für die genauere räumliche Gestaltung, dass der Kinderraum viele Gelegenheiten und Anknüpfungspunkte für kindliche Aktivitäten bieten muss.

Der Fußboden sollte mit Teppichboden ausgelegt sein, um diesen Bereich als Spielfläche nutzbar zu machen. Eine Malecke sollte das schöpferisch-kreative Handeln des Kindes fördern, wie auch eine Bastelecke eingerichtet werden sollte, wo die Kinder selbst den Umgang mit Material erlernen können. Für ältere Kinder empfehlen sich Werkkästen, mit denen kompliziertere Gegenstände gebaut werden können, für jüngere Kinder sollten Bauklötze zur Verfügung stehen.
Die Einrichtung des Spielraumes sollte nicht zu überladen sein, denn es gilt, auch dem Bewegungsdrang der Kinder einen Raum zu verschaffen. Es sollte eine Ecke geben, in der sie herumtollen können; alte Polster oder Kissen wären dafür sicher willkommene Ergänzungen. Selbstverständlich muss dieser Raum gut beleuchtet und belüftet werden.

Vieles von dem, was hier als kindliche Aktivität

gekennzeichnet wurde, ist mit einzubeziehen in das, was wir in Kapitel 4 als Ansatzpunkte einer pädagogischen Konzeption beschrieben haben.

Auch im kindlichen Spiel zeigt sich Offenheit, Integration und Orientierung, wird Handeln analysiert und antizipiert. Der Raum für Kinder braucht daher nicht als ein Anhängsel des Weiterbildungszentrums angesehen zu werden, viel eher wird er ein Bereich sein, in dem Umgebungshandeln der Erwachsenen mit einer eigenen spielerischen Logik aufgearbeitet wird. Dieser Raum kann daher durchaus harmonisch mit dem inhaltlichen Bemühen des gesamten Zentrums in Einklang gebracht werden, nur dass hier die Prioritäten auf eine kindgerechte Ebene verlagert werden.

## 6.6 SPIELOTHEK

Mit der Einrichtung einer Spielothek wird die Volkshochschule in der ‚Ravensberger Spinnerei' Neuland betreten. Bisher gibt es nur ganz wenige Einrichtungen, die sich ähnliches vorgenommen haben.

Ähnlich wie in einer Bibliothek oder einer Mediothek sollen hier Spielsachen ausgeliehen werden.

Diese Einrichtung kann einmal den Erwachsenen dienen, die hier Gesellschaftsspiele ausleihen können. Da Spiele bisher in der Regel gekauft und in den Familien zunächst häufig, dann aber immer seltener benutzt werden, könnte die Spielothek hier eine Lücke füllen. Spiele könnten einfach auf Probe mitgenommen werden. Wenn man sie oft genug ausprobiert hat und keinen Gefallen mehr daran findet, können sie zurückgegeben und an einen anderen Interessenten ausgeliehen werden. Eine Spielothek könnte dadurch manchen Spielabend bereichern, ohne dass Anschaffungen dafür notwendig sind.



Neben Spielen für Erwachsene könnte die Spielothek auch eine Auswahl von Spielmaterialien für Kinder in allen Altersstufen bieten. Für Eltern ergibt sich damit die Möglichkeit, dass sie in Ruhe beobachten können, ob ihr Kind mit dem einen oder anderen Spielzeug gut zurechtkommt und wo überhaupt seine Interessen an Spielsachen liegen. Die Kinder brauchten dann nicht mehr gleich mit derartigen Dingen beschenkt werden, man könnte erst einmal sehen, was ihnen am meisten Freude macht und dann immer noch gewisse Anschaffungen tätigen. Das gilt verstärkt für kombinierbare Spielsachen, wie Baukästen oder Mechaniksysteme.

Die Spielothek sollte räumlich so gestaltet werden, dass die Interessenten sich die Leihgegenstände gut ansehen können, bevor sie sie mitnehmen. Ein Verzeichnis der Gegenstände wird daher nicht ausreichen, man sollte die Spielwaren auch in die Hand nehmen können.

Die Gegenstände aus der Spielothek müssen nicht unbedingt nach außerhalb ausgeliehen werden. Die Spielsachen können auch innerhalb des Weiterbildungszentrums genutzt werden. Viele Besucher werden über Freizeit auch innerhalb dieses Zentrums verfügen. Ausgeliehene Spiele können ihnen bei der Gestaltung dieser Zeit hilfreich sein.

## 6.7 CLUBRAUM / KURSLEITERRAUM

Neben der bereits angesprochenen Möglichkeit einer Kombination von Cafeteria und Clubraum im Zwischengeschoß, kann eine weitere Nutzungsmöglichkeit des Clubraumes mit einem Kursleiterraum ins Auge gefasst werden. Da der Raum als Clubraum sowohl für ein geselliges Beisammensein, als auch für Gesprächskreise zur Verfügung stehen soll, wodurch er von verschiedensten Teilnehmern frequentiert wird, sollte er eine ansprechende Atmosphäre vermitteln.

Unsererseits ist dabei an eine einem Kursraum ähnliche Einrichtung gedacht, jedoch ohne Tafel und mit einem niedrigen Tisch in der Mitte, um darauf etwas abstellen zu können. Die Wände sollten holzvertäfelt oder mit Klinkersteinen ausgestaltet werden. Das Gestühl könnte, entgegen dem in Kursräumen, einen sesselartigen Charakter haben.

Die Stühle sollten in einem Kreis um den Tisch herum angeordnet sein, damit alle Teilnehmer sich gegenseitig ansehen können und damit der kommunikative Aspekt unter den Teilnehmern gefördert wird.

Eine weitere Nutzungsmöglichkeit dieses Raumes könnte darin bestehen, dass man ihn für kleinere Diavorträge durch Aufstellen der Stühle in einem Halbkreis nutzen könnte. Weiterhin ließe er sich durch den Einbau einer kleinen Theke mit Gläserabstellbord für kleinere Feiern (z.B. bei Zertifikatsprüfungen) verwenden.

Im Hinblick auf seine zweite Funktion als Kursleiterraum sollten Einbauschränke mit möglichst vielen verschließbaren Fächern vorhanden sein, damit die Kursleiter ihr Anschauungsmaterial für die Veranstaltungen hier lagern können und es nicht immer mit nach Hause nehmen müssen.

Zugleich sollte im Raum eine kleine Bibliothek mit Büchern zur und über die Weiterbildung, sowie



neuesten Gesetzen und vorgesehenen Maßnahmen im Weiterbildungsbereich vorhanden sein.

Dieses soll als Motivationsmoment für die Kursleiter angesehen werden, sich über ihre Tätigkeit hinaus mit den neuesten Tendenzen auseinanderzusetzen und neue Anregungen gewinnen zu können (beispielsweise im stark expandierenden Medienbereich, sowie im Bereich der Didaktik für Erwachsene).

## 6.8 KURSRÄUME

Die Kursräume stellen die wohl wichtigsten Räume in einem Weiterbildungszentrum dar, da man an ihrer Ausstattung und Atmosphäre am ehesten ablesen kann, inwieweit es gelungen ist, von einem schulischen zu einem erwachsenengerechten Lernklima zu gelangen. Von daher sollten auch einige Bemühungen unternommen werden, sie diesen Ansprüchen entsprechend zu gestalten.

Um den Kursraum vom Stein- und Linoleumfußboden der Schulräume zu unterscheiden, sollte er mit Teppichboden ausgelegt werden. Diese teilweise in Marl, Essen, Wuppertal und Detmold vorzufindende Ausstattung gibt den Räumen sofort eine ansprechende Atmosphäre. Damit diese auch beibehalten wird, ist darauf zu achten, dass die weitere Ausstattung des Raumes nicht durchgehend in einem steril wirkenden Weißton gehalten wird.

Die Tischplatten sollten ein helles Holzfurnier haben und leicht transportabel sein. Die Stühle sollten an den Rückenlehnen und auf der Sitzfläche einen farbigen Schaumstoffüberzug besitzen, um eine bequeme, nicht zu harte wie in Schulen, aber auch nicht zu weiche Sitzgelegenheit zu bieten. Dieses kommt unseres Erachtens den Bedürfnissen der erwachsenen Teilnehmer entgegen, die nicht durch eine harte und unbequeme Bestuhlung darauf hingewiesen werden müssen, dass hier ‚harte' Lernarbeit geleistet wird. Die Tische mit den Stühlen sollten U-förmig aufgestellt werden, damit alle Teilnehmer sich anschauen und auf diese Weise eher kommunikativ aufeinander eingehen können. Durch eine derartige Anordnung wird gleichzeitig vermieden, dass der Kursleiter bereits optisch eine dominante Position einnimmt.

Neben den drei bisher beschriebenen hervorstechendsten Merkmalen eines Kursraumes gibt es noch einige kleinere, die bei nicht sachangemessener Anbringung das ganze Bild negativ beeinflussen können. Zum einen ist dabei an die für jeden Raum vorgeschriebenen Waschbecken gedacht, die oftmals beziehungslos in einen ansonsten ansprechend gestalteten Raum hineinragen. Um diese Störung der Gesamtatmosphäre zu vermeiden schlagen wir vor, die Waschbecken hinter der Pin-up-Wand oder dem Vorhang für die Garderobe mit anzubringen.

Ein weiteres, fast immer störend wirkendes, aber oftmals doch unerlässliches Hilfsinstrument stellt die Tafel dar. Um einen wie in Schulen, aber auch anderen Weiterbildungszentren sichtbaren schwarz-weiß Kontrast zwischen Tafel und Wand zu vermeiden, schlagen wir vor, die Farbe von Wand und Tafel einheitlich zu wählen. Hierbei ist unsererseits an eine nicht aufdringliche, cremefarbene Tönung gedacht. (Als Beispiel sei die Volkshochschule Detmold genannt.) Dieses würde für die Kursleiter eine kleine Umstellung bedeuten, da sie statt mit Kreide mit Wachsmalstiften schreiben müssten. Zum anderen aber könnte die Tafel gleichzeitig auch zum Projizieren benutzt werden.

Zur medienmäßigen Ausstattung eines Kursraumes müssten ein Overheadprojektor, aber je nach Bedarf auch ein Film - und Diaprojektor vorhanden sein. Um auch Video-



aufnahmen zur Untermalung des Kursthemas einspielen zu können, sollte eine mobile Einheit mit den entsprechenden Geräten - wie in Detmold - in einer der Raumecken neben der Tafel bereitgestellt werden, die auch für eine zentrale Einspielmöglichkeit genutzt werden könnte.

Wie im Weiterbildungszentrum Wuppertal positiv verwirklicht, schlagen wir vor, in Weiterführung der Garderobenwand Wandeinbauschränke zu installieren. Sie nehmen im Raum keinen Platz weg und lassen auch die Garderobenwand nicht in den Raum hineinragen. Benutzt werden können sie von Kursleitern für ihre Unterrichtsmaterialien und Schauobjekte, aber auch für Unterlagen von Teilnehmern, falls sie eine größere Arbeit anfertigen und es zu umständlich ist, jedes Mal alles wieder mit nach Hause zu nehmen.

Um die Eingebundenheit der ‚Ravensberger Spinnerei' in eine Grünflächenanlage auch in den Kursräumen nachwirken lassen zu können, sollten die zur Außenfront hin liegenden Räume an den Fenstern mit Blattgewächsen bepflanzt werden und möglichst so gestaltet sein, dass eine optimale Ausnutzung von Tageslicht gewährleistet ist. An der Innenwand eines jeden Raumes könnten Oberlichter angebracht werden, um natürliches Licht an die Flure abzugeben. Hierbei muss jedoch beachtet werden, dass eine Verdunkelungsmöglichkeit in Form von Rollos mit angebracht wird, damit bei einem Medieneinsatz keine störenden Lichteinfälle auftreten.

Von einem derartig eingerichteten Raum mit Teppichboden, holzfurnierten Tischen, leicht gepolsterten Stühlen sowie getönten Wänden mit Wandeinbauschränken, einer Garderobe mit verdecktem Waschbecken und einer cremefarbenen Tafel, hoffen wir den Anforderungen an eine erwachsenengerechte Atmosphäre eines Kursraumes näher gekommen zu sein.

Durch eine solche Einrichtung kommt die Erinnerung an die von früher her bekannte sterile und farblose Atmosphäre von Schulräumen wohl nicht so schnell wieder auf. Zum anderen aber ist unseres Erachtens ein in dieser Weise ausgestatteter Raum nicht zu aufwendig gestaltet, da er noch nicht zu viel Komfort bietet, durch den ein potenzieller Teilnehmerkreis eher abgeschreckt werden könnte. Der Raum soll einen Mittelweg zwischen Bequemlichkeit und ansprechender Atmosphäre auf der einen Seite und dadurch Motivation und Anreiz zum Lernen auf der anderen Seite darstellen.

## 6.9 SPRACHLABOR

Das Sprachlabor wird zu einer sehr häufig genutzten Einrichtung des Weiterbildungszentrums werden. Daher ist es sinnvoll, seine Einrichtung sorgfältig zu planen. Ein wenig nachahmenswertes Beispiel war in Essen zu sehen, wo das Sprachlabor erst im Nachhinein in einen schlauchförmigen Raum eingebaut worden ist. Die dortigen Volkshochschulmitarbeiter versicherten, dass sie selbst mit dieser Lösung nicht zufrieden seien. Ansprechender war dagegen die Einrichtung in Marl. Der leichte Grünton, der hier den Raum beherrschte, schaffte eine sehr angenehme Grundatmosphäre. Die Anordnung der Arbeitsplätze in doppelter Hufeisenform hat sehr viel für sich. Nicht der Kursleiter vorn steht im Mittelpunkt, die Kursteilnehmer haben vielmehr sich gegenseitig im Blick und können eher in Diskussionen aufeinander eingehen. Den einzigen negativen Punkt sehen wir dort in der Höhe des Kursleiterpults. Wie in der Schule ragt hier der Kursleiter deutlich über seine Hörer hinaus. Hierdurch wird ein unnötiger räumlicher Statusunterschied geschaffen, der fehl am Platz ist.



Für diese Anordnung kann Emmen als Beispiel dienen, wo Kursleiter und Teilnehmer auf gleicher Höhe einen Kreis bilden.

Dadurch erfährt die Kommunikation in diesem Raum eine zusätzliche Anregung, die Teilnehmer haben sich ständig gegenseitig im Blickfeld und können somit intensiver aufeinander eingehen.

In vielen Kursen wird ein Arbeiten im Sprachlabor nicht über den gesamten Zeitraum der Kursstunde erforderlich sein. Daher bietet es sich an, zwei normale Kursräume in unmittelbarer Nachbarschaft zum Sprachlabor einzurichten. Die Kursteilnehmer können dann innerhalb ihrer Stunde den Raum wechseln, ohne dass größere Umstände damit verbunden wären. Bei entsprechender Absprache kann auch die Nutzungsintensität des Labors erweitert werden, es können also parallel laufende Kurse das Sprachlabor benutzen, wenn eine Reihenfolge abgestimmt wird.

Das kann sich aus pädagogischen Gesichtspunkten auch dann empfehlen, wenn das Labor allein zur Verfügung stände. Die Arbeit im Sprachlabor wird allgemein als anstrengend empfunden. Die Freude und der Spaß am Lernen könnten vielleicht erhöht werden, wenn nicht der gesamte Kurs im Labor stattfindet, sondern ein Teil der Zeit in einem Kursraum verbracht wird.

## 6.10 FILMRAUM

Im Filmraum werden Breitwandfilme, Schmalfilme, Dias und gedruckte Vorlagen zur Aufführung gebracht. Der Zuschauerraum sollte eine Atmosphäre besitzen, die zwischen der eines luxuriösen Kinos und der eines kahlen Vorführraums liegt. Wegen der möglichen zeitlichen Länge von Veranstaltungen in diesem Raum, sollte ein gewisser Sitzkomfort gewährleistet werden. So ist eine Bestuhlung ratsam, die eine leichte Polsterung hat.

Wie die Ausstattung professioneller Filmtheater demonstriert, ist eine ansteigende Anordnung der Sitzreihen zu empfehlen, da die Sichtverhältnisse von den Plätzen aus erheblich verbessert werden. Die dadurch erforderlich werdende größere Raumhöhe kann durchaus in Kauf genommen werden, wenn in der Raumgestaltung darauf geachtet wird, dass keine sterile Saalatmosphäre entsteht. Nach Möglichkeit sollte eine Rundung der Sitzreihen eingeplant werden. Wird sie kombiniert mit einer entsprechenden Rundung der Leinwand erfahren die Randplätze eine sinnvolle Verbesserung der Sichtmöglichkeiten.

Dieser Raum wird nicht nur der Vorführung von Medien dienen, viele Veranstaltungen werden durch Ansprachen, Erläuterungen oder Diskussionen gekennzeichnet sein. Dem kann in der Raumgestaltung dadurch Rechnung getragen werden, dass ein Podium und ein Rednerpult vor der Leinwand installiert werden. Die Akustik und die Optik sollten so ausgerichtet werden, dass der Filmraum auch als Veranstaltungsraum genutzt werden kann. Wenn der Anstieg des Saales ohne Stufen verwirklicht werden kann, dann hat dies den Vorteil, dass die Geschlossenheit und Dichte der räumlichen Atmosphäre gewahrt bleibt. Die Saalneigung wirkt sich vermutlich auch auf die Akustik günstig aus.
Die Besucherzahlen von Veranstaltungen in diesem Raum dürften einer starken Schwankung unterliegen. Da leere Sitze sich immer ungünstig auswirken, dürfte es sinnvoll sein, einen Teil des Gestühls variabel zu halten. Bei kleineren Veranstaltungen kann dann die Zahl der Sitzplätze der geringeren



Teilnehmerzahl angepasst werden, bei größerem Andrang steht eine gewisse Platzreserve zur Verfügung. Nach Möglichkeit sollte die räumliche Geschlossenheit durch diese Variationsmöglichkeit nicht beeinträchtigt werden.

Der Filmvorführraum sollte alle notwendigen Projektionseinrichtungen aufnehmen können.

## 6.11 SELBSTLERNZENTRUM

Nach einer Modellüberlegung von Jüchter (1971) dient das Selbstlernzentrum vier zentralen Erfordernissen der Weiterbildung. Es soll das Lernen individualisieren, um dadurch die persönlichen Interessen zur Entfaltung kommen zu lassen. Die Autonomie im Lernen soll durch dieses Zentrum gefördert werden, es soll Lernschwellen abbauen und Lernprozesse objektivieren. Vor allem die technischen Medien werden dafür eingesetzt. Jüchter (1971:116 f) wendet sich allerdings dagegen, das Selbstlernzentrum zu einer gigantischen Lernmaschine auszubauen, bei der der Benutzer nur noch passives Objekt ist. Er fordert entsprechende Materialien, die auch im Selbstlernzentrum die Kritikfähigkeit des Nutzers herausfordern. „Die innere Programmstruktur des Selbstlernzentrums muss dafür Sorge tragen, dass auch Kritik zum Thema und zum Prinzip des Lernens wird. Je mehr Lerninformationen angeboten und aufgenommen werden, desto mehr Daten und Probleme müssen fragwürdig werden."

Im Selbstlernzentrum wird es also entscheidend davon abhängen, welche Materialien den Benutzern zur Verfügung gestellt werden können. Jüchter (1974b: 364) verwendet hier den Begriff des ‚Lern-Environments' um zu kennzeichnen, wie die Materialien im

Selbstlernzentrum auszusehen haben: „Ziel von Selbstlernzentren und Lern-Environments wird sein müssen, Umwelterfahrungen zu qualifizieren und dadurch individuelle Entfaltung zu fördern. Gesellschaftliches, kultur-kritisches Bewusstsein wird entscheidend durch die aktive Auseinandersetzung mit Umwelterfahrungen bestimmt. Die Qualität dieser Erfahrungen hängt sowohl von spontanen als auch von systematischen Lernprozessen ab."

Um diesen Zielen zu genügen ist es erforderlich, den Benutzern ein umfangreiches Programmangebot zu unterbreiten. „Das Programmangebot des SLZ ist an unterschiedlichen Lernzielen orientiert, die Lernumwelten des SLZ stellen aber auch ohne vorgegebene Lernzielorientierung Informationen, Medien, Spielmaterialien bereit" (Jüchter 1974b:359).

Für die Ausstattung des Zentrums folgt daraus, dass die Arbeitsmaterialien den Benutzern möglichst übersichtlich dargeboten werden sollten. Nur wenn sie das gesamte Angebot optisch repräsentiert finden, werden sie zusätzlich angeregt sein, sich mit neuen interessanten Themen zu beschäftigen. Die Lösung in Marl kann diesbezüglich als vorbildlich angesehen werden. Dort können sich die Benutzer an Ständern, wo leere Cassettenhüllen ausgestellt sind, über das Programmangebot informieren und dann an einer Mediothek die gewünschten Programme ausleihen oder sich einspielen lassen.

Für bestimmte Arbeiten ist die Tätigkeit an einem Einzellernplatz erforderlich. Es sollten daher mehrere Lernplätze eingerichtet werden, an denen die Benutzer mit Kopfhörer und Bildschirm ihr spezielles Programm verfolgen können. Bei der Einrichtung dieser Einzellernplätze sollte man berücksichtigen, dass die Arbeit an einem Lernprogramm psychisch eine große Anstrengung bedeutet. Daher wäre es erstrebenswert, wenn das Selbstlernzentrum optisch etwas



aufgelockert werden könnte, damit die Lernarbeit durch entspannende Reize etwas erleichtert wird.

Die Mediothek in der Wuppertaler Volkshochschule fanden wir recht ansprechend. Die unterschiedlichsten Informationsträger standen hier übersichtlich geordnet und transparent zur Verfügung. Das erleichtert auch die Übergänge von einem Medium zum anderen, wenn man sich für einen speziellen Themenbereich interessiert. Die optische Auflockerung der Wuppertaler Mediothek mit Blumen und kleinen Ausstellungen sprach uns sehr an, so dass wir vorschlagen, in der ‚Ravensberger Spinnerei' die Mediothek ähnlich einzurichten.

### 6.12 STUDIO

Im Studio der ‚Ravensberger Spinnerei' wird die Arbeit mit technischen Medien ihren Platz haben. Die Medien erfüllen in der Arbeit des Zentrums eine vielseitige Funktion. Sie sind technisches Hilfsmittel für viele Veranstaltungen, aber auch ein eigenständiges pädagogisches Instrument. Die Volkshochschularbeit lässt sich durchaus an technischen Medien orientieren. Das Beispiel Wuppertal zeigt, dass Studio, Kursraum, Selbstlernzentrum, Mediothek und Sprachlabor eng beieinander liegen können und sich dadurch eine gewisse Bereicherung der inhaltlichen Arbeit erreichen lässt.

Auch in der ‚Ravensberger Spinnerei' kann eine räumliche Nähe der medienorientierten Räumlichkeiten von großem Nutzen sein. Das Studio dürfte dabei so etwas wie ein Zentralpunkt sein. Von dort aus müssten variable Kameras steuerbar sein, um die Übertragung von Veranstaltungen innerhalb und außerhalb des Hauses zu ermöglichen. Mit Videorecordern sind Mitschnitte von derartigen Veranstaltungen, aber auch von Fernsehsendungen möglich. Über diese Dienstleistungsfunktion für andere Kurse hinaus sollte das Studio speziell orientierten Kursen Nutzungsmöglichkeiten bieten.

Dabei kann es einmal um die technische Verwendung von Videorecordern und Tonbandgeräten gehen. Das Studio muss Möglichkeiten bieten, mit Bild und Ton eigenständig kreativ zu arbeiten. Die Besucher des Weiterbildungszentrums sollten die Möglichkeit erhalten, aus der Rolle als passiver Medienkonsument herauszutreten und aktiv gestaltend mit Medien umzugehen. Das Studio muss dafür die geeigneten Arbeitsmaterialien und Einrichtungen anbieten.

Gerade die Grundkomponente Kommunikation, wie sie in Kapitel 4 dargestellt wurde, findet hier einen deutlichen Niederschlag. Die Teilnehmer können in diesen Kursen ihr eigenes Verhalten als Medienkonsumenten studieren, indem sie die Position wechseln und als Medienproduzenten aktiv werden. Sie treten darüber hinaus in Kommunikation mit Konsumenten ihrer selbst erstellten Arbeiten, indem sie im Bereich des Weiterbildungszentrums ihre Materialien zur Diskussion stellen.

Diese mehrfache Kommunikation kann durch ein gut ausgebautes Studio in Gang gesetzt werden, das medienbezogenen Aktivitäten eine Verwirklichungschance einräumt. Die Arbeit im Studio wird eine besondere Art der Gewinnung von Erfahrung sein und reiht sich damit in die Grundkomponenten unserer Konzeption von Kapitel 4 ein.

Eine weitere Nutzungsmöglichkeit für die Einrichtungen des Studios ist der praktische Einsatz einer Videoanlage für gruppendynamisch orientierte Kurse. Das Studio lässt sich vor allem dann gut einbeziehen,



wenn in unmittelbarer Nähe ein weiterer Raum zur Verfügung steht, der als Kursraum genutzt werden kann. In Wuppertal besteht eine in dieser Hinsicht sehr gute Lösung. Dort ist ein großer lichtdurchfluteter Raum mit dem Studio per Fensterscheibe verbunden. Ein derartig verbundener Raum kann auch zur Mitarbeiterfortbildung eingesetzt werden, da das Lehrverhalten direkt per Video aufgezeichnet und demonstriert werden kann.

Das Studio sollte technisch so ausgerüstet sein, dass mehrere Videorecorder und Tonbandgeräte gleichzeitig zu benutzen sind.

Das Studio muss ein Bereich werden, in dem die Phantasie von Kursteilnehmern und Kursleitern entfaltet werden kann und wo sie gewisse Ideen spielerisch verwirklichen können, die an anderen Orten als unrealistisch angesehen werden.

Damit erfüllt sich eine Forderung von Otto (1972: 258), der die gestaltende Medienarbeit als neues notwendiges Betätigungsfeld der Weiterbildung skizziert: die Volkshochschulen „können sich nicht darauf beschränken, Funk- und Fernsehkonserven kritiklos zu übernehmen. Vielmehr bedarf es gezielter Zusammenarbeit, eigener Produktion und ständiger informeller Kontakte zwischen Produzenten, Vermittlern des Weiterbildungsangebots und ‚Weiterbildungskonsumenten' ".

## 6.13 ATELIER

Dieser Raum ist für Kurse der darstellenden Kunst gedacht. Eine interessante Anregung stellte das Atelier in der Volkshochschule Essen dar. Es befindet sich dort in einem Raum gleichzeitig auf zwei Ebenen. Eine Verbindung wird durch eine Wendeltreppe hergestellt, wodurch vor allem in der Beleuchtung ein Vorteil erzielt wird. Im künstlerischen Bereich spielt die Beleuchtung bei der Arbeit eine große Rolle. Daher zeigten die meisten von uns besichtigten Ateliers den Einbau von zusätzlichen verstellbaren Lampen an der Decke der Räume (Wuppertal, Mülheim).

Nach den früher vorherrschenden Arbeitsplätzen mit nicht verstellbaren Ateliertischen ist man heute immer mehr zu Arbeitsplätzen übergegangen, bei denen die einzelnen Arbeitsflächen auf die individuellen Wünsche eingestellt werden können. Man sollte auch in dem neuen Weiterbildungszentrum solche Arbeitstische verwenden.

Die Anordnung der Arbeitseinheiten konnte bei den besichtigten Zentren nicht immer überzeugen. Vielfach wurde die einseitig nach vorn orientierte Anordnung, wie sie in Schulen üblich ist, kopiert. Gerade im künstlerischen Bereich sollte man aber eine räumliche Auflockerung anstreben. Dadurch könnte der Kontakt zwischen den Teilnehmern intensiviert werden, was durchaus anzustreben ist. Der Zweck des Raumes sollte sich schon in seinem Grundriss widerspiegeln. Es spricht auch einiges dafür, den Raum in der Horizontalen etwas aufzulockern, also mehr als eine Fußbodenebene zu schaffen.
In Kursen zur darstellenden Kunst wird häufig mit lebenden Modellen gearbeitet.

Es muss daher in den Kunsträumen ein Podest bereitgestellt werden, damit das Modell für die Kursteilnehmer gut sichtbar ist. Eine Anregung für die verbesserte Nutzung würde darin bestehen, dass über dem Podest oder auch neben dieser Stelle eine Gelegenheit geschaffen wird, weitere Scheinwerfer zu installieren. Durch die Ausnutzung von Beleuchtungseffekten könnten die Arbeitsmöglichkeiten noch



verbessert werden. Zudem ergibt sich eine weitere und interessante Kooperationsmöglichkeit mit Fotokursen. So wäre es leicht möglich, das Atelier auch für Fotoaufnahmen zu nutzen. Dies ist jedoch nur sinnvoll, wenn Möglichkeiten bestehen, Licht gestalterisch einzusetzen.

Da in diesem Raum verschiedenartige Kurse stattfinden werden, sollte auf genügende Abstellflächen geachtet werden. Eine recht ansprechende Lösung dazu ist in Marl verwirklicht. Dort hat man verschiedene Einbauschränke angebracht.

Man sollte vielleicht auch Abstellmöglichkeiten nicht nur als Unterbringung nutzen, sondern mit Glasdurchsichten die Ergebnisse des einen Kurses auch für andere Kurse deutlich machen. Das könnte zu wechselseitigen Anregungen in der Arbeit führen.

Für die Arbeit mit lebenden Modellen sollte an Umkleidemöglichkeiten gedacht werden.
Bei der Ausgestaltung des Raumes sollte weiterhin darauf geachtet werden, dass die entstehenden Werke leicht allen Teilnehmern sichtbar gemacht werden können.

Auch müsste eine Verdunkelung möglich sein, um auch tagsüber Ateliermöglichkeiten für künstliches Licht zu schaffen.

## 6.14 WERKSTÄTTEN

Die Unterbringung der Werkstätten im Haus der Weiterbildung ist mit zwei Problemen verbunden. Zum einen gehen von den Werkstätten zum Teil erhebliche Lärmemissionen aus, die es im Interesse anderer Teilnehmer möglichst gering zu halten gilt. Zum anderen ist der Raumbedarf der Werkstätten im

Vergleich zu anderen Veranstaltungsangeboten wesentlich größer, so dass aus den angeführten Gründen eine Auslagerung besonders lärm- bzw. platzintensiver Bereiche unter Umständen in die nahe gelegenen Gebäude zu erwägen wäre.

Im einzelnen sind Werkstätten für folgende Bereiche der kreativen Weiterbildung vorzusehen:

a) Arbeit mit Medien: Foto, Film, Video
b) Bildnerisches Arbeiten: Malen, Zeichnen, Grafik, Siebdruck, Batik
c) Plastisches Arbeiten: Ton, Holz, Metall
d) Textiles Arbeiten: Weben, Knüpfen, Nähen

Für die Ausstattung der Werkstätten werden Sicherheits- und Unfallverhütungsgesichtspunkte sowie die Strapazierfähigkeit der Anlage von zentraler Bedeutung sein. Bei der Einteilung der Werkräume sollte darüber hinaus darauf geachtet werden, dass genügend Abstellflächen sowie Regale zur Verfügung stehen, die Zwischen- und Fertigprodukte der Kursteilnehmer aufnehmen können. Erfahrungen anderer Häuser zeigen, dass der hierfür zu veranschlagende Raum nicht großzügig genug geplant werden kann.

Für wichtiges Handwerkszeug und sonstige wertvolle Hilfsmittel bietet es sich an, diese in allgemein nicht zugänglichen Schränken zu verschließen. Darüber hinaus scheint es sinnvoll, für jeden Kurs bzw. Kursleiter ein Fach zu reservieren, in dem wichtige Kursunterlagen aufbewahrt werden können und zu denen sonst niemand Zugang hat.

Neben den eigentlichen Werkräumen könnte es sich als praktisch erweisen, ein eigenes Werkzeugmagazin sowie Wasch- und Umkleidekabinen vorzusehen.



## 6.15 MATHEMATIK-NATURWISSENSCHAFT-TECHNIK

Bei der Planung der Räumlichkeiten für den Fachbereich Mathematik-Naturwissenschaft-Technik kann man davon ausgehen, dass zwei abgrenzbare Schwerpunkte entstehen, die untereinander allerdings eng kooperieren. Dies sind die Bereiche:
- Physik und Technologie
- Chemie und Biologie

Für jeden dieser Bereiche sind Einheiten für Material-, Vorbereitungs-, Demonstrations- sowie Unterrichtszwecke vorzusehen. Die Anordnung dieser einzelnen Raumarten zueinander muss von Praktikabilitätsüberlegungen geleitet sein.

Generell lässt sich jedoch sagen, dass sich eine Lösung anbietet, die nicht unbedingt verschiedene Räume für die jeweils angeführten Funktionen in den einzelnen Bereichen vorsieht, sondern dass sich eine Anordnung der einzelnen Raumelemente von der Häufigkeit der Benutzung der entsprechenden Bereiche leiten lassen sollte. Demnach wären die am meisten frequentierten Bereiche an der Fensterseite unterzubringen und die weniger oft benutzten Räumlichkeiten hiervon in Richtung Gang anzuordnen.

Darüber hinaus empfiehlt es sich, die Vorbereitungszonen der beiden Schwerpunkte des Fachbereichs direkt nebeneinander anzulegen. Dies hätte den Vorteil, dass der zur Verfügung stehende Raum optimal genützt und gegenseitige Kooperation erleichtert und gefördert werden könnte.

Die Trennung der einzelnen Funktionsbereiche brauchte nicht durch separate Räumlichkeiten geschehen, sondern könnte mittels verschließbarer Vitrinen, die zur Aufbewahrung benötigter Materialien und technischer Instrumente dienen, vorgenommen werden. Mit einer solchen Aufteilung und Anordnung des Raumes, die spezielle Trennwände nicht erforderlich macht und gleichzeitig der Platzeinsparung, Transparenz und einer optimalen Nutzung des natürlichen Lichteinfalls dient, hat man in Emmen an der `Streekschool voor Beroepsbegeleidend Onderwijs' recht positive Erfahrungen gesammelt.

Die Ausstattung der Fachräume Mathematik-Naturwissenschaft-Technik wird wesentlich von der materiellen Beschaffenheit einzelner Arbeitsbereiche und den daraus resultierenden sicherheitstechnischen Aspekten bestimmt sein, auf die an dieser Stelle nicht näher eingegangen werden soll.

Zur Ausrüstung der einzelnen Bereiche sollten neben der fachgerechten Ausstattung von jeweils circa 15 Lernplätzen auch die Anschlüsse für technische Medien gehören.

## 6.16 HAUSWIRTSCHAFTSBEREICH

Der Bereich Hauswirtschaft sollte folgende Räumlichkeiten umfassen: Lehrküche, Ess- und Unterrichtsraum sowie den Umkleideraum.

Zur Ausstattung der Lehrküche gehören Herdplätze, Spülmaschinen, Kühl- und Gefrierschränke sowie Arbeitstische, Schränke und Ablagen. Eine zeilenförmige Anordnung der Herdplätze in der Mitte des Raumes ermöglicht zum einen die Anbringung eines Abluftaggregats und hat zum anderen den Vorteil, das an den Seitenwänden umso mehr Platz für Arbeitsflächen zur Verfügung steht.

Angesichts der Tatsache, dass der Haushalt immer noch ein sehr unfallträchtiger Bereich ist, könnte der Lehrküche außer ihrer funktionalen Bestimmung die Aufgabe zukommen, als Demonstrationsobjekt im Sinne einer an den neuesten sicherheitstechnischen



Erkenntnissen orientierten Ausstattung zu dienen. Für die Einrichtung einer solchermaßen konzipierten Modellküche könnte die Bundesanstalt für Arbeitsschutz und Unfallforschung in Dortmund wertvolle Hinweise und Anregungen geben.

Der Umkleideraum beansprucht keinen besonderen Raumbedarf, da er praktisch nur eine erweiterte Garderobe darstellt, in der sowohl Schürzen aufbewahrt als auch die Straßenkleidung vor Kochgerüchen geschützt werden soll.

Bei der Planung des Ess- und Unterrichtsraums, der für circa 20 Personen Platz bieten soll, ist auf die Ausstattung mit Anschlüssen für technische Medien zu achten, da sich dieser Raum für Veranstaltungen zur Verbraucherinformation' und -beratung anbietet. Auch außerhalb der speziell hierauf abzielenden Angebote könnte diese Funktion in Kooperation mit den zuständigen Stellen durch die Auslage von Broschüren wahrgenommen werden. So entstünde ein ständiger Anlaufpunkt für Bürger, die sich über sicherheitstechnische oder Verbraucheranliegen informieren wollen.

## 6.17 SCHREIBMASCHINENRAUM

Aus pädagogischen Gründen empfiehlt es sich, den Maschinenschreibraum nicht mit mehr als 20 Lernplätzen auszustatten. Eine beschränkte Anzahl von Plätzen ist besonders deshalb wichtig, da die zentrale Installation der auditiven und visuellen Steueranlage an der Stirnseite des Raumes zwangsläufig eine einheitlich nach vorn ausgerichtete Sitzordnung zur Folge hat. Um diese aufzulockern und für jeden einzelnen optimale Sichtmöglichkeiten zu schaffen wäre eine versetzte Anordnung der Lernplätze vorzuschlagen.

Eine wesentliche Voraussetzung für korrekte Arbeitsbedingungen sind des weiteren gute Lichtverhältnisse sowie eine Bestuhlung, die individuellen Ansprüchen angepasst werden kann.

Ersteres ließe sich durch zusätzliche Tischlampen erreichen. Haltungsschäden ist wirksam durch in der Höhe und an der Rückenlehne verstellbare Stühle vorzubeugen.

Um den Schreibmaschinenraum auch durch andere Kurse mitnutzen zu können, empfiehlt es sich, entweder im Tisch versenkbare Geräte anzuschaffen oder die Schreibmaschinen in Wandschränken unterzubringen. Letztere Möglichkeit hätte den Vorteil, dass die Einrichtung leichter zu transportieren wäre und somit flexibler auf die Bedürfnisse anderer hier stattfindender Kursangebote reagiert werden könnte.

## 6.18 GRUPPENDYNAMIK

Ausgehend von den besonderen Zielen, Inhalten und Methoden in Selbsterfahrungsgruppen, die sich in vielerlei Hinsicht von thematisch bezogenen Kursen doch wesentlich unterscheiden, bietet es sich hier an, von einer sonst üblichen Ausstattung der Unterrichtsräume mit Tischen und Stühlen abzusehen. Stattdessen empfiehlt es sich, den Raum mit multifunktionalen Sitzelementen auszustatten, die ohne größeren Aufwand je nach Bedarf arrangiert werden können.

Bei einer solchen Einrichtung ist ein Teppichboden dringend erforderlich, um angemessene äußere Bedingungen für eine optimale Gestaltung der Selbsterfahrungsprozesse zu gewährleisten.



Darüber hinaus ist bei der Beleuchtungseinrichtung darauf zu achten, dass hier eventuell abweichend von sonstigen Räumen, Schienen mit beweglichen Lampenelementen angebracht werden, die spezielle Beleuchtungseffekte ermöglichen.

Des Weiteren sollten im Gruppendynamikraum auch Anschlüsse für technische Medien vorgesehen werden, die hier auch von Fall zu Fall eingesetzt werden könnten.

## 6.19 GYMNASTIK / TANZ

Dieser Raum ist für Kurse aus dem Bereich der kreativen Weiterbildung vorgesehen. Um den wechselnden Ansprüchen der Gymnastik- und Tanzkurse Rechnung tragen zu können, sollte er mit einem Parkettschwingboden ausgestattet sein. Damit die Teilnehmer von Ballett- und Tanzkursen ihre Bewegungen nachkontrollieren können, ist eine der Wände mit einem zwei Meter hohen und fast raumlangen Spiegel auszustatten. Wie wir im Weiterbildungszentrum Essen erfahren haben, sollte er aber durch einen Vorhang abdeckbar sein, da er in vielen Kursen eine störende Wirkung ausüben könnte. Vor dem Spiegel sollte die Stange angebracht werden.

In einem kleinen abgeteilten Geräteraum sollten Matten und einige Sportgeräte zur Verfügung stehen. Außerdem müssten ein Plattenspieler und ein Tonbandgerät zum Einspielen von Musik vorhanden sein. Hierfür wäre es von Vorteil, wenn Lautsprecher an den zwei sich gegenüberliegenden Seiten des Raumes angebracht würden.

Von diesem Übungsraum abgeteilt müssen zwei Umkleidekabinen und für jede Kabine Duschen sowie ein WC vorhanden sein. Die Umkleidekabinen sollten an den Seiten mit Sitzbänken und Kleiderhaken ausgestattet sein. Je nach Größe der Räumlichkeiten sollte ein durch die Mitte des Raumes verlaufender Kleiderständer mit Sitzgelegenheiten eingeplant werden. Der Umkleideraum sollte von innen verschließbar sein, damit kein Außenstehender an die abgelegten Kleidungsstücke herankommt.

Falls dieser Raum nicht ins Weiterbildungszentrum integriert wird, kann als Ausweichmöglichkeit die Mitbenutzung der geplanten Sechsfachturnhalle ins Auge gefasst werden, die auf dem Gelände der Ravensberger Spinnerei errichtet werden soll.

## 6.20 RAUMGRUPPE PLANUNG UND VERWALTUNG

Der. Gestaltung des Verwaltungsbereichs und seiner Arbeitsplätze kommt im Rahmen des Gesamtkonzepts eines Weiterbildungszentrums keine marginale Bedeutung zu. Wenngleich die pädagogischen Einrichtungen im Mittelpunkt stehen, so hat ein Haus der Weiterbildung angesichts seines skizzierten Modellcharakters für individuelle und gesellschaftliche Entwicklungen auch ein besonderes Augenmerk auf die vorbildliche Gestaltung der Arbeitsplätze seiner Beschäftigten zu legen.

Die Raumgruppe Planung und Verwaltung der Volkshochschule lässt sich im wesentlichen in drei Funktionsbereiche unterteilen. Eine erste Sektion umfasst jene Mitarbeiter, deren Arbeiten eng mit den Aufgaben des pädagogischen Personals verbunden sind. Hier ist primär an Schreibarbeiten zu denken. Eine zweite Gruppe der Verwaltung ließe sich dadurch kennzeichnen, dass sie im wesentlichen mit der Planung, Koordination und Abwicklung des Volkshochschulangebots beschäftigt ist. Die dritte



Sparte von Verwaltungstätigkeiten ist durch ihren Klientenbezug gekennzeichnet. Darunter fallen neben Anmeldung und Kasse Teilnehmeranfragen sowie das weite Feld der Öffentlichkeitsarbeit mit seinen Informations- und Werbemaßnahmen.

Eine räumliche Aufteilung des Verwaltungsbereichs hätte sich an den sachlich vorgegebenen Arbeitsbereichen zu orientieren. Dies würde eine klare Aufgabenabgrenzung ermöglichen, die Orientierung innerhalb des Weiterbildungszentrums erhöhen sowie negative Folgen von Großraumbüros vermeiden helfen.

Das Kriterium für die Anordnung der Räumlichkeiten sollte sowohl für als auch innerhalb der Arbeitsbereiche die erfahrungsmäßige Frequentierung der einzelnen Büros sein, und zwar insofern, als sie mit zunehmendem Besucherandrang in kürzeren Wegen vom Treppenhaus her erreichbar sind. Entsprechendes gilt auch für die Büros der unterschiedlichen pädagogischen Fachbereiche.

Ohne auf Einzelheiten der innenarchitektonischen Gestaltung eingehen zu müssen, kann man als Richtschnur festhalten, dass die für die Ausstattung der pädagogischen Bereiche gültigen Kriterien auch hier anzuwenden sind, um so eine gewisse Integration von Verwaltung und Weiterbildung zu erreichen.

## 6.21 RÄUME FÜR HAUPTAMTLICHE PÄDAGOGISCHE MITARBEITER

Diese Räume dienen vor allem zwei wichtigen Zwecken. Einmal sind es Arbeitsräume der Mitarbeiter, die hier ihre Hauptarbeitszeit verbringen werden. Zum anderen werden darin Gespräche zwischen den Mitarbeitern, Kursleitern und Teilnehmern geführt. Um diesen Zwecken gerecht zu werden, empfiehlt sich eine Ausgestaltung dieser Räume wie folgt: Der Arbeitsplatz erfordert einen Schreibtisch, Ablagen sowie Ordnungssysteme. Die Einrichtung der Büros im Neubau des Mülheimer Weiterbildungszentrums wies Einbauschränke auf. In Anbetracht des zu erwartenden Platzbedarfs empfehlen wir, auch in der ‚Ravensberger Spinnerei' die Büros der hauptamtlichen pädagogischen Mitarbeiter mit Einbauschränken zu versehen.

Die Außenflächen der Wandschränke sollten nicht zu dunkel gehalten werden, damit die Räume eine helle Ausstrahlung haben, was ihnen eine ansprechende Atmosphäre verleiht.

Teppichboden dürfte den Gesamteindruck weiter verbessern.

Ein Teil des Raumes sollte für die hier zu führenden Gespräche eingerichtet werden. Die Unterhaltungen brauchen dann nicht über einen trennend wirkenden Schreibtisch hinweg geführt zu werden, was der pädagogischen Offenheit des Zentrums zugutekommen wird.

Wir schlagen vor, die Gesprächsecke mit bequemen Sitzgelegenheiten auszustatten. Ein kleiner runder Tisch bietet sich an, damit Unterlagen in die Besprechung mit einbezogen werden können. Die Gesprächsecke sollte harmonisch ausgeleuchtet sein, damit nicht zu hohe Lichtkontraste auftreten.
Der Raum sollte darüber hinaus noch Möglichkeiten für eine Ausgestaltung durch den jeweiligen Mitarbeiter eröffnen.

Dadurch kann erreicht werden, dass der Raum eine gewisse persönliche Ausstrahlung bekommt, die den Kontakt zwischen Mitarbeiter und Besucher vertiefen hilft.



## 6.22 TEEKÜCHE

Eine Teeküche sollte vor allem für das Verwaltungspersonal und die pädagogischen Mitarbeiter eingerichtet werden, damit sie sich in den Pausen sowohl etwas zu essen als auch zu trinken machen können. Zum anderen sollte auch auf jeder Etage eine Teeküche vorhanden sein, damit die Teilnehmer von Wochenendveranstaltungen, falls die Cafeteria aufgrund zu geringer Besucherzahlen geschlossen haben sollte, die Möglichkeit haben, sich einen kleinen Imbiss zubereiten zu können.

Die Teeküche soll jedoch keine Konkurrenz zur Cafeteria darstellen und von daher auch nur mit dem Notwendigsten wie einer Spüle, einem Heißwasserboiler und einigen Regalen eingerichtet sein, auf denen Gläser und Tassen sowie Tee und Kaffee bereitgestellt sind.

Die Teeküche für das pädagogische und das Verwaltungspersonal sollte zudem mit Kühlschrank und Kochgelegenheit ausgestattet sein.

## 7. FOLGERUNGEN FÜR DIE INHALTLICHE ARBEIT DES WEITERBILDUNGSZENTRUMS

Ging es uns in den beiden vorigen Kapiteln zentral um die pädagogische Relevanz der architektonischen und räumlichen Gestaltung des Weiterbildungszentrums, sollen in diesem Abschnitt einige auf der entwickelten pädagogischen Konzeption basierende Gedanken aufgegriffen und weitergeführt werden, denen angesichts der sich durch das neue Haus der Weiterbildung ergebenden Möglichkeiten besondere Relevanz zukommt.

Wenngleich aus den Erfahrungen anderer Volkshochschulen bekannt ist, dass der Bau eigener Häuser für die Erwachsenenbildung einen erheblichen Werbe- und Signaleffekt hat, von dem mannigfache Wirkungen auf die Angebots- und Nachfragestruktur, die internen Arbeitsbedingungen und -formen sowie die Kooperationsbeziehungen im kulturellen Bereich ausgehen, so tragen viele der hier dargelegten Gedanken zwangsläufig programmatischen Charakter.

Allgemein lässt sich festhalten, dass der sich im Umbau der Ravensberger Spinnerei zu einem Weiterbildungszentrum manifestierende quantitative Ausbau der Erwachsenenbildung Hand in Hand zu gehen hat mit inhaltlichen Strukturveränderungen, die auf eine generelle Erweiterung der Bildungsmöglichkeiten für Erwachsene sowie insbesondere auf den gezielten Abbau von Bildungsbenachteiligungen gerichtet sein sollten.



### 7.1 VORTEILE EINES EIGENSTÄNDIGEN WEITERBILDUNGSZENTRUMS

Um die Realisierung der in Kapitel 4 Abschnitt 3 angesprochenen neuen Angebotsformen und -möglichkeiten sicherstellen zu können, bedarf es eines erwachsenengerechten Lernklimas. Dieses muss sowohl in architektonischer als auch in ausstattungsmäßiger Hinsicht verwirklicht werden, wie wir in Kapitel 5 und 6 dargelegt haben.

Denn gerade im Hinblick auf den Adressatenbezug der Volkshochschule tritt immer mehr die Notwendigkeit in den Vordergrund, den Erwachsenen eine ihnen angemessene Umgebung zu bieten. Dazu gehört auch, dass den erwachsenen Lernern „der Übergang von einem Lernangebot zum anderen, von einer Veranstaltungsform zur anderen, erleichtert wird, ... (damit) sie nicht jeweils neue Zugangsschwellen überwinden müssen" (Tietgens 1970:135).

Um diese Aufgaben adäquat erfüllen zu können, bedarf es eines eigenen Gebäudes für die Volkshochschule, eines Weiterbildungszentrums.

Hierdurch erfährt der Bereich der Weiterbildung eine deutliche Aufwertung. Denn bisher hat es nicht ausgereicht, ihn zwar als integralen Bestandteil des Bildungswesens anzuerkennen, ohne ihm aber die Möglichkeit einer Eigenständigkeit zuzugestehen (vgl. hierzu auch Tietgens 1979:37).

Mit der baulichen Realisierung eines Weiterbildungszentrums erhält die Volkshochschule im städtischen Gefüge zudem eine besondere Stellung. Indem sie ihre Gastrolle in anderen Gebäuden weitgehend aufgeben kann, tritt sie sowohl in bildungspolitischer, als auch in kultureller und institutioneller Hinsicht mit Eigenständigkeit hervor. Diese äußert sich primär in dem für alle sichtbaren Vorhandensein eines eigenen, zentral im Stadtzentrum gelegenen Gebäudes. Hierdurch wird es für die Volkshochschule möglich, an der Verwirklichung einer pädagogischen Konzeption zu arbeiten. Zum anderen erfährt sie jetzt als eigenständiger kultureller Partner eine zusätzliche Anerkennung durch andere Institutionen. Obwohl die beiden letztgenannten Aspekte schon immer latent vorhanden gewesen sein mögen, treten sie erst mit der räumlichen Institutionalisierung deutlicher in den Vordergrund.

Als eines der Hauptmerkmale, das aus diesem Prozess resultiert, kann der größer werdende Bekanntheitsgrad der Volkshochschule angesehen werden. Denn dem im städtischen Zentrum gleichberechtigt neben anderen kulturellen Institutionen bestehenden Weiterbildungszentrum kommt eine Art Signalcharakter zu, wodurch sein Vorhandensein tiefer in das Bewusstsein der Bevölkerung eindringt.

Da im Weiterbildungszentrum auch kulturelle Funktionen erfüllt werden können, die ansonsten von anderen Institutionen wahrgenommen werden (wie zum Beispiel die Aufführung von Theaterstücken, die Durchführung von Musikveranstaltungen u.a.m.), wird das Weiterbildungszentrum für viele potentielle Teilnehmer attraktiver. Wenn bei ihnen mit dem Einstiegsangebot die Hemmschwelle zum Betreten des Weiterbildungszentrums erst einmal gebrochen wurde, so besteht die realistische Möglichkeit, dass es vertrauenerweckender auf sie wirkt, so dass sie weitere Angebote der Volkshochschule im Laufe der Zeit in Anspruch nehmen.

Ob und wie diese Möglichkeiten genutzt werden, hängt unzweifelhaft von der pädagogischen Konzeption ab, das heißt, ob eine am Offenheitsgebot ausgerichtete kommunikative Orientierung genügend Anregungen bietet, um eine integrative Funktion zu erfüllen.



Die durch ein Weiterbildungszentrum geschaffene Eigenständigkeit der Volkshochschule tritt aber auch noch in weiteren Aspekten hervor. So besteht die Möglichkeit, aufgrund der Aufteilung und Ausstattung des Gebäudes neben einer erwachsenengerechteren auch eine sachangemessenere Arbeit leisten zu können. Denn durch die relative Unabhängigkeit von anderen kulturellen Institutionen kann eine beweglichere und auf aktuell artikulierte Bedürfnisse zugeschnittene inhaltliche Planung des Weiterbildungsangebots erfolgen.

## 7.2 FOLGERUNGEN FÜR EINE ADRESSATENGERECHTE WEITERBILDUNGSARBEIT

Eine Erwachsenenbildung die sich das Ziel gesetzt hat, dem einzelnen die Möglichkeiten zur Erlangung jener Handlungsorientierungen anzubieten, die ihn zur Entfaltung seiner personalen und sozialen Anlagen befähigen sollen, ist den Prinzipien von Teilnehmerorientierung und Adressatenbezug verpflichtet. Zwar können mit dem Einzug in das eigene Haus wesentliche Voraussetzungen eines erwachsengemäßen Weiterbildungsprozesses geschaffen werden, indem Erwachsenenbildung nun weitgehend nicht mehr auf die Nutzung von Schulräumen angewiesen sein wird, doch die Realisierung der Kriterien eines am Adressatenbezug ausgerichteten Lernprozesses steht weiterhin vor einem gewissen Dilemma. Dies besteht darin, dass die Sichtweise von pädagogischen Mitarbeitern, die in aktuellen sozialen Problemlagen Ansatzpunkte für Weiterbildungsarbeit erkennen, meist nicht mit der Sicht- und Handlungsweise der Adressaten hinsichtlich der Einschätzung der Problemlösekapazitäten von

Weiterbildung übereinstimmt. Mit anderen Worten: „Die gesellschaftliche Konstruktion der Wirklichkeit hat zu so unterschiedlichen Kulturen auf beiden den Seiten geführt, dass eine Lernsituation nicht mehr von selbst, sondern nur noch in komplizierter Planung entsteht. „(Mader 1979:127)

In dieser Situation ist es von besonderer Bedeutung, dass das Volkshochschulangebot im öffentlichen Bewusstsein präsent ist. Unter Ausnutzung des Repräsentationswertes des eigenen Gebäudes wird es deshalb gezielt darum gehen müssen, offene Informations- und Beratungsangebote bereitzustellen, um so neuen Teilnehmern den Zugang zur Volkshochschule zu erleichtern. Maßnahmen wie Tage der offenen Tür, Ausstellungen, Feste, offene Werkstätten u.a.m. können hierzu wichtige Beiträge leisten (vgl. Müller-Blattau 1979:62 ff ; Bundesministerium für Bildung und Wissenschaft 1975:29 ff).

Einen weiteren bisher wenig genutzten Zugang zum bildungsabstinenten Bürger stellt der örtliche Dialekt und das sprachliche Kolorit des Volkshochschulstandortes dar (vgl. Hansen 1979:74). Allerdings muss über diesen Rückzug in die Geborgenheit der Weg zum Vorwärts gefunden werden, „die Provinz (sich) zur Urbanität mausern" (Glaser 1974:8).

Die Auffassung, dass jenen Formen kultureller Aktivitäten Beachtung zu schenken ist, die sich aus den regionalen und lokalen Bedürfnissen ergeben, wird auch in einer Entschließung der Deutschen Gesellschaft für Freizeit hervorgehoben (vgl. Freizeitkulturelle Bildung 1978).

Alle diese Versuche können nicht darüber hinwegtäuschen, dass das Verhältnis zwischen pädagogischem Mitarbeiter und Adressat zunächst einmal asymmetrisch ist. Erst über die Akzeptierung dieses Umstands wird es möglich sein, in einem mühsamen



Prozess eine partnerschaftliche Beziehung im Rahmen des Lernprozesses zu entfalten. Nur in der Verfolgung der prinzipiell angestrebten Gleichberechtigung zwischen Lernendem und Lehrendem lässt sich adressatenbezogene Erwachsenenbildung verwirklichen. Diese geht davon aus, „daß niemand kompetenter die für einen qualifizierten Weiterbildungsprozess notwendigen Informationen beibringen kann als der Adressat selbst" (Mader 1979:128). Anknüpfend an die Gedanken eines Multi-Kulturen-Theorems, das für die asymmetrische Beziehung im Bildungsprozess verantwortlich ist, folgt, dass die für die Erwachsenenbildung relevanten Sprachbarrieren in der Horizontalen verlaufen und durch das Nebeneinander zahlreicher Fach- und Spezialsprachen zustande kommen. Diese erschweren gesellschaftliche Kommunikation oder blockieren sie sogar (vgl. Hansen 1979:73). Die Volkshochschule hat die große Chance, Gespräche über die bestehenden Grenzen von gesellschaftlicher Praxis hinweg zu initiieren und zu unterstützen. Im Unterschied zu gruppengebundenen Weiterbildungsträgern, für die Erwachsenenbildung nur von sekundärem Interesse zur Erreichung vorgegebener Ziele ist und daher das Aufeinanderstoßen von Formen des systematisierten Wissens auf Seiten des Leiters und denen des Alltagswissens auf Seiten der Teilnehmer gewissermaßen vorprogrammiert ist, sollten demgegenüber Volkshochschulkurse die Möglichkeit bieten, diesen strukturell angelegten Widerspruch der gegen die Prinzipien eines teilnehmerorientierten Angebots verstoßen muss, zu vermeiden.

Dies soll durch eine Integration systematisierten Wissens in die Alltagswissensbestände sowie eine Interaktionsbeziehung geschehen, die nicht ausschließlich auf der Zuschreibung unterschiedlicher Rollen basiert. Nicht konkurrierende Wissenssysteme, sondern sich ergänzende und in einen Dialog eintretende Wissens- und Erfahrungsbestände sollen demnach im Zentrum des Bildungsprozesses stehen. Das Ziel lautet Integration unterschiedlicher Wissensbestände in der Einheit von Lehren und Lernen.

Damit ist ein generelles Prinzip beschrieben, jedoch sind keine Prioritäten für bestimmte Lernformen oder -inhalte gesetzt; sowohl der Wissenserwerb als auch die Emanzipation und die Lebenshilfe sollen Gegenstand und Ergebnis der Weiterbildungsaktivitäten sein. Die Programmplanung der Volkshochschule hat all diese Aufgabenbereiche mit einzubeziehen. „Für das systematische Lernen muss die Aufgabe der Volkshochschule als Treffpunkt, Forum und kreative Werkstatt ausgebaut werden“ (Deutscher Volkshochschulverband 1978).

Wenngleich hier zwischen systematischem Lernen und offenen Lernformen unterschieden wird, so kann das nicht bedeuten, dass der Bildungsprozess nach unterschiedlichen Kriterien organisiert wird. Es muss das Ziel bleiben, einen ganzheitlichen Ansatz zu verfolgen, bei dem Gefühle, Fähigkeiten und Wissen gleichermaßen berücksichtigt werden, denn nur so kann es dem einzelnen gelingen, sich gegen partielle und einseitige Ansprüche erfolgreich zur Wehr zu setzen. Durch die Teilnahme der gesamten Person am Bildungsprozess und die kommunikative Durchdringung der unterschiedlichen Wissens- und Erfahrungskomponenten kann der Weg zum Abbau von Sinndefiziten und zur Erlangung von Handlungsfähigkeit aufgetan werden.

Die hier zum Ausdruck kommenden Vorstellungen über Weiterbildungsarbeit tragen zum Teil den Charakter von Forderungen. Die Formel vom Adressatenbezug wird deshalb -wenngleich als richtig erkannt- die Praxis sicherlich vor einige Probleme stellen, zumal die



Spannung „zwischen institutionalisierter Weiterbildung und Person, zwischen Wissen über den Adressaten und lernender Beziehung zum erwachsenen Menschen“ (Mader 1979:128) fortbesteht.

Gemäß unserer Zielbestimmung von Weiterbildungsaktivitäten, die dem Wissen, der Lebenshilfe und der Emanzipation dienlich sein sollen, lassen sich schwerpunktmäßig drei Arten von Volkshochschulangeboten unterscheiden. Zunächst sind in diesem Zusammenhang die themenorientierten Kurse zu erwähnen. Hierzu wollen wir sowohl Zertifikats- und abschlussbezogene Kurse sowie freie Lernangebote zählen. Das gemeinsame dieser themenzentrierten Weiterbildung besteht in der Konzentration auf die analytische Ebene des Bildungsprozesses.

Eine zweite Gruppe wollen wir als Projektgruppenarbeit kennzeichnen. Diese zeichnet sich aus durch die Zielrichtung auf konkrete Handlungsaspekte. Unter diese Kategorie fallen zum Beispiel Gesprächskreise zu stadtteilbezogenen Anliegen und auch kreativ-schöpferische Aktivitäten.

Die dritte Gruppe von Volkshochschulangeboten, die den Reflexions- und Handlungsbereich gleichzeitig beinhalten, können wir unter dem Stichwort Zielgruppenarbeit zusammenfassen. Zielgruppen zeichnen sich durch eine gemeinsame Lebenswelt und/oder einen ähnlichen Ausbildungsstand aus. Für die Volkshochschule heißt Zielgruppenarbeit verstärkt jene Gruppen anzusprechen, die durch das Bildungssystem benachteiligt sind.

Was der Einzug in das Haus für die Ausweitung der Zielgruppenarbeit bedeuten kann, wollen wir an einigen Punkten aufzeigen. Zunächst bietet sich die Gelegenheit, die Kurszeiten durch eine Erstreckung des Weiterbildungsangebotes auf die gesamte Tageszeit zukünftig besser den Lebensumständen der Adressaten anpassen zu können. Zu denken wäre hier vor allem an Schichtarbeiter. Aber auch für Frauen mit Kindern wird das Angebot attraktiver werden, da für eine Kinderbetreuung im Weiterbildungszentrum gesorgt sein wird. Ebenfalls wird der Zugang zur Volkshochschule in Zukunft für Behinderte problemloser sein, da in der ‚Ravensberger Spinnerei' entsprechende bauliche Vorkehrungen getroffen sein werden.

Die angeführten Beispiele verdeutlichen, was es heißt, die Zumutbarkeitsschwelle für bildungspolitisch im Abseits Stehende möglichst niedrig zu halten. Neben der Abstimmung des Angebotes auf die praktischen Bedürfnisse gilt es die soziale Nähe des Angebotes zu erhöhen, das heißt Programmplanung und Didaktik haben gemäß Adressatenbezug und Teilnehmerorientierung von den sozialen, ökonomischen und kulturellen Umwelten und Lebensbedingungen ihrer potentiellen Teilnehmer auszugehen und jene Gruppen zu fördern, deren Bedürfnisse nach Orientierung und Artikulationsfähigkeit objektiv am größten sind.

Bildungsarbeit, die sich somit an der alltäglichen Lebenswelt ihrer Adressaten orientiert, trennt Kultur und Alltag nicht, sondern betrachtet Kultur als elementaren Bestandteil des Alltagslebens (vgl. Bösser, Wolfram 1979:50). Damit leistet sie einen Beitrag zur Entspezifizierung des Kulturbegriffs, indem der Versuch unternommen wird, „Kultur zurückzubinden an den Alltag, an die Qualität des Lebens und seine Zukunftsperspektiven" (Baacke 1978).

Einen wesentlichen Beitrag im Sinne einer Hinwendung zu den spezifischen kulturellen Gegebenheiten und Bedürfnissen von Zielgruppen, könnte die Einführung des Bildungsurlaubs auf breiter Basis auch für solche Zielgruppen, die in keinem Arbeitsverhältnis stehen, sein. Empfehlungen zur kulturellen Weiterbildung im Rahmen des Bildungsurlaubs sind von der einzuberufenden Planungskommission ‚Bildungsurlaub' in Nordrhein-Westfalen zu erwarten (vgl. Girgensohn



1979:61).

Durch den Bau von Weiterbildungszentren werden entscheidende Voraussetzungen zur Realisierung des Bildungsurlaubs geschaffen, denn Bildungsurlaub lässt sich nicht nur im Zusammenhang mit Übernachtungsmöglichkeiten organisieren. Zunehmend wichtiger werden ganztägige Angebote sein, die den speziellen Bedürfnissen bestimmter Zielgruppen zum Teil besser gerecht werden. Welche Konsequenzen sich aus einer quantitativen Ausweitung und einer möglicherweise schrittweisen gesetzlichen Verankerung von Bildungsurlaubsregelungen für den Bedarf an Dozenten der Erwachsenenbildung ergeben, lässt sich heute noch nicht exakt bestimmen. Berechnungen des Instituts für Kommunikationsforschung und der Bund-Länder-Kommission für Bildungsplanung über die Anzahl der benötigten hauptamtlichen Lehrkräfte zur Durchführung von Bildungsurlaubsveranstaltungen schwanken - bei einer angenommenen Teilnehmerquote von 15% sämtlicher Arbeitnehmer - zwischen 17.045 und 11.800 (vgl. Beer 1978:116f.).

Eine den neu geschaffenen Möglichkeiten und bildungspolitischen Erfordernissen Rechnung tragende Angebotsstruktur des Weiterbildungszentrums wird einerseits „immer vorhersehbare Bedürfnisse, ein auf intensives Lernen abgestimmtes kontinuierliches, langfristiges Angebot aufbauen und durchhalten müssen … andererseits muss ein WBZ, wenn es ein breites Spektrum von Dienstleistungen für die Bevölkerung seiner Region liefern soll, immer auch sofort auf unvorhersehbare Erfordernisse reagieren oder selbst aktiv werden können" (Raapke 1979:245).
Im Interesse eines teilnehmerorientierten Angebotes hat sich die Planung dabei an folgenden Punkten zu orientieren:

„- spontan bemerkbar werdenden individuellen Bedürfnissen

- wissenschaftlich erkennbaren gesellschaftlichen Erfordernissen
- anthropologisch begründeten humanitären Ansprüchen“ (Deutscher Volkshochschulverband 1978).

Mit Sicherheit lässt sich heute schon feststellen, dass die Angebote des neu entstehenden Weiterbildungszentrums umfangreicher und vielfältiger, die Lernsituationen variabler und die Ausstattung mit Materialien großzügiger sein werden, kurzum, die zur Verfügung stehenden Möglichkeiten werden um wichtige Dimensionen bereichert. Im einzelnen zeichnen sich heute schon folgende Tendenzen ab:

1. Die Entwicklung neuer pädagogischer Arbeitsformen der offenen kulturellen Weiterbildung, speziell im Verbund mit anderen kommunalen Kulturinstituten. Hierzu zählt die Förderung musischer Bildung durch Zusammenarbeit mit Museum und Theater (vgl. Jüchter 1979:125; Donnepp 1979:193).
2. Die Schaffung eines neuen Fachbereichs ‚0‘, der das Gebiet des Einstiegs in die Weiterbildung umfasst (vgl. hierzu Volkshochschulprogramme aus Nordrhein-Westfalen).
3. Eine verstärkte Zielgruppenarbeit, die sich die Analyse der Lebenswelten ihrer Teilnehmer zur Voraussetzung macht, um hieran im Bildungsprozess anknüpfen zu können (vgl. Jüchter 1979:125; Donnepp 1979:193).
4. Der mit der Zielgruppenarbeit eng verbundene Aufbau von Tageskursen (vgl. Greger 1979:256).
5. Die Tendenz zur Integration konzeptionell bislang häufig getrennter Bildungselemente (vgl. Raapke 1979:246; Donnepp 1979:193).
6. Die Fortbildung von haupt- und nebenberuflichen Volkshochschulmitarbeitern; insbesondere die Förderung der Weiterbildungs-Beratungskompetenz (vgl. Strukturplan Weiterbildung 1975; Jüchter 1979:125; Greger 1979:256).



7. Eine gewandelte Auffassung von Weiterbildungsprozessen, in denen die Rollen von Lehren und Lernen partiell austauschbar werden (vgl. Raapke 1979: 246).

Es ist zu hoffen, dass die aufgezeigten Tendenzen einen positiven Beitrag zu dem für jegliche Weiterbildungsaktivitäten grundlegenden Prozess der Kommunikation leisten. „Struktur und Intensität der Kommunikation einzelner miteinander bestimmen die Qualität sich bildender Gemeinschaften. Durch die Qualität der Gemeinschaft wird das Maß der Identifikation mit sich selbst und der durch ihn bestimmten oder ihn bestimmenden Gesellschaft vorgegeben. Maß und Eigenart der Identifikation bestimmen weitgehend das soziale Verhalten“ (Boberg 1979:67). Die aufgezeigten Zusammenhänge verweisen auf gesellschaftliche Innovationsprozesse, die prinzipiell von einem Weiterbildungszentrum ausgehen können.

### 7.3 ERSCHLIESSUNG NEUER KOOPERATIONSFORMEN

Das Haus der Weiterbildung eröffnet Chancen zur Kooperation in zwei Richtungen. Erstens kann die Arbeit der Volkshochschule intern zu neuen Strukturen kommen. So wird das neue Weiterbildungszentrum der Weiterbildungsarbeit einige Impulse verleihen können. Die Zentralisierung vieler Kursangebote wird ganz natürlich das gegenseitige Wissen voneinander verbessern. Da man im gleichen Haus ist, bekommt man auch etwas von der Arbeit anderer Kurse mit und empfängt vielleicht für die eigene Arbeit wertvolle Anregungen.

Es ist zu hoffen, dass auch die Kursleiter untereinander mehr kooperieren. Wenn etwa das Atelier so eingerichtet wird, dass es neben Zeichen- auch für

Fotographiekurse zu nutzen ist, so kann sich dadurch eine Kooperation zwischen Malern und Fotographen ergeben. Dies ist prinzipiell auch in anderen Bereichen in ähnlicher Weise möglich. Daneben bietet sich eine andere Kooperationsform an, nämlich die Arbeit an einem Thema durch verschiedene Kurse. Wenn alle Kurse einheitlich in einem Gebäude stattfinden, fällt es leichter, die Arbeit der einzelnen Kurse aufeinander zu beziehen. So könnte etwa zu einem Thema ‚Altstadtsanierung' aus soziologischer, psychologischer, fotographischer, künstlerischer und technischer Seite beigetragen werden. Wird die Arbeit dann für eine gemeinsame Darstellung aufbereitet, können die Kurse auch voneinander viel profitieren. Derartige Kooperationen dürften in der Praxis einen erheblichen Aufwand auf verschiedenen Seiten erfordern; dennoch ist zu vermuten, dass ein Haus mit derartigen technischen und räumlichen Möglichkeiten, wie es hier geplant wird, eine solche Kooperation eher erlaubt als es in isoliert voneinander bestehenden Räumlichkeiten der Fall wäre.

Zweitens bietet sich eine neue Kooperation mit außerhalb der Volkshochschule liegenden Institutionen an. Denn die Volkshochschule verfügt dann über eine auch für andere Gruppen interessante Einrichtung. Von daher kann es gut möglich sein, dass man von außen her noch stärker als bisher an die Volkshochschule herantreten wird, um die Einrichtungen für spezielle Interessen zu öffnen. Es wird am organisatorischen Geschick der Volkshochschule liegen, hier eine qualitative Veränderung ihres Programmes zu bewirken.

Wir haben in Kapitel 4 Abschnitt 3 bereits skizziert, wie sich auf dem Gebiet der musisch-kulturellen Bildung neue Kooperationen in der Weiterbildung anbieten. Die Hereinnahme von bildenden Künstlern in das Haus der Weiterbildung wird eine Chance sein,



Künstler und Volkshochschulbesucher einander näher zu bringen. Für die Künstler dürften diese Begegnungen anregend sein, weil auch sie von den Gedanken und Ideen der Besucher profitieren können; für die Besucher kann die Welt der Kunst verstehbarer werden und eine ganz andere Weltsicht über Sprache hinaus mit wahrnehmbaren Gestaltungen vermittelt werden. Dadurch erweitert sich der Beitrag der Volkshochschule zur kulturellen Belebung des alltäglichen Lebens.

### 7.4 DAS WEITERBILDUNGSZENTRUM ALS AUSGANGSPUNKT SOZIO-KULTURELLER AKTIVITÄTEN

Aus den bisherigen Ausführungen ist bereits erkennbar, dass sich in diesem Weiterbildungszentrum Einrichtungen befinden werden, die über den bisher ausgefüllten Raum der Volkshochschule hinausgehen. Die technischen Möglichkeiten, etwa im Werkstättenbereich, im Videostudio oder im Künstleratelier sind Ansatzpunkte für die inhaltliche Bereicherung des Programmangebots. Filmsaal, großer Saal und Cafeteria lassen die Volkshochschule aus ihrer vielbeklagten Gastrolle heraustreten und selbst zum Gastgeber werden. Interessenten von außen werden an die Volkshochschule herantreten, um die Einrichtungen des Gebäudes mit nutzen zu können.

Das hier ansatzweise vorgestellte pädagogische Konzept (vgl. Kap. 4) ist in seinen kategorischen Identifikationen deutlich und klar, aber es ist bewusst offen und vielseitig angelegt, wenn es um die inhaltsbezogene Anwendung der darin besprochenen Handlungsverläufe geht. Von daher bietet es Ansatzpunkte für Themen, die in der Volkshochschule bisher kaum oder nur am Rande aufgegriffen worden sind.

Man kann erwarten, dass in Zukunft die Nachfrage nach kurz- und mittelfristigen Bildungsangeboten aus der Weiterbildung noch ansteigen wird.

Die Situation in der heutigen modernen Gesellschaft bringt es mit sich, dass die Menschen verstärkt Orientierungswünsche äußern. Die Volkshochschule ist prädestiniert, in diese Lücke vorzustoßen. Ihr eigenes Gebäude wird sie dabei noch unterstützen.

Vielleicht kann man die Funktion des Weiterbildungszentrums mit der eines Katalysators vergleichen. Auf der einen Seite stehen die Menschen, die aufgrund von Alltagserfahrungen fehlende Sinnzusammenhänge konstatieren und nach Orientierungen suchen. Auf der anderen Seite stehen die Bildungsangebote, die zu Orientierungsangeboten werden können. Das Weiterbildungszentrum ist dann der Ort, wo beides aufeinander trifft und sich vermittelt.

Das Weiterbildungszentrum wird dadurch zu einem wesentlichen Element im städtischen Gefüge werden und dem Interesse an Weiterbildung wertvolle Impulse verleihen.



# 8. ANHANG

## 8.1 LITERATURVERZEICHNIS


Baacke, D., Schwierigkeiten mit der Kultur, in: Bertelsmann Briefe, Heft 94, 1978, S.22 ff

Baacke, D., Kulturelle Bildung in Kulturentwicklungsplanung und Kulturentwicklungsforschung, in: Volkshochschule im Westen, 31.Jg., Heft 2, 1979, S.78–82

Bahrdt, H.P., Die moderne Großstadt, Reinbek bei Hamburg 1961

Bahrdt, H.P., Humaner Städtebau, München, 5.Aufl. 1972

Becker, H., Weiterbildung. Aufklärung - Praxis - Theorie 1956–1974, Stuttgart 1975

Becker, H. (Hrsg.), Weiterbildung, Göttingen 1975

Beer, U., Bildungsurlaub, Bonn 1978

Beier, G., Volkshochschul-‘eigene‘ Häuser ?!, in: Volkshochschule im Westen, 17.Jg., Heft 1, 1965, S.19 ff

Bennis, W.G., Changing organizations: Essays on the developement and evolution of human organization, New York 1966

Berger, P.L., Luckmann, T., Die gesellschaftliche Konstruktion der Wirklichkeit. Eine Theorie der Wissenssoziologie, Stuttgart 1971

Bergmann, K., Frank, G. (Hrsg.), Bildungsarbeit mit Erwachsenen, Reinbek bei Hamburg 1977

Bialas, D., Kulturelle Bildung = politische Bildung? in: Volkshochschule im Westen, 31.Jg., Heft 2, 1979, S.83–86

Boberg, J., Die Bedeutung von Kreativ-Angeboten für die kulturelle Bildung, in: Volkshochschule im Westen, 31.Jg., Heft 2, 1979, S.65–67

Bode, P.M., Wir müssen endlich wissen, was wir brauchen. Architektur als Kunst des Raumes, in: Frankfurter Allgemeine Zeitung, 5.5.1979, Nr. 104

Bösser, E., Wolfram, A., Stadtteilnahe Volkshochschularbeit. Erfahrungen, in: Ästhetik und Kommunikation, 10. Jg., Heft 35, 1979, S.49 ff

Bommert, W., Weiterbildung - Kein Weg zur Chancengerechtigkeit? Anregungen zur wirksameren Gestaltung der Erwachsenenbildung als Konsequenz einer empirischen Untersuchung, in: Erwachsenenbildung, 24.Jg., Heft 4, 1978, S.172–176

Brödner, E., Stadtformung und Lebenswert, Hamburg 1977

Bundesminister für Bildung und Wissenschaft (Hrsg.), Mehr Arbeiter in die Weiterbildung, Erfahrungen und Anregungen zur Bildungsarbeit mit Arbeitern ohne Weiterbildungserfahrung. BMBW - Werkstattberichte, Bonn 1979

Bundesministerium für Bildung und Wissenschaft (Hrsg.), Weiterbildung Chance für Arbeitnehmer, Bonn 1975

Bund-Länder-Kommission für Bildungsplanung, Bildungsgesamtplan, Band I und II, Stuttgart 1973

Bund-Länder-Kommission für Bildungsplanung und Forschungsförderung, Musisch-kulturelle Bildung, Ergänzungsplan zum Bildungsgesamtplan, 2 Bd., Stuttgart 1977

Deutsche Gesellschaft für Freizeit, Freizeitkulturelle Bildung, Eine Entschließung der Deutschen Gesellschaft für Freizeit, Recklinghausen 14. Juni 1978, in: Erwachsenenbildung, 24.Jg., Heft 3, 1978, S.145 f



Deutscher Ausschuss für das Erziehungs- und Bildungswesen, Zur Situation und Aufgabe der deutschen Erwachsenenbildung, Stuttgart 1960

Deutscher Bildungsrat, Strukturplan für das Bildungswesen, Stuttgart 1970

Deutscher Städtetag (Hrsg.), Bildung und Kultur als Elemente der Stadtentwicklung 1973

Deutscher Städtetag (Hrsg.), Wege zur menschlichen Stadt, Köln 1973

Deutscher Städtetag (Hrsg.), Schulen und kulturelle Einrichtungen in der Stadt, Köln 1974

Deutscher Städtetag (Hrsg.), Die Stadt: Zentrum der Entwicklung, Köln 1975

Deutscher Städtetag (Hrsg.), Aufgabenbereich der Volkshochschule, Entschließung des Deutschen Städtetages vom 29. April 1976, in: Volkshochschule im Westen, 28.Jg., Heft 5, 1976, S.208–211

Deutscher Volkshochschulverband (Hrsg.), Stellung und Aufgabe der Volkshochschule, Frankfurt/Main 1966 und 1978

Donnepp, B., Modellneubau in Kaiserslautern, in: Volkshochschule im Westen, 31.Jg., Heft 4, 1979, S.192 f

Emmerich, W., Vhs-Stadtteilarbeit - mehr als bloße Dezentralisation. Beispiel: Dortmund, in: Volkshochschule im Westen, 27. Jg., Heft 5, 1975, S.209–211

Empfehlungen des Landesverbandes der Volkshochschulen von Nordrhein-Westfalen vom 25.Juni 1976, in: Volkshochschule im Westen, 29.Jg., Heft 6, 1977, S.251–254

Erster Weiterbildungsentwicklungsplan der Stadt Bielefeld 1976–1981

Erstes Gesetz zur Ordnung und Förderung der Weiterbildung im Lande Nordrhein-Westfalen (Weiterbildungsgesetz) vom 31. Juli 1974

Erste Verordnung zur Ausführung des Gesetzes über die Zuschussgewährung an Volkshochschulen und entsprechende Volksbildungseinrichtungen vom 16. Juni 1954, in: Schriftenreihe des Kultusministeriums „Die Schule in Nordrhein-Westfalen“, Heft 11, „Erwachsenenbildung in Nordrhein-Westfalen“, Ratingen o. J.

Erwachsenenbildung und Weiterbildung, 1. Bericht der Planungskommission Erwachsenenbildung und Weiterbildung des Kultusministers des Landes Nordrhein-Westfalen, Heft 19, Köln 1972

Fohrbeck, K., Wiesand, A.J., Der Künstlerreport, München 1975

Fränzel, E. D., „Die Börse“ - Modell eines Kommunikationszentrums. Von der Bürgerinitiative zum Kommunikationszentrum, Manuskript, Wuppertal o. J.

Frese, H., Schetsboek vormingswerk, Alphen aan den Rijn 1973, aus dem Niederländischen von Beinroth, U., Erwachsenenbildung eine Praxistheorie, Freiburg i. Br. 1976

Fischer, F., Erwachsenenbildung - Weiterbildung. Ein Diskussionsbeitrag zu Begriff und Inhalt, in: Erwachsenenbildung, 24. Jg., Heft 4, 1978, S. 164–168

Gernert, W., Das Recht der Erwachsenenbildung als Weiterbildung, München 1975



Gesellschaftskritik durch Weiterbildung, Die Niederländische Denkschrift zur Funktion und Zukunft der Erwachsenenbildung, Osnabrück 1970

Girgensohn, J., Kulturelle Bildung, in: Volkshochschule im Westen, 31. Jg., Heft 2, 1979, S.59 ff

Glaser, H., Zur Ortsbestimmung von Kulturpolitik heute, in: Volkshochschule im Westen, 26. Jg., Heft 1, 1974, S.5–8

Grabbe, H., Kommunikationseinrichtungen als urbanitätsstiftende Strukturen, Bielefeld 1975

Greger, N.F.B., Volkshochschul-Neubau in Mülheim a.d. Ruhr, in: Volkshochschule im Westen, 31. Jg., Heft 5, 1979, S. 256

Gronemeyer, M., Der einzelne kann Produzent seiner Lebensumstände werden. Politische Partizipation und menschliche Grundbedürfnisse, in: Materialien zur politischen Bildung, 6.Jg., Heft 4, 1978, S. 65–71

Groot, G., Wir brauchen eigene Häuser 1, in: Volkshochschule im Westen, 15.Jg., 1963, S.74 f

Großmann, K., Psychologische Aspekte der intellektuellen Entwicklung des Vorschulkindes, in: Sagi, A. (Hrsg.), Der Freiburger Modellkindergarten, Freiburg i.Br. 1971, S.15–21

Guhr, H., Heranführung Erwachsener an kulturelle Teilhabe, F.D.P. Bundesfachausschuss für Kultur, Manuskript, Hamburg o. J.

Habermas, J., Luhmann, N., Theorie der Gesellschaft oder Sozialtechnologie, Frankfurt/Main 1971

Habermas, J., Können komplexe Gesellschaften eine vernünftige Identität ausbilden? in: Habermas, J., Henrich, D., Zwei Reden, Frankfurt/Main 1974

Hamacher, P., Entwicklungsplanung für Weiterbildung, Braunschweig 1976

Hansen, K., Die Sprache als Kulturbarriere - und was kann die Erwachsenenbildung dagegen tun?, in: Volkshochschule im Westen, 31.Jg., Heft 2, 1979, S. 72–75

Helmer, E., Kooperation in der Erwachsenenbildung: Determinanten, Ausprägungen und Leistung, Opladen 1978

Hoffer, H., Animation für eine demokratische Kultur, in: Erwachsenenbildung, 24.Jg., Heft 3, 1978, S. 130–137

Hoffmann, H., Perspektiven der kommunalen Kulturpolitik, Frankfurt/Main 1974

Hoffmann, H., Kultur für alle, Perspektiven und Modelle, Frankfurt/Main 1979

Höltershinken,D., Das Spiel und seine Voraussetzungen, in: ders. (Hrsg.), Frühkindliche Erziehung und Kindergartenpädagogik, Freiburg i. Br. 1971, S.147–166

Hürten, H., Bechel, A., Struktur und Recht der deutschen Erwachsenenbildung, Osnabrück 1966 die insel, Bildungswerk der Stadt Marl (Hrsg.), Marl o. J. /1978/

Jans, K.W., Müller, E., Kindergärten, Horte, Kindertagesstätten, Kinderspielplätze, Köln 1979

Joas, H., Einleitung zu: Heller, A., Das Alltagsleben, Frankfurt/Main 1978

Jor, F., Demystifizierung der Kultur, in: Erwachsenenbildung, 24.Jg., Heft 3, 1978, S.138–144



Jüchter, H.T., Das Modell eines Selbstlernzentrums, in: Ruprecht, H., Medienzentren im Bildungssystem, Braunschweig 1971, S.107–140

Jüchter, H.T., Volkshochschule und Stadtentwicklung. Kommunalpolitische Funktionen der Volkshochschule, in: Volkshochschule im Westen, 26.Jg., Heft 1, 1974a, S. 16–18

Jüchter, H.T., Selbstlernzentren und Lern-Environment, in: Hoffmann, H. (Hrsg.), Perspektiven kommunaler Kulturpolitik, Frankfurt/Main 1974b, S.355–364

Jüchter, H.T., Lernen nach Volkshochschul-Art - oder: Markenartikel in der Weiterbildung, in: Volkshochschule im Westen, 31.Jg., Heft 3, 1979, S. 123–125

Knoll, J.H. et al., Bildungszentrum, Essen 1972 Konferenzberichte des Fachbereichs Kulturelle Bildung als Quellen der Volkshochschul-Praxis, Arbeitspapier der PAS / DVV, Frankfurt/Main 1977, S. 13–17

Kulturpolitische Gesellschaft (Hrsg.), Kulturentwicklungsplanung, Dokumentation Heft 1, Bonn 1977

Kunde, J., Bildende Künstler und Kulturarbeit, in: Volkshochschule im Westen, 31.Jg., Heft 2, 1979, S.68–72

Luhmann, N., Soziologische Aufklärung, in: Soziologische Aufklärung, Köln / Opladen 1970

Mackensen, R. et al., Daseinsformen der Großstadt, Tübingen 1959

Mader, W., Adressatenbezug: Formel für einen notwendigen Konflikt?, in: Volkshochschule im Westen, 31.Jg., Heft 3, 1979, S. 125–128

Manuelles und musisches Arbeiten im Volkshochschul-Angebot, Analyse der Arbeitspläne 1974, Arbeitspapiere der PAS des DVV

Mead, G.H., Geist, Identität und Gesellschaft, Frankfurt/Main 1968

Meissner, K., Zentrum im Kooperationsfeld Kultur. Die kulturelle Aufgabe der Volkshochschule, in: Volkshochschule im Westen, 26.Jg., Heft 1, 1974, S. 11–15

Meissner, K., Erwachsenenbildung als kulturelle Aufgabe, Braunschweig 1976

Meulemann, H., Weishaupt, H., Regionale Strukturen der Weiterbildung in Großstädten, in: Hessische Blätter für Volksbildung, 27.Jg., Heft 4, 1977, S. 297–303

Mitscherlich, A., Die Unwirtlichkeit unserer Städte, Anstiftung zum Unfrieden, Frankfurt/Main, 9.Aufl., 1970

Müller-Blattau, M., Kulturelle Bildung: Die Angebote in den Arbeitsplänen der Volkshochschulen, in: Volkshochschule im Westen, 31.Jg., Heft 2, 1979, S. 61–65

Negt, 0., Soziologische Phantasie und exemplarisches-Lernen, Frankfurt/Main 1971

Neue Grundsätze für die Volkshochschul-Arbeit in Hessen, in: Hessische Blätter für Volksbildung, 21.Jg., Heft 2, 1971, S.108–118

Neuendorff, H., Sabel, Ch., Zur relativen Autonomie der Deutungsmuster, Manuskript 18. Deutscher Soziologentag, Bielefeld 1976

Otto, V., Weiterlernen im Verbund, Volkshochschule - Selbstlernzentrum - Mediothek, in: Picht, G., Edding, F. et al., Leitlinien der Erwachsenenbildung, Braunschweig 1972, S.255–259

Otto, V. et al: Volkshochschulhäuser, Informationen, Konzepte, Portraits, Bibliographie, Frankfurt 1973



Otto, V., Kulturelle Kooperation in der Kommune, in: Volkshochschule im Westen, 26.Jg., Heft 1, 1974, S.19–21

Otto, V., Integrierte Entwicklungsplanung für den Volkshochschul-Ausbau, in: Volkshochschule im Westen, 29.Jg., Heft 6, 1977, S. 260–262

Otto, V., Erwachsenenbildung als Weiterbildung. Zur Legitimation öffentlicher Weiterbildung durch die Volkshochschule, in: Hessische Blätter für Volksbildung, 29.Jg., Heft 1, 1979a, S.14–20

Otto, V., Öffentliche Weiterbildung durch Volkshochschulen, in: Peters, 0., Gollhardt, H. (Hrsg.), Jahrbuch für Wissenschaft, Ausbildung, Schule, 1979b, S. 58–65

Pankoke, E., Tagung der Projektgruppe „Kultur und Weiterbildung“ der kulturpolitischen Gesellschaft, Leverkusen 1979

Prokop, E., Stellung und Aufgabe der Volkshochschulen und anderer Weiterbildungseinrichtungen, in: Erwachsenenbildung, 25.Jg., Heft 3, 1979, S.164 ff

Pröckl, W., Stadtplanung, Möglichkeiten und Grenzen einer bürgernahen Stadtgestaltung, Frankfurt 1976

Pukas, D., Formen der Integration von beruflicher und allgemeiner Bildung, in: Erwachsenenbildung, 24.Jg., Heft 4, 1978, S.168 ff

Raapke, H.D., Strukturplan Weiterbildung, Grundzüge seines Inhalts, in: Volkshochschule im Westen, 27.Jg., Heft 6, 1975, S.243–247

Ravensberger Spinnerei eine Daueraufgabe für die Stadt, in: Bielefelder Spiegel, Nr.23, 1979, S.56 f

Romain, L., Luxus oder Lebensmittel, in: Volkshochschule im Westen, 31.Jg., Heft 2, 1979, S. 55–59
Rouard, M., Sinion, J., Spielraum für Kinder, Stuttgart 1976
Sack, M., Wolf, R., Industrie-Architektur: Arbeitsplätze, an denen es sich leben lässt, in: Art Erstausgabe, Oktober 1979, S.60–70
Sack, M., Himmer, S., Metropolis wird Grün, in: Zeitmagazin, Nr.1, 28.12.1979, S.10–16
Sammlung der Beschlüsse der Ständigen Konferenz der Kultusminister der Länder in der Bundesrepublik Deutschland, darin: Empfehlung der Kultusministerkonferenz zur Erwachsenenbildung und zum Büchereiwesen vom 16./17.Januar 1964, Darmstadt und Neuwied 1972
Sauberzweig, 0., Die menschliche Stadt - eine kulturpolitische Aufgabe, in: Volkshochschule im Westen, 26.Jg., Heft 1,1974, S. 9–11
Sauberzweig, 0., Bildungsreform und Stadtkultur, Braunschweig 1978
Schwencke, 0., Revermann, K.A., Spielhoff, A. (Hrsg.), Plädoyers für eine neue Kulturpolitik, München 1974
Schwencke, 0., Stadtkultur, in: Stadtkultur - Soziokultur und Denkmalschutz, kulturpolitisches Kolloquium vom 18.–20.Februar 1977, Loccum 1977, S. 58–65
Seminar des Europarates, Eigene Häuser der Erwachsenenbildung, in: Volkshochschule im Westen, 16. Jg., Heft 1, 1964, S. 26
Stadtkultur und Volkshochschule, Konferenz des Arbeitskreises Großstädtischer Volkshochschulen, Wiesbaden 13.–15.Juni 1979



Städtetag Nordrhein-Westfalen (Hrsg.), Kommunale Entwicklungsplanung, Köln 1977
Das Stoffgebiet Kunst, Analyse der Volkshochschul-Arbeitspläne 1976, Arbeitspapiere der PAS des DVV, Frankfurt/Main 1976
Streekschool voor Beroepsbegeleidend Onderwijs, Emmen 1977
Strukturplan Weiterbildung, Strukturplan für den Aufbau des öffentlichen Weiterbildungssystems in der Bundesrepublik Deutschland, Köln 1975
Strzelewicz, W., Raapke, H.D., Schulenberg, W., Bildung und gesellschaftliches Bewusstsein, Stuttgart 1966
Tietgens, H., Zukunftsperspektiven der Erwachsenenbildung, in: Tietgens, H., Mertineit, W., Sperling, D., Zukunftsperspektiven der Erwachsenenbildung, Braunschweig 1970
Ufermann, F., Möglichkeiten und Grenzen dezentraler Angebotsformen in großstädtischen Volkshochschulen, in: Volkshochschule im Westen, 29.Jg., Heft 3, 1979, S.143–146
Unesco-Empfehlungen über die Teilnahme und Mitwirkung aller Bevölkerungsschichten am kulturellen Leben, Deutscher Bundestag, 8. Wahlperiode, Drucksache 8/1287
Volkshochschule Bielefeld, Bau eines Bildungszentrums in Bielefeld (Ravensberger Spinnerei), Vorschlag der Volkshochschule Bielefeld, 26. Oktober 1972
Volkshochschule, Gutachten der kommunalen Gemeinschaftsstelle für Verwaltungsvereinfachung (KGSt), Bonn 1973

Weber, M., Wirtschaft und Gesellschaft, Tübingen 1972

Weinberg, J., Soziales Lernen und kulturelle Bildung in der Volkshochschule, in: Volkshochschule im Westen, 31.Jg., Heft 3, 1979, S. 128–130

Weisner, U., Deine Stadt Bielefeld: Ein Stadtteil, Ausstellungskatalog, Bielefelder Kunsthalle 20.9.–11.11.1979, Bielefeld 1979

Weiterbildungsentwicklungsplanung in Nordrhein-Westfalen, Strukturförderung im Bildungswesen des Landes Nordrhein-Westfalen, Schriftenreihe des Kultusministers, Heft 33, Köln 1978

Wirth, L., Urbanität als Lebensform, in: Ulfert, H. (Hrsg.), Stadt- und Sozialstruktur, München 1974, S. 42–66

Zur Entwicklung der Weiterbildung, 2. Bericht der Planungskommission Erwachsenenbildung und Weiterbildung des Kultusministers des Landes Nordrhein-Westfalen, Heft 25, Köln 1975

*Blick auf die Ravensberger Spinnerei vom Rochdale Park im Jahre 1980.*

Bernd Rosewitz I Erich Schäfer I Hartmut Wolf

# LERNPROZESSE UND LERNUMWELTEN

G 1969 F

Volkshochschule
im Westen

Dezember 6/80

Bislang sind über Bauten für Häuser der Erwachsenenbildung noch keine verbindlichen Vorstellungen entwickelt worden. Im Zuge des Ausbaues des Weiterbildungsbereiches wird es vermutlich in Zukunft zu neuen Bauimpulsen in diesem Bereich wieder kommen. „Bautätigkeiten haben eine Signalwirkung für die Nachfrage nach Weiterbildungsangeboten," heißt es in einem Bericht der Planungskommission Erwachsenenbildung und Weiterbildung des Kultusministers des Landes Nordrhein-Westfalen.

Pit Böhle, Gunther Lipkowsky und Georg Schliche gehen in einem Anriß der Bedingungen, die alle Gebäude und Räume der Weiterbildung erfüllen sollten, thesenartig davon aus, daß ein eigenes Haus für die Volkshochschule und die Nutzung „weiterbildungsgerechter" anderer Räume sich nicht ausschließen, sondern wechselseitig bedingen. In ihrem Beitrag **„Defizite bei den Raumkapazitäten — Zukunftsproblem der Weiterbildung"** befassen sie sich auch mit den Fragen der Mitnutzung nicht volkshochschuleigener Häuser, den räumlichen Ressourcen und notwendigen Änderungen bei Planungsvorgaben und um Genehmigungsverfahren.

Mit welchen Realisierungsschwierigkeiten die Bautätigkeit eng verbunden ist, beschreibt Josef Ruhrmann in seinem Beitrag: **„Kampf um das eigene VHS-Haus in Aachen."** Als er seinen Bericht niederschrieb, waren rund 11 Jahre vergangen, daß der Antrag auf ein eigenes Haus der VHS der Stadt Aachen gestellt wurde. Wenn keine Änderungen mehr vorgenommen werden, kann im Januar 1981 mit dem Bau des Hauses begonnen werden. Fest steht allerdings heute schon, daß das Haus, wenn es 1983 bezogen werden kann, erheblich zu klein sein wird.

## Bauen für die Weiterbildung

Werner Slaby berichtet ebenfalls in seinem Beitrag **„Eine Villa für die VHS"** über jahrelange Realisierungsprobleme, die beim VHS-Gebäude in Herten auftraten. Er ist der Ansicht, daß die Entscheidung für die alte Villa richtig war: „Insbesondere die zentrale, weithin sichtbare Lage des bekannten Gebäudes hat die Einrichtung Volkshochschule erstmalig in das Bewußtsein vieler Bürger gebracht." Die Villa ist nur ein erster Schritt zum Ausbau der Volkshochschule gewesen, im Dezember 1980 soll die Planungsphase für ein integriertes Bildungszentrum mit Bücherei, Mediothek, Musikschule und VHS beginnen.

Im März 1981 soll die Fertigstellung eines Weiterbildungszentrums in der Stadt Norden (Ostfriesland) erfolgen. Peter Adena beschreibt das Projekt, das als **„Wissenschaftszentrum Norden"** in Form eines Modellversuchs des Bundesministeriums für Bildung und Wissenschaft geplant und vom Bund und vom Land Niedersachsen finanziell unterstützt wurde. Die Trägerschaft hat der Landkreis Aurich übernommen.

Kürzlich wurde das neue **„Bildungs- und Verwaltungszentrum in Bochum"** eröffnet. Ernst-Albrecht Plieg berichtet über den ersten Bauabschnitt. Das BVZ ist Teil einer umfassenden städtebaulichen Neuordnung, die besonders im Rathausbereich zum Tragen kommen soll.

In seinem Beitrag: **„Ein Haus für die VHS in Münster"** beschreibt Friedrich-Carl Schultze-Rhonhof die städtebauliche Bedeutung des neuen VHS-Gebäudes, seine räumliche Lage und verkehrsmäßige Anbindung. Er schreibt unmißverständlich, daß durch die Übergabe des neuen Hauses eine weitere große Chance für die Weiterbildung in Münster ermöglicht und nutzbar gemacht wurde.

Bernd Rosewitz, Erich Schäfer und Hartmut Wolf stellen zentrale Aspekte einer Forschungsarbeit unter dem Titel: **„Lernprozesse und Lernumwelten"** vor. Es handelt sich um das Weiterbildungszentrum „Ravensburger Spinnerei" in Bielefeld. Dort haben die Volkshochschule und die pädagogische Fakultät der Universität gemeinsam ein Forschungsprojekt durchgeführt. Ergebnis in einem resümierenden Satz: „Ein sich an den entwickelten pädagogischen Kriterien orientierendes Weiterbildungszentrum, das im Mittelpunkt städtischer Bildungs- und Kulturangebote steht, könnte einen wichtigen Beitrag zur Entwicklung individueller und gesellschaftlicher Innovation leisten."

**„Behindertengerechtes Bauen am Beispiel der ‚insel' in Marl"**, das ist das Thema mit dem sich Manfred Degen befaßt. Damals, als „die insel" gebaut wurde, lagen noch keine Erfahrungen und Richtlinien für behindertengerechtes Bauen vor. Von Seiten der „insel" kann man der Forderung nach Berücksichtigung der besonderen Belange der Zielgruppe „Behinderte" nach. Heute liegen Erfahrungen mit baulichen Maßnahmen und neue Anregungen vor, die gewiß auch übertragbar sind.

Unter dem Titel **„Das VHS-Gebäude der Stadt Essen"** läßt Rosemarie Seelig die einzelnen Bauabschnitte Revue passieren. Sie weist darauf hin, „daß neben der Arbeit im Zentrum die Außenarbeit in den letzten Jahren ständig ausgebaut wurde, und daß die Dezentralisierung von Angeboten in den nächsten Jahren neue Arbeitsschwerpunkte setzen wird."

*Zuerst erschienen im Dezember 1980 in Volkshochschule im Westen*

In Zusammenarbeit mit der Volkshochschule Bielefeld wurde an der pädagogischen Fakultät der Universität Bielefeld das Forschungsprojekt „Zur pädagogischen Konzeption des Weiterbildungszentrums 'Ravensberger Spinnerei' in Bielefeld" durchgeführt. Die Untersuchung von Bernd Rosewitz. Erich Schäfer und Hartmut Wolf stand unter der Leitung von Professor Dr. Dieter Baacke. Nebenberuflich sind die Autoren als Kursleiter an der Volkshochschule tätig. Im folgenden stellen sie die zentralen Gedanken ihrer Forschungsarbeit vor.

# Lernprozesse und Lernumwelten

In der bisherigen Diskussion um Weiterbildungszentren, die bis in die fünfziger Jahre zurückreicht, standen auch Neubauten im Mittelpunkt. Erst in letzter Zeit gewinnt der Umbau von bereits bestehenden Gebäuden an Bedeutung,

Ein Beispiel hierfür stellt die Bielefelder ‚Ravensberger Spinnerei' dar. Dieses ehemalige Fabrikschloß umfaßt vier Geschosse mit zwei je 50 Meter langen Flügeln. Es liegt nahe dem Zentrum der Stadt in einer parkähnlichen Umgebung. Der gesamte Komplex wird als ‚grüne Insel' bezeichnet. In seiner neuen Funktion als Haus der Weiterbildung kann das Gebäude einen hohen Stellenwert in der kulturellen Topographie der Stadt einnehmen.

Die erwachsenenpädagogische Relevanz eines Weiterbildungszentrums hängt neben seinem institutionell gesicherten Standort wesentlich von der Klarheit jener Vorstellungen ab, die für das Haus und die darin geleistete Arbeit bestimmend sind. Ausgehend von dieser Annahme werden die Prinzipien einer pädagogischen Konzeption tür Weiterbildungszentren am Beispiel der 'Ravensberger Spinnerei' in Bielefeld entwickelt.

## Prinzipien der Konzeption

Unter einer pädagogischen Konzeption soll dabei jener argumentative Begründungszusammenhang verstanden werden, der anhand zu entwikkelnder Kriterien Aussagen über die Grundsätze der architektonischen Gestaltung, der räumlichen Ausstattung wie der inhaltlichen Arbeit eines Weiterbildungszentrums zuläßt. Ein solcher Ansatz zielt auf eine ganzheitliche Betrachtung von Bildungsprozessen, die sowohl Lernprozesse als auch Lernumwelten einbezieht. Als integraler Bestandteil des Bildungsprozesses sollen bauliche und organisatorische Bestimmungselemente eines Weiterbildungszentrums gemeinsam neben Lernzielen, Inhalten und Methoden einheitlichen Kriterien unterliegen.

Ausgehend von einer Funktionsbestimmung des Weiterbildungszentrums als Kristallisationspunkt für Kommunikation und Sozialisation müssen die zentralen Kategorien einer pädagogischen Konzeption primär auf die Schaffung einer optimalen Kommunikationsstruktur als Grundvoraussetzung jeglicher Bildungsprozesse ausgerichtet sein. Unter qualitativen Aspekten läßt sich diese Kommunikation idealtypisch als ein wechselseitiger, intentionaler, das Machtgleichgewicht der Interaktionspartner anstrebender Prozeß postulieren, Dieser Kennzelchnunq auf der Ziel-, Prozeß- und Beziehungsebene von Kommunikation entsprechen, bezogen auf den Bildungsprozeß. die Prinzipien von Orientierung. Offenheit und Integration; sie bilden die zentralen Kategorien der pädagogischen Konzeption.

Die Kategorie der Orientierung ist auf die Zielsetzung von Bildungsprozessen in ihren beiden Aspekten von individueller und gesellschaftlicher Entfaltung bezogen, Ein an transkontextuellem Orientierungswissen ausgerichteter Bildungsprozeß hätte die Aufgabe, zwischen den Menschen, ihrer Kultur und ihrer Umwelt eine sich prozessual verstehende Gesamtbeziehung herzustellen. Durch die Entwicklung einer entsprechenden Handlungsorientierung könnten so individuelle Innovationspotentiale gesellschaftlich relevant werden. Weiterbildungszentren als Orten des kommunikativen Austausches kommt hierbei eine wesentliche Vermittlungsaufgabe zu. Sie sind als solche dem Prinzip der Offenheit verpflichtet. Das Offenheitsgebot gegenüber Themen, Teilnehmern, Mitarbeitern und Methoden bezieht sich in einem umfassenden Sinne sowohl auf Bedürfnisse. Interessen und Anregungen, die von außen an das Weiterbildungszentrum herangetragen werden als auch auf jene, die aus den internen Kommunikationsbeziehungen resultieren. Offenheit darf sich jedoch nicht allein darauf beschränken, denen Gelegenheit zu geben ihre Vorstellungen zu artikulieren, die es gelernt haben ihre Interessen einzubringen; Offenheit hat ebenfalls einen aktivitätsfördernden Bezug. indem es jene Zielgruppen zu erreichen gilt, die bislang keinen Gebrauch vom Prinzip der Offenheit gemacht haben. Was sich nach außen als Offenheit präsentiert. erfordert auf selten des pädagogischen Personals ein Höchstmaß an Flexibilität gegenüber inhaltlichen. methodischen und nicht zuletzt organisatorischen Erfordernissen. Mit dem Begriff der Integration werden die Regeln angegeben, nach denen ein am Offenheitsprinzip orientiertes Bildungsangebot zu strukturieren ist. Auf der Ebene des Bildungsprozesses strebt Integration die Einheit von Analyse, Antizipation und Handeln an; unter bildungstheoretischen Gesichtspunkten gilt es die formale und didaktische Trennung von allgemeiner, beruflicher und politischer Bildung zu überwinden und auf bildungspraktischer Ebene soll das Prinzip der Integration die gleichberechtigte Einbeziehung von affektiven, kognitiven und Verhaltenskomponenten in die Lernprozesse gewährleisten. Neben den angeführten Aspekten von Integration, die sämtlich interne Aspekte des Weiterbildungsprozesses thematisieren, gilt es noch einen externen Bezug zu erwähnen. Auf kommunaler Ebene meint Integration die Einbeziehung der Volkshochschule in das System von Kultur- und Bildungseinrichtungen. Dem öffentlichen Weiterbildungszentrum könnten hier als orqanlsatorischem und pädagogischem Mittelpunkt der Weiterbildung wichtige Aufgaben zu fallen.

## Konsequenzen

Dabei muß immer berücksichtigt werden, daß der sich im Signalcharakter des Hauses manifestierende quantitative Ausbau mit inhaltlichen Strukturveränderungen der pädagogischen Arbeit einhergeht. Denn die architektonisch verwirklichte, neben anderen kulturellen Institutionen hervortretende Eigenständigkeit muß sich in einer erwachsenengerechten, angemessenen und auch auf aktuell artikulierte Bedürfnisse zugeschnittenen Planung der Weiterbildungsangebote niederschlagen. Diese auf Teilnehmerorientierung und Adressatenbezug hin ausgerichtete Angebotsstruktur ermöglicht es, dem Ziel der Handlungsorientierung, die den Einzelnen zur Entfaltung selner personalen und sozialen Anlagen befähigen soll, einen Schritt näher zu kommen. Dabei wird es auch gezielt darum gehen müssen. offene Information und Beratung anzubieten, um auf diese Weise allgemein und zielgruppenbezogen neuen Teilnehmern den Zugang zur Volkshochschule zu erleichtern.

## Einheit von Lehren und Lernen

Unter Akzeptlerunq des sich zunächst asymmetrisch darstellenden Verhältnisses zwischen pädagogischem Mitarbeiter und Adressat muß versucht werden, eine partnerschaftliche Beziehung im Rahmen des Lernprozesses zu entfalten.

Durch eine Integration systematisierten Wissens in Alltagswissensbestände sowie durch Interaktionsbeziehungen, die nicht ausschließlich auf der Zuschreibung unterschiedlicher Rollen basieren, können unterschiedliche Wissensbestände in der Einheit von Lehren und Lernen verarbeitet werden. Dieses generelle Prinzip setzt jedoch keine Prioritäten für bestimmte Lernformen und -inhatte: sowohl der Wissenserwerb als auch die Emanzipation und die Lebenshilfe sollen Gegenstand und Ergebnis der Weiterbildungsaktivitäten sein. Erst die Teilnahme der gesamten Person am Bildungsprozeß und die koÜmmunikative Durchdringung der unterschiedlichen Wissens- und Erfahrungskomponenten können den Weg zur Erlangung von erweiterter Handlunqskompetenz weisen.

Eine wesentliche Voraussetzung hierzu bietet das Vorhandensein eines eigenen Weiterbildungszentrums, in dem die Zielgruppenarbeit intensiviert und entsprechend den Lebensumständen der Adressaten das Kursangebot auf den gesamten Tag ausgedehnt werden kann. Mit der Abstimmung des Angebots auf die praktischen Bedürfnisse gilt es auch die soziale Nähe des Angebots zu erhöhen, indem bei der Programmplanung und Didaktik von den sozialen, ökonomischen und kulturellen Umwelten und Lebensbedingungen der potentiellen Teilnehmer auszugehen ist.

## Architektonische Umsetzung

Was die Konkretisierung der entwickelten pädagogischen Prinzipien in baulicher Hinsicht betrifft, so sollen hier einige generelle Aussagen angeführt werden. Zentral geht es bei der baulichen Konzeption des Weiterbildungszentrums einerseits darum, die allgemeine Zugänglichkeil des Hauses zu fördern und andererseits durch die Gestaltung der Räumlichkeiten Handlungsspielräume zu schaffen, die der Entwicklung von Interessen, Kenntnissen und Fähigkeiten dienlich sind. Für die architektonische Gestaltung der .Ravensberger Spinnerei' in Bielefeld bedeutet dies, daß unter Ausnutzung der verkehrsmäßig günstigen Erschließung sowie des Freizeitwertes der ,grünen Insel' eine die Transparenz betonende bauliche Konzeption anzustreben ist. welche das pädagogische Prinzip der Offenheit repräsentieren soll. Insbesondere anhand des einen Einblick in das Innere gestattenden Resalits. der Eingliederung der Cafeteria als Treffpunkt sowie dem Forumcharakter der Kommunikationsflächen läßt sich anschaulich verdeutlichen, was mit architektonischer Umsetzung bi!dungstheoretischer Kriterien gemeint ist. Ebenso kann eine Ausstattunq der Räumlichkeiten, die den Park-Charakter der Umgebung in das Innere zu übersetzen vermag sowie eine Betonung des Bezugs zwischen Denkmalschutz und Modernisierung als ein Beitrag zur Integration von Polaritäten verstanden werden. Schließlich ist das Gelände in seiner Gesamtheit übersichtlich zu gestalten, sodaß jedem eine gute Orientierung ermöqllcht wird; denn nur so kann man mit den Mögllchkeiten des Hauses vertraut werden. um sie zur Entfaltung eigener Aktivitäten zu nutzen. Auf der Ebene der räumlichen Ausstattung des Weiterbildungszentrums sollten unter der Prämisse, daß ein Optimum von Kommunikation in den Kursen und auch untereinander stattfindet. die einzelnen Funktionsbereiche im Grundschema flexibel und multifunktional angelegt sein, so daß sie vielfältigen Anforderungen gerecht werden können. Dies läßt sich zum Beispiel realisieren durch mobile Stellwände, einzubeziehende Galerien sowie transportable technische und sonstige Einrichtungsgegenstände.

## Kommunikation als Ziel und Mittel

Bezugnehmend auf die zentrale Bestimmung des Hauses der Weiterbildung als ein Zentrum der Kommunikation können die für eine archltektonlsche Umsetzung pädagogischer Prinzipien grundlegenden Vorstellungen folgendermaßen zusarnrnenqefaßt werden: Es soll den Besuchern und Teilnehmern des Weiterbildungszentrums der Übergang von einer allgemeinen kommunikativen Zugänglichkelt zu einer spezifischen kommunikativen Eingebundenheit der aktiven Teilnahme ermöglicht werden. Diese Konzeption bezieht sich sowohl auf das Verhältnis zwischen dem umgebenden Gelände und dem Weiterbildunqszentrurn als auch auf die Aufteilung und Gestaltung des Hauses selbst. Sowohl in der Horizontalen wie in der Vertikalen sollen die Angebote parallel zur räumlichen Entfernung vom Eingangsbereicn den Weg vom Allgemeinen zum Speziellen und Intensiven - jeweils aufgelockert durch Kommunikations- und Ausstellungsflächen nachzeichnen. Diese Ausbreitungsrichtung der Aktivitäten vom Eingangsbereich wird überlagert von einem zweiten Zentrum erhöhter Kommunikationsdichte. den in und um das Treppenhaus mit seinem rundbauartigen Vorbau angelegten Verkehrsflächen,

## Neue Kooperationsformen

Sind bislang jene Aspekte thematisiert, welche die architektonischen und räumlichen Elemente einer kommunikationsstiftenden Umsetzungsstrategie der pädagogischen Prinzipien betreffen, so soll abschließend unter dem Stichwort der Kooperationsbeziehung auf einen Aspekt der inhaltlichen Arbeit hingewiesen werden. Für das Bielefelder Haus der Weiterbildung bieten sich vielfältige Kooperatlonsbeziehungen mit Modellcharakter an, die aus der gemeinsamen Unterbringung von Volkshochschule, Stadtbildstelle, ,Arbeit und Leben' sowie dem Berufsverband Bildender Künstler in der ,Ravensberger Spinnerei' und der unmittelbaren Nähe dieses Gebäudes zu den geplanten Einrichtungen von Museum, Theater und Berufsschule auf dem Gelände der 'grünen Insel' erwachsen. Die Konsequenzen einer Kooperation erstrecken sich dabei auf personelle, räumliche und materielle Aspekte. Sie zu nutzen wird Aufgabe und Verpflichtung der sie betreibenden Institutionen im Zusammenhang mit einer integrierten kommunalen Entwicklungsplanung sein.

Hier ist der Anfang einer Entwicklung zu sehen, der in Zukunft besondere Bedeutung zukommen wird, Welche besonderen Anforderungen und auch Chancen beispielsweise aus einer sich allgemein abzeichnenden Erweiterung der Kreativ-Angebote resultieren. läßt sich an Hand des Modellversuchs „Künstlerbildung" in Berlin erkennen. Aus pädagogischer Sicht ist das verstärkte Aufkommen des Bedürfnisses nach kreativer Betätigung von eminenter Bedeutung, zumal dies ein Zugang für all' die Bevölkerungsgruppen sein kann, jene Artikulationsfähigkeit zu erlangen, deren Erwerb ihnen über traditionelle Bildungsgänge bislang verschlossen blieb. Ein sich an den entwlckelten pädagogischen Kriterien orientierendes Weiterbildungszentrum, das im Mittelpunkt städtischer Bildungs- und Kulturangebote steht, könnte einen wichtigen Beitrag zur Entwicklung individueller und gesellschaftlicher Innovationen leisten.

*Bernd Rosowitz / Erich Schäfer / Hartmut Wolf*

*oben:*
*Die Perspektive aus dem Gebäude heraus zum verglasten Haupteingang auf der östlichen Gebäudeseite.*

*Hinter dem mittleren Eingang auf der westlichen Gebäudeseite befinden sich Treppenaufgänge.*

*Der Große Saal eignet sich mit Bühnenanlage für viele Arten von Veranstaltungen.*

*Bis zu 460 Personen finden im Großen Saal Platz.*

*Der Historische Saal in der obersten Etage (Nordflügel) wartet mit einer Reihe von Original-Boden-Fliesen, einem außergewöhnlichen Raumquerschnitt und einem interessanten Tageslichteinfall auf.*

*unten rechts: Die rötlich lackierte eiserne Wendeltreppe bildet einen Blickfang für Besucher der oberen Etage.*

*oben: In der ersten Etage bilden wabenförmige Einheiten kleinere eigenständige Raumzone. Der Saalcharakter bleibt infolge der großzügigen Raumhöhe erhalten.*

*unten: In der obersten Etage hat sich der Südflügel zu einem attraktiven Standort für Kreativwerkstätten und Ateliers entwickelt. Die Wabenstruktur schafft lichtdurchflutete Lernräume.*

Foto: Veit Mette

Erich Schäfer
Bernd Rosewitz
Hartmut Wolf

# INTERVIEW MIT DIRK UKENA

*Das folgende Interview fand am 17. März 2023 zwischen Dirk Ukena, der von 1978 bis 2008 Direktor der Volkshochschule Bielefeld war, und den drei Herausgebern dieser Publikation statt. In der Amtszeit von Dirk Ukena wurde der Umbau der Ravensberger Spinnerei zu einem Weiterbildungszentrum projektiert und realisiert. Themen des Interviews waren die Gründe für den Erhalt der Ravensberger Spinnerei, die Bedeutung des Gebäudes für die Stadt und für die Institution Volkshochschule, die Ansprüche und Erwartungen an das Gebäude sowie zukünftige Pläne und Perspektiven. Es handelt sich um die verschriftlichte und stark verkürzte Fassung ausgewählter Passagen des dreistündigen Interviews. Die Abfolge der Textpassagen wurde im Interesse der besseren Lesbarkeit neu zusammengestellt.*

**Ob die Ravensberger Spinnerei einem Straßenkreuz weichen oder erhalten bleiben sollte, wurde in den 1970er Jahren sehr kontrovers diskutiert. Was war aus Ihrer Sicht ausschlaggebend, dass der Abriss verhindert wurde und der Umbau zum Weiterbildungszentrum erfolgt ist? Welche Akteure waren dafür entscheidend?**

Das Eintreten für den Erhalt der Ravensberger Spinnerei war aus zwei Gründen ein Erfolg. Die öffentliche Debatte war entscheidend mit ihrer Vielzahl von Demonstrationen und Aufrufen. Hilfreich waren aber auch Interventionen von einflussreichen Personen auf der politischen Ebene, die nicht öffentlich wurden.

**Wie verlief der Prozess der Planung des Umbauprojektes, nachdem die Entscheidung für den Erhalt der Ravensberger Spinnerei getroffen war?**

Beteiligt waren das Bauamt der Stadt Bielefeld, ich als Vertreter des zukünftigen Nutzers Volkshochschule und der mit dem Umbau beauftragte Architekt Peter Obbelode. Wir mussten uns aneinander gewöhnen, denn Obbelode war schnell von seinen baulichen Vorschlägen begeistert, ich war zögerlicher und prüfte eher die Praktikabilität für uns als Nutzer. Er hatte aber eine Fähigkeit, die mir nicht gegeben war: Er sah papierne Planungsskizzen schon räumlich. Schon bald konnte ich daher akzeptieren, dass seine Vorschläge gestalterisch überzeugend waren und nicht hinderlich für uns als spätere Nutzer, wie man am heutigen Ergebnis sieht. Zur engen Zusammenarbeit mit Peter Obbelode trug auch bei, dass wir einen gemeinsamen Gegner zu überwinden hatten. Das Bauamt hatte seine Niederlage in der Auseinandersetzung über Abriss oder Erhalt des Gebäudes nicht überwunden und versuchte auch in der Umsetzung mehr zu blockieren als zu gestalten. Aber da Architekt und ich zusammenhielten, konnten wir uns zumeist durchsetzen.

**Was macht heute die Besonderheit der Ravensberger Spinnerei aus?**

Dieses Gebäude ist schon architektonisch bemerkenswert und wurde ja auch darum unter Denkmalschutz gestellt. Es steht zugleich auch für die Stadtentwicklung Bielefelds zur Industriestadt. Ohne die Ravensberger Spinnerei als Ausgangspunkt für die Folgeindustrien hätte es diese Veränderung und den Bevölkerungsanstieg hier nicht gegeben.

Auch die Nutzung als Volkshochschule war etwas Besonderes. Die Industriearchitektur zu einem Unterrichts- und Begegnungsort für Menschen umzuwandeln war eine Herausforderung.

Gelungen ist das insbesondere durch die Idee des Architekten, die früheren Fabriksäle für die Besucherinnen und Besucher als Einheit erlebbar zu erhalten und die Unterrichtsräume quasi als Pavillons einzustellen. Durch die Vorgabe des Denkmalschutzes, die Dachetage unverändert zu erhalten, war dort eine Lösung mit Pavillons aber nicht möglich. In dem Flügel mit den Kunsträumen sind die Räume deshalb nach oben offen, was eine größere Lärmemission zur Folge hat. Aber es entstand dadurch auf der anderen Seite ein größerer Saal, der gut für Veranstaltungen und thematische Ausstellungen genutzt werden kann.

**Welche Bedeutung hat das Gebäude der umgebauten Ravensberger Spinnerei für die Volkshochschule entwickelt?**

Es war auch schon während der Umbauphase nötig, das Gebäude bekannt zu machen, denn es hatte für die normalen Bielefelderinnen und Bielefelder keinen Wiedererkennungswert, war versteckt hinter hohen Fabrikmauern. Auch ich habe nicht gewusst, was dahinter war, obwohl mein Schulweg mehrere Jahre entlang der Mauer führte.

Dazu haben wir in Zusammenarbeit mit Bielefelder Künstlerinnen und Künstlern Baustellenaktionen veranstaltet. Besonders wichtig war mir, das Gebäude nicht nur als Hülle zu nutzen, sondern auch die Arbeits- und Lebensbedingungen der dort Beschäftigten zu zeigen. In Zusammenarbeit mit ehemaligen Arbeiterinnen und Arbeitern konnte die Ausstellung „Arbeit und Leben in der Spinnerei“ entstehen und als Dauerausstellung im Haus präsentiert werden. Erfreulicherweise wurde diese im letzten Jahr restauriert und ist inzwischen erweitert wieder zu sehen.

Nach der Eröffnung der Ravensberger Spinnerei 1986 wurde das Projekt dann für die Volkshochschule ein großer Erfolg. Volkshochschulaktivitäten fanden und finden ja nicht nur in diesem Haus statt, sondern auch in vielen anderen Schulen und Gebäuden. Es ergab sich aber schnell eine Entwicklung, dass sowohl Kursleiter als auch Teilnehmer trotz der baulichen Besonderheiten ihr Angebot in der Ravensberger Spinnerei wünschten; dort zu sein wurde geradezu als Privilegierung empfunden. Ein Volkshochschul-Gebäude nur zum Zweck der Erwachsenenbildung – damals nur in wenigen zumeist Großstädten vorhanden – wurde schon als Anerkennung für das eigene Bildungsinteresse und die eigene Lehrtätigkeit empfunden.

Die Teilnahmezahlen der Volkshochschule sind dann auch in den Jahren nach der Eröffnung der Ravensberger Spinnerei deutlich angestiegen.

Institutionen können ein Publikum heranziehen, das dann bevorzugt zu diesen Institutionen geht. Es ist gelungen, über das neue Gebäude Menschen für die Volkshochschule zu gewinnen. Die Ravensberger Spinnerei wurde schnell ein Qualitätsmerkmal für die Bielefelder Volkshochschule.

**Wie war die Strahlkraft der neuen Ravensberger Spinnerei über Bielefeld hinaus?**

Überregional wurde in vielen Beiträgen, z. B. in der Wochenzeitung „die ZEIT“, in architektonischen Fachzeitungen und auch im Fernsehen, berichtet. Dann wurde auch noch dem Umbauprojekt der Deutsche Denkmalschutz-Preis verliehen. All das wirkte sich positiv auf die Akzeptanz in Bielefeld aus.

In der Volkshochschul-Landschaft war die Resonanz geringer. Dazu war das Gebäude zu besonders und die Zeit für eigene Häuser der Volkshochschule in den Kommunen besonders bei Klein- und Mittelstädten noch nicht gekommen.

**Volkshochschule lebt ja auch von Vernetzung; welche Rolle hat dabei die Ravensberger Spinnerei gespielt?**

Die Ravensberger Spinnerei spielte dabei eine entscheidende Rolle, weil wir Räume für verschiedenste Nutzungen anbieten konnten. Wir haben viele Veranstaltungen als Kooperationsprojekte mit Partnern durchgeführt, mit denen wir sonst nicht zusammengekommen wären. Ich habe meine Arbeitszeit auch in der Öffentlichkeit genutzt, um als Volkshochschule präsent zu sein für das Aufgreifen von Ideen, die Erkundung von Optionen und die Realisierung von interessanten Bildungsprojekten.

**Wie sollte die Ravensberger Spinnerei vor dem Hintergrund aktueller Anforderungen zukünftig weiterentwickelt werden? Wo sehen Sie Änderungsbedarf bei den Räumlichkeiten?**

Ich bitte um Verständnis, wenn ich auf diese Frage nur allgemein antworte, denn schließlich bin ich bereits 2008 als Volkshochschul-Direktor ausgeschieden. Nur so viel: Jede Volkshochschul-Generation muss die Frage neu beantworten, wie man das Publikum am besten erreichen kann. So müssen etwa die Erfahrungen der letzten drei Pandemiejahre mit neuen hybriden Lehr- und Lernformen bewertet und umgesetzt werden. Auch Veränderungen bei dem Anmeldeverhalten und den Lerninteressen der Interessierten verlangen Antworten.

Volkshochschulen müssen daher mehr noch als bisher offener werden und das im Angebot und auch in ihrer Raumstruktur zeigen. Ein Beispiel noch aus meiner Zeit: Die Volkshochschule hatte den Murnau-Kinosaal. Der wurde jetzt umgebaut, damit dort auch andere Veranstaltungsformen möglich werden. Das ist auch ein schönes Beispiel dafür, wie auf den Wandel im örtlichen Bildungsangebot reagiert werden kann. Damals 1986 war ein eigenständiges Filmangebot noch richtig, aber mittlerweile gibt es in direkter Nachbarschaft ein Arthouse-Kino und schon ich habe daher das Filmangebot eingestellt und das neue Kino mit unseren beiden dann nicht mehr benötigten Filmprojektoren – das war noch in der analogen Zeit – unterstützt.

Auch andere Kultur- und Bildungseinrichtungen wie Museen und Bibliotheken haben immer mehr pädagogische Vermittlungsangebote. Eine Volkshochschule wird klären müssen, welche Kooperation oder Aufgabenteilung sinnvoll ist. Die freie Kultur- und Medienszene in Bielefeld ist unvergleichlich größer und kreativer als zu meiner Zeit geworden. Es stellt sich die Frage: Kann man deren Potenzial auch für die und in der Volkshochschule nutzen?

Zum Abschluss nenne ich zwei Bereiche, für die ich in der Planung verantwortlich war, die in Praxis aber nicht zufriedenstellen konnten. Der Zugang in das alte Industriegebäude mit verwirrenden zwei Gebäudeeingängen, zwei Treppenaufgängen und nur einer Hausmeisterloge atmet nicht die Offenheit und Einladung an Besucher, die ich für notwendig halte. Auch die Absicht, eine Cafeteria ohne separaten Zugang im Zwischengeschoss könne ein attraktives Angebot für Teilnehmende vor oder nach dem Veranstaltungsbesuch sein, hat sich nicht erfüllt. Ich würde mich freuen, wenn die jetzt Verantwortlichen meine Planungsfehler korrigieren könnten.

**Sie haben uns einen lebendigen Einblick in architektonische und gestalterische Überlegungen zum Umbau und zur Nutzung des Weiterbildungszentrums im ehemaligen Industriekomplex Ravensberger Spinnerei gewährt und uns an über 40 Jahren Volkshochschul-Arbeit teilhaben lassen, wie sich diese durch Ihre Impulse als Volkshochschul-Direktor insbesondere nach dem Einzug in die neu gestaltete Ravensberger Spinnerei entwickelt hat. Dafür sagen wir ein ganz herzliches Dankeschön.**

Gernot Graessner

# LERNATMOSPHÄREN, ARCHITEKTUR UND HOCHSCHULLEHRE

*Die folgenden Bemerkungen stellen eine kleine, persönliche Annotation zur Nutzung der Ravensberger Spinnerei im Rahmen eines universitären Studiums dar.*

Hochschulen stellen räumlich bedeutende Orte des Lernens dar, in denen Studierende über Jahre hinweg Erfahrungen machen. Besonders in Studiengängen, in denen es um Erfahrungen und Wandel geht, wie etwa der Erwachsenenbildung, ist es wichtig, gelegentlich über gewohnte Mauern hinauszugehen, um Studierenden in anderen Kontexten Lernerfahrungen zu ermöglichen, welche die Routine durchbrechen und auf die Zukunft gerichtet sind. Die nachfolgenden Überlegungen fußen auf Lehrerfahrungen im Bereich der Moderationsausbildung von Studierenden der Erwachsenenbildung an der Universität Bielefeld um die Jahrtausendwende. Damals hatte ich mehrfach die Gelegenheit, die Ravensberger Spinnerei für Seminare zu nutzen. Thematisch ging es um die Zukunftswerkstatt als didaktisches Konzept der Erwachsenenbildung. Neben inhaltlichen Aspekten standen die Entwicklung, Erprobung und Erfahrung neuer Methoden im Mittelpunkt der Seminare. Diese fanden statt in einem dreisemestrigen Zyklus an der Fakultät für Erziehungswissenschaft der Universität Bielefeld. Neben der Ravensberger Spinnerei wurden weitere Lernorte außerhalb der Universität aufgesucht wie z. B. Heimvolkshochschulen oder Bürgerhäuser. Alle diese Lernräume zeichneten sich durch eine besondere Lernatmosphäre aus, die wichtig war für die Gestaltung der Seminare. Denn diese waren stets an zukunftsorientierten Konzepten (neben der Zukunftswerkstatt die Zukunftskonferenz, World Café, Appreciative Inquiry und anderen, damals noch neue ungewohnte Formate) orientiert. An der Moderationsausbildung nahmen insgesamt ca. 600 Studierende teil, die sich im Rahmen des Diplomstudiengangs Erziehungswissenschaft (meist Schwerpunkt Erwachsenenbildung/Weiterbildung) zu Moderator*innen ausbilden wollten. Die Gestaltung der Lernräume unter aktiver Beteiligung der Studierenden hatte einen hohen Stellenwert insbesondere unter Aneignungsaspekten des Gelernten, der Gruppendynamik und der inhaltlichen wie der methodischen Zielsetzungen.

Die Studierenden waren die Räume der Universität Bielefeld gewohnt, die Ravensberger Spinnerei wurde als besonderer, kontrastierender Lernort gewählt, der eine ganz besondere Lernatmosphäre mit sich brachte. Dabei ging es nicht nur um einen willkommenen Wechsel, um aus den gewohnten und eher tristen Seminarräumen herauszukommen in eine Wohlfühl-Atmosphäre. Vielmehr stand die Nutzung des bedeutenden Kulturdenkmals Ravensberger Spinnerei in einem übergreifenden Kontext, der im Folgenden als Bericht über langjährige Lehrerfahrungen erläutert werden soll.

Traditionell stellen Hochschulen für Gesellschaften und die Wirtschaft einen der zentralen Lernorte dar. Sie sind auch Orte, an denen sich Studierende ganz unterschiedlicher Herkunft treffen: Solche, die über einen traditionellen Weg zur Universität kommen und solche, die als Berufstätige neue Lernformen und Lernchancen suchen. Zugleich ändern sich Kontexte der Hochschulen in hoher Geschwindigkeit. Daraus ergibt sich die Frage: Welche Chancen für Lehrende liegen darin, Orte des Lernens, der Bildung, der Kultur und der Diskurse wie die Ravensberger Spinnerei mit ihren Studierenden aufzusuchen?

## Impressionen zu Architekturen

Zunächst ein kurzer, assoziativer Rückblick auf zwei Beispiele, wie die Architektur von Hochschulen die Bildung ihrer Zeit symbolisieren.

Erstes Beispiel: Die Humboldt-Universität, gegründet 1810, symbolisiert mit ihrer Architektur deutsche Universitätsgeschichte in besonderer Weise. Erbaut als repräsentativer Palais für Prinz Heinrich, einem jüngeren Bruder Friedrichs II., wurde es vom damaligen preußischen König Friedrich Wilhelm der Universität gewidmet und nach ihm benannt. Erst 1949 wurde sie zur Humboldt-Universität und schließt damit sichtbar an das Wirken von Alexander und Wilhelm von Humboldt an. W. von Humboldts Vision als Planer der Hochschule war die „Universitas litterarum“: eine humanistische Bildung, gegründet auf der Vernunft. Diese Vision prägte die Idee der Universität in Deutschland (und wurde längst nicht so realisiert). Sichtbar vermittelt dies bis heute das Hauptgebäude der Universität (Vgl. HUMBOLDT UNIVERSITÄT).

Zweites Beispiel: Das Hauptgebäude der Universität Bielefeld gehört zu den größten zusammenhängende Gebäuden Europas. Die Intention der Architektur lag nicht darin, einen Repräsentationsbau zu erstellen, sondern eine „Umwelt für hochempfindliche Kommunikationsprozesse“ entstehen zu lassen (DAS HAUPTGEBÄUDE DER UNIVERSITÄT BIELEFELD). Eine besondere Funktion hat darin die ca. 400 m lange Halle, die stets als Ort der Versorgung und der Kommunikation gedacht war und auch so funktionierte: Kommunikation zwischen Studierenden, Lehrenden, Beschäftigten der Hochschule und nicht zuletzt auch Besucher*innen. Die Halle ist der Fertigungshalle eines modernen Industriegebäudes nachempfunden (Vgl. GROßE HALLE DER UNIVERSITÄT BIELEFELD). Das Gebäude der Universität visualisiert ein modernes Verständnis von Bildung und Ökonomie im industriellen Zeitalter. Denn seit den 60er Jahren des letzten Jahrhunderts geht es nicht mehr um das Leitbild des Humboldt´schen Ideals, sondern um ein neues Bildungs- und Wissenschaftsverständnis: Bildung wird als Bürgerrecht verstanden und in eine enge Beziehung zur Modernisierung der Wirtschaft gesetzt. Insofern war es konsequent, die Universität als einen Ort zu konzipieren, der innen wie außen an eine moderne Fabrik erinnert. Dementsprechend prägend ist dieser Ort für die Gestaltung der akademischen Lehre. Ein Ort, der eine schnelle Kommunikation ermöglicht (jeder Raum innerhalb des Gebäudes z. B. ist innerhalb von wenigen Minuten erreichbar) und in jeder Hinsicht funktional gestaltet ist mit schlichten Hörsälen und spartanisch und normiert eingerichteten Seminarräumen, die an Arbeits- oder Besprechungsräume für Routinemeetings in Fabriken erinnern. Dies war bequem, doch die Möglichkeiten einer fantasievollen Nutzung dieser Räume waren äußerst begrenzt.

Demgegenüber die Ravensberger Spinnerei in Bielefeld: Eine historische Fabrik, ein Industriedenkmal, das wie ein Schloss anmutet und als Ort der Kultur und Erwachsenenbildung dient (Vgl. VOGELSANG 1989, S. 101). Aus der Sicht der Seminarplanung stellte die Ravensberger Spinnerei unmittelbar einen Lernort dar, der aus sich heraus schon bei seinem Anblick Emotionen auszulösen verspricht und erst recht nach Betreten des Gebäudes Gefühle der Bedeutsamkeit enstehen lässt, die Teilnehmende miteinander teilen können, besonders, wenn der Gegenstand der Seminare in der Gestaltung von Lernkulturen zu begreifen war.

## Architektur und Hochschullehre. Eine Analogie

Es besteht offenkundig eine enge Beziehung zwischen der Architektur und dem Lernen in diesen Gebäuden (Vgl. STANG et al. 2018, S. 644ff.). Das gilt physikalisch und geistig. Unter dem Einfluss der neuen Arbeitswelt und der Digitalisierung vieler Lebensbereiche geht es darum, Studierenden in den Hochschulen verschiedene Orte des Lernens zu bieten. Diese sollten so beschaffen sein, dass sie persönliche Entwicklung anregen, indem die Studierenden neue Erfahrungen gewinnen. Zusätzliche Wahrnehmungen und Perspektiven durch Raumwechsel leisten einen Beitrag dazu, nicht nur mit Blick auf Studierende, sicherlich geht es den Lehrenden ähnlich.

Dozenten sind Lernvermittler. Sie haben dementsprechend eine den Architekten analoge Rolle: Sie sind Baumeister der Lehre. Was bietet die Architektur traditionell über Jahrtausende?

Das Bauen erfüllt anders als alle anderen Kunstgattungen zuallererst das menschliche Grundbedürfnis nach Sicherheit: Gebäude bieten Schutz vor der Witterung und wilden Tieren (heutzutage offenkundig auch vor ungebetenen anderen Gästen). Über diese erste Funktion nimmt sie ästhetische und kulturelle Bedürfnisse auf, repräsentiert durch ihr spezifisches Design. Die unterschiedlichen, noch weiter differenzierbaren Funktionen spielen zusammen.

Deshalb kann man den Zeugnissen der Bautätigkeit auch kaum entgehen: Wo Menschen leben, gibt es Häuser, Hütten, Zelte. Aber natürlich spielen beim Bauen auch seelische und geistige Bedürfnisse eine Rolle: Die ‚eigenen vier Wände' und das ‚Dach über dem Kopf' trennen die Menschen von der sie umgebenden Umwelt und schaffen eigene, menschliche Dimensionen.

Bauen verändert auch den Außenraum: Der Hof, das Dorf und die Stadt sind künstliche Umwelten, der Natur abgerungen. Daher lässt sich viel über das Denken und Fühlen der für ein Gebäude Verantwortlichen daraus ablesen, wie sie das Verhältnis von Innen- zu Außenraum gestalten: Besteht die Gebäudehaut aus dicken Mauern oder Glaswänden? Zeigen Portale, Freitreppen, Vorhöfe oder Zäune eine Öffnung oder Distanzierung?

Noch andere Fragen stellen sich stets: Wer lässt bauen? Wer führt die Bauten aus? Für wen und für welchen Zweck wird gebaut? In welcher Form und mit welchen Materialien? Nicht jeder Bau ist ein Repräsentationsbau, der mit Größe, Masse, Stil und Schmuck beeindrucken will. Aber jeder Bau repräsentiert den Geist seiner Zeit oder zumindest den seines Bauherrn und des Architekten. Und er repräsentiert, mehr als andere menschliche Schöpfung, die gesellschaftlichen Verhältnisse: Bauen ist ein sozialer Akt, der fast immer in aller Öffentlichkeit stattfindet und viel kostet, also abhängig ist von den Macht- und Vermögensverhältnissen. Aufwändige Bauten spiegeln daher wider, welche Personen oder Zwecke den herrschenden Gruppen einer Gesellschaft gerade wichtig sind (Vgl. GYMPEL 2016, S. 6). Gebäude stellen soziokulturelle Symbole ihrer Zeit dar und weisen darüber hinaus. Auch akademische Lehre symbolisiert ihre jeweilige Zeit und weist ihrerseits unter bestimmten Voraussetzungen darüber hinaus, indem sie der Zukunft einen Weg bereitet. Alle diese Aspekte und Fragen waren Gegenstand der Reflektion mit den Studierenden.

## Akademische Lehre: Die Ravensberger Spinnerei als Erfahrungsraum

Im Sinne der genannten Analogie war es ein Glücksfall, neben den modernen, funktionalen Räumen der Universität Bielefeld die historischen Räume der Ravensberger Spinnerei für die Moderationsseminare nutzen zu können. Auch in diesen geht es darum, Sicherheit zu gewinnen, Orientierung und eine kulturelle Rahmung zu erhalten, Vergangenheit sowie gesellschaftliche und ökonomische (Macht-)Verhältnisse zu spüren, Kreativität für die Zukunft zu gewinnen und in die Lage zu kommen, eine möglichst umfassende Reflexion zu gestatten. Die Ravensberger Spinnerei war dazu ideal. Denn den Teilnehmenden der Seminare war es bewusst, dass sie Treppenstufen betraten, die von Arbeiter*innen unter schwersten Bedingungen ausgetreten waren. Das Staunen über die ästhetisch und technisch äußerst anspruchsvollen Schachtelhalm-Konstruktionen der Träger des Gebäudes beeindruckten durch ihre mit der Natur gewonnenen Symbolik und Nutzung für die Architektur. Und besonders: Die Geräusche und die Lautstärke der Maschinen, die Gerüche der Hallen sowie die Stimmen der Menschen waren spürbar, nahezu sinnlich erfahrbar und konnten innere Resonanz erzeugen. Die Atmosphäre der historischen Fabrik strahlte die notwendige Ruhe in den Reflexionsphasen aus, nachdem sie in den Performanz-Phasen alle Möglichkeiten für Kreativität geboten hatten. Das Erleben und Erspüren der Vergangenheit setzte Emotionen frei, welche die Vorstellung von Zukunft hervorbrachten. Konnte das Erleben des Raumes dazu beitragen, aus dem Gefühl der Sicherheit des Lernens den Weg in die Unsicherheiten von Zukunftsvorstellungen zu gehen und diese zu konkretisieren, so war die räumliche Umgebung für die somit angestoßenen Prozesse nicht minder wichtig: Die Ästhetik des Parks lud zu Pausen ein, dazu noch angeregt durch das Ensemble etwa der Karderie oder der Alten Hechelei. Erfahrbar wird dadurch das von der VHS konzipierte „offene Lernen“ (UKENA 1989, S. 105) in Anbetracht und Reflexion dessen, was die Ravensberger Spinnerei ausmachte: die einem Schloss ähnliche Konstruktion einer die Technik beherrschenden Fabrik, welche die Macht und das Selbstbewusstsein eines Bürgertums symbolisiert, bezeugt durch die sichtbaren Spuren der Arbeiter*innen und deren Arbeits- und Lebensverhältnisse. Es zeigte sich schnell in den Seminaren, dass die Ravensberger Spinnerei weit mehr war als eine genussvolle Abwechslung gegenüber dem gewohnten Lernort Universität.

Insofern wurde im Lernen erlebbar, was Architektur im genannten Sinne ausmacht: Schutz, Geist und Seele des Gebäudes, die unterschiedlichen Zugehörigkeiten der dort versammelten Menschen zu gesellschaftlichen Gruppierungen; die Dimensionen dieser durch Technik und Arbeit geprägten Umwelt, eine Ahnung von deren Denken und Fühlen, auch der diese Welt gestaltenden und nutzenden Verantwortlichen; die im Gebäude sichtbare Öffnung für die Welt der Produktion und die gleichzeitigen Distanzen der im Gebäude agierenden Menschen. Nicht nur intellektuell nachvollziehbar, sondern spürbar wurden durch die Form und die Materialien, der Zweck und die Imagination der Bauherren und vor allem nahezu körperlich erlebbar wurden die gesellschaftlichen Verhältnisse über die Zeit und die mit den Zeitläufen seit dem Bau dieses Denkmals verbundenen sozialen Akte, die jeweils sich als wichtig für die Produktion wie auch das Zusammenleben herausstellten. Für die Seminare wurde die Ravensberger Spinnerei somit im wörtlichen Sinne ein „Denk-mal".

Damit komme ich auf die Analogie zurück, in der Lehrende als Architekten zu sehen sind. Das meint, Lehrende:

- bedenken die Funktionen, die sie ihrer akademischen Lehre geben,
- wählen die für die Gestaltung dieses Lernraums erforderlichen und zur Verfügung stehenden Ressourcen und
- verbinden die ‚Mauern der Hochschule' mit über diese hinausweisenden (haptischen, virtuellen, sozialen) Räumen und rahmen damit unterschiedliche, spezifische Lernorte der Studierenden und
- geben ihrer Lehre eine Form, welche die jeweilige Höhe der Zeit repräsentiert.

In dieser Tätigkeit reicht es also nicht, die jeweiligen Bedingungen der wissenschaftlichen Grundlagen, der soziokulturellen Umgebung, die jeweiligen technischen und wirtschaftlichen Bedingungen zu berücksichtigen, vielmehr kommt es darauf an, dem Ganzen in seiner akademischen Lehre Gestalt zu geben und diese zu reflektieren. Dies heißt, ähnlich wie ein Baumeister es für den von ihm umbauten Raum hält, heißt dies programmatisch zu denken. In Programmen der Architektur werden Funktion, Zweck und Umfang der Aufgaben definiert, alles Weitere ist Gegenstand von Planung. In Programmen der Lehre ist dies nicht anders. Und das setzt voraus:

- eine Imagination, eine Idee von dem zu besitzen, was akademische Lehre ausmacht,
- dementsprechend eine Konstruktion der Lehre von den Grundlagen bis zur Ästhetik zu entwerfen und vor allem
- eine Vorstellung davon zu entwickeln, wie das Bauwerk respektive das Lehrgebäude ausgeführt werden kann (Vgl. MÜLLER & VOGEL 1974, S. 14ff.).

Vor jeder Realisierung steht dementsprechend die Vorstellung, die Idee, die Vision, die Imagination dessen, was der Sinn und Nutzen des ganzen akademischen Lehrgebäudes sein soll. Und erst danach folgen die Grundsätze der Konstruktion und des Designs.

In der Hochschule geht es immer darum, den Rahmen für gutes Lernen zu geben. Für Studierende der Erwachsenenbildung war dies, jedenfalls hinsichtlich der Erfahrbarkeit und fantasievollen Nutzung von Räumen, durch die Funktionalität des Gebäudes der Universität Bielefeld zwar spezifisch, jedoch begrenzt möglich.

Die Ravensberger Spinnerei bot hingegen nicht nur die Möglichkeit ‚Geist und Seele' der Vergangenheit einzuhauchen, die Konstruktion dieses Industriedenkmals regte dazu an, Imaginationen für die Zukunft zu entwickeln, den Raum für ein neues zukunftsorientiertes didaktisches Design zu nutzen. Sie bot einen räumlichen Ansatzpunkt für die Ausbildung von Studierenden der Erziehungswissenschaft, den Wandel der Zeit zu reflektieren, die Herausforderungen der Zeit anzunehmen und auf ihrem Gebiet zu gestalten, im Rahmen der Moderationsausbildung beispielsweise als Zukunftswerkstatt. Durch die physiologische Anwesenheit in der Nutzung der unterschiedlichen Räume unter dem Eindruck der gesamten Architektur der Ravensberger Spinnerei war es möglich, die komplexe wirtschafts- und sozialgeschichtliche Rolle der Spinnerei einzubetten in eine Didaktik der Erwachsenenbildung: Die Ravensberger Spinnerei sprach vielfältige Sinne der Teilnehmenden an, sie machte Interaktionen im Gebäude selbst und in seiner Umgebung möglich (die in den gewohnten Räumen der Universität ausgeschlossen waren) und sie löste Aufmerksamkeiten aus. Diese wiederum wurden durch die Anreize der Architektur gesetzt, die Interesse, Neugier und Emotionen zu wecken in der Lage war. In dieser Lernatmosphäre konnten die Studierenden sinnliche Erfahrungen machen sowie im Rahmen der Zukunftswerkstatt neue und andere Perspektiven gewinnen; sie konnten Neues schaffen, das an anderen Orten in dieser Weise nicht möglich war (Vgl. KÜHN 2019, S. 18).

Die Ravensberger Spinnerei erlaubte es, Erwachsenenbildung in einem umfassenden Konstrukt erfahrbar zu machen. Der Raum „Ravensberger Spinnerei" gab den Studierenden den Rahmen für eine neue Orientierung, für neue Offenheiten und die Chance, die Gewohnheiten aus dem Lernraum Universität zu überschreiten und Handlungsweisen (Vgl. SCHÄFER in diesem Band) zu führen. Die Integration dieser Handlungsweisen, in diesem Fall im Bereich ihrer Moderationskompetenzen, bewirkte in vielerlei Hinsicht auch die Herausbildung einer neuen professionellen Haltung. So war die Ravensberger Spinnerei, so mein Eindruck, ein Ort des Lernens für diese Studierenden der Erwachsenenbildung in den 90er Jahren, der Bildung und Kultur erfahrbar machte, neue Methoden der Moderation vermittelte und aktuelle, zukunftsorientierte Diskurse anregte.

## Literatur

DAS HAUPTGEBÄUDE DER UNIVERSITÄT BIELEFELD (kein Datum): https://www.blb.nrw.de/einblicke/projekte/projekt/das-hauptgebaeude-der-universitaet-bielefeld. Zugegriffen am 06.09.2023.

GYMPEL, J. (2016): Geschichte der Architektur. Potsdam: h.fullmann.

HUMBOLDT UNIVERSITÄT (kein Datum): http://www.newworldencyclopedia.org/entry/Humboldt_University_of_Berlin. Zugegriffen am 06. September 2023.

GROẞE HALLE DER UNIVERSITÄT BIELEFELD (kein Datum): https://de.wikipedia.org/wiki/Datei:Halle_Universit%C3%A4t.JPG. Zugegriffen am 06. September 2023.

KÜHN, C. (2019): Atmosphären des Lehrens und Lernens. Annäherung an ein soziales Phänomen. In: Forum Erwachsenenbildung 52 (2). S. 17–20.

MÜLLER, W. & VOGEL, G. (1974): Baukunst, Bd. 1. München: Deutscher Taschenbuch Verlag.

STANG, R., BERNHARD, C., KRAUS, K. & SCHREIBER-BARSCH, S. (2018): Lernräume in der Erwachsenenbildung. In: Handbuch Erwachsenenbildung/Weiterbildung, hrsg. von R. Tippelt & A. von Hippel. 6. Auflage. Wiesbaden: VS. S. 643–658.

UKENA, D. (1989): Von der Idee zur Realisierung: Ravensberger Spinnerei als Volkshochschule. In: Die Ravensberger Spinnerei. Von der Fabrik zur Volkshochschule – zur Umnutzung eines Industriedenkmals in Bielefeld, hrsg. von D. Ukena & H. J. Röver. Hagen: v. d. Linnepe. S. 105–110.

VOGELSANG, R. (1989): Ein lustiger, großer Garten. In: Die Ravensberger Spinnerei. Von der Fabrik zur Volkshochschule – zur Umnutzung eines Industriedenkmals in Bielefeld, hrsg. von D. Ukena & H. J. Röver. Hagen: v. d. Linnepe. S. 101–104.

Tom Ritschel

# *Über den Raum hinaus*

## *Potenzielle Räume im Lernprozess erschliessen und gestalten*

## Einleitung

Am stärksten wirken physische Lernräume in der Praxis noch immer dann, wenn sie in ihrer Begrenztheit wahrgenommen werden, wenn sie zu klein, unflexibel, reizlos oder mangelhaft ausgestattet sind. In meiner Coachingpraxis wird immer wieder auf den Raum als eine scheinbar unveränderliche Ursache für eine methodisch und didaktisch stark limitierte Lehrpraxis verwiesen. Erstmals wurde ich mit diesem Zusammenhang im Rahmen des Projektes Neues Lehren und Lernen an der Ernst-Abbe-Fachhochschule Jena (2012–2014) unter der Leitung von Prof. Dr. Erich Schäfer konfrontiert. Da diese Sicht inzwischen hinlänglich bekannt ist, werden zunehmend Lernräume gefordert, die aktivierend und flexibel auf vielfältige methodische Nutzung und wechselnde Bedürfnisse hin ausgerichtet sind, die Licht und Luft und Entfaltungsmöglichkeiten atmen, die hybride Nutzungen ermöglichen und die den Gedanken der Nachhaltigkeit fördern (dazu z. B. Zehn Leitlinien für zukunftsorientierte Lernräume, STIFTERVERBAND DER DEUTSCHEN WISSENSCHAFTEN E.V. 2022 ). Nicht nur an Lehrpersonen, sondern auch an Lernräume werden stetig wachsende Anforderungen gestellt: Sie sollen zugleich multi- und extrafunktional sein, Handlungs- und Erfahrungsorientierung ermöglichen, mediengerecht, unperfekt (als Herausforderung), animierend, transparent und Hierarchie nivellierend sein, zudem begegnungs-, konzentrations- und dialogfördernd, anregend, entspannend, dechiffrierbar und rezipierbar, perspektivreich, menschenmaßstäblich, ästhetisch und natürlich auch mußestiftend, entwicklungsoffen, flexibel, multisensorisch, klingend, farbgerecht und Orientierung gebend. All diese Anforderungen beschreiben aber nur scheinbar Eigenschaften von Räumen. Sie verweisen vielmehr auf Erfahrungen im Umgang mit den Möglichkeiten von Räumen im Lernprozess. Auch der ideale Lernraum fördert nur sehr begrenzt aus sich heraus die Lernprozesse. Die Potenziale von Räumen erschließen sich erst, wenn ihre materiellen, sozialen, energetischen und poetischen Dimensionen aktiv in Verbindung mit den inneren Räumen der Lernenden gebracht und ihre didaktischen und methodischen Möglichkeiten bewusst erschlossen werden. Auch unvollkommene und nicht optimierte Lernräume können demnach Lernprozesse in hohem Maße fördern, wenn sie anders betrachtet, verstanden und genutzt werden. Für eine Annäherung an diese These ist es wichtig, sich kurz mit einigen dieser Dimensionen von Räumen und ihrem Verhältnis zueinander zu befassen.

## Der physische Raum

„Zuerst prägt der Mensch den Raum, dann prägt der Raum den Menschen“ (Winston Churchill). Raum und Mensch sind in einem interdependenten Verhältnis verbunden.

Die abstrakte Dimension „Raum“ umgibt uns in Form eines physischen Raumes, der ganz wesentlich von Architektur geprägt ist. Dieser von Menschen konstruierte Raum ist der wohl wichtigste Ort unserer menschlichen Existenz. Ihn können, müssen wir erspüren, ihn nehmen wir wahr, um uns wahrzunehmen, durch seine Struktur und Umfänglichkeit erfahren wir etwas über uns. Kaum etwas prägt Menschen stärker als Räume. Räume sind Abbilder unserer Sicht auf den Menschen, auf menschliche Beziehungen, auf Gesellschaften, auf das Verhältnis zwischen Kultur und Natur. Architektur ist nicht nur Gebäude, die als schön oder unschön, gelungen oder fragwürdig beurteilt werden. Sie ist unser Resonanzkörper. Sie spiegelt uns wider, lässt uns selbst wahrnehmen, wirkt auf unser Befinden. Erkenntnisse aus der Architekturpsychologie und der salutogenen Architektur stellen etwa den Zusammenhang zwischen Architektur und Heilerfolgen heraus. Gleiches gilt auch für die Architektur von Lernräumen. Auch hier spielen das Wohlbefinden und das Sicherheitsgefühl im Raum zentrale Rollen für den Lernerfolg, beeinflusst etwa durch Größe, Zugänglichkeit, Helligkeit, Farben, Temperatur und Materialität. Es sind zuerst Grundbedürfnisse von Menschen, die sich im Bauwerk spiegeln. Dort, wo Lernen sowohl ein individueller als auch ein kollektiver Prozess ist, also in Bildungseinrichtungen, wirkt die Architektur auch durch ihre sozialen und kulturellen, ja sogar durch ihre politischen Dimensionen, etwa indem sie durch die damit verbundenen Ordnungsysteme definierte Grenzen setzt oder durchlässig macht.

In der *Humancentered Architecture*, ein Begriff, den der irische Ingenieur MIKE COOLEY (1987) geprägt hat, stehen der Mensch, seine Bedürfnisse und sein Verhalten im Mittelpunkt. Dies beruht auf der Erkenntnis, dass Räume sich in ganz vielen Fällen nicht an der Conditio Humana orientier(t)en. Räume müssen aus dieser Perspektive vielmehr als zentraler Teil eines Organismus verstanden werden, in dem der Mensch im Mittelpunkt steht. So wie ein Bienennest mehr ist als ein Schutzraum und eine perfekt organsierte Reproduktionsstätte. Eine bloße funktionale Betrachtung von Räumen reicht bei weitem nicht aus. Der vom Menschen gebaute Raum ist ein komplexes System, das psychologische, soziale, kulturelle und politische Chiffren umfasst. Ein Schlüssel zu den potenziellen Räumen ist daher, konstruierte Räume zu dechiffrieren und sie verstehen zu lernen. Wir müssen physische Räume viel bewusster als Spiegel unserer eigenen Perspektiven und Bedürfnisse verwenden, um ihre Potenziale zu verstehen und zu nutzen.

## Der energetisch dynamische Raum

REYNER BANHAM unterscheidet in seinem Buch *The Architecture of the Welltempered Environment* (1969) zwei Arten der Raumbildung: Neben die bereits oben angesprochene konstruktive stellt er die energiegestützte Lösung. Unser Architekturverständnis ist bisher von der konstruktiven Lösung geprägt: Für uns werden Räume durch Wände, Decken und Böden gebildet. Der Raum entsteht durch seine physische Abgrenzung von der Umgebung. Er ist in sich homogen.

Daneben gibt es seit Menschengedenken ein zweites Konzept der Raumbildung: Statt durch Abgrenzung werden Räume mit Hilfe von Energie gebildet, wie z. B. bei einem Lagerfeuer, das Wärme und Licht spendet. Der Raum entsteht nicht durch Abgrenzung, sondern durch die Modulation von Energiefeldern. Die Raumgrenzen sind vage, der Raum in Zonen unterschiedlicher Helligkeit und Wärme differenziert.

Ein solcher energetisch gebildeter Raum zeichnet sich durch vier Charakteristiken aus:

1. Er ist nicht homogen, sondern ein Feld unterschiedlicher Dichte und Intensität.

2. Der Raum ist kein abgegrenztes, isoliertes Gebilde. Er ist Teil seiner Umwelt. Er geht in den Umraum über.

3. Er wird durch die Umweltbedingungen und durch die Nutzung verändert. Er existiert nicht autonom, sondern er entsteht erst in Relation zu Umwelt und Nutzung.

4. Der energetisch erzeugte Raum ist wandelbar. Er wird durch einen Energiefluss gebildet. Der Energiefluss ist i. d. R. steuerbar.

Diese Sicht auf energetische Räume ist nicht mit esoterischen Energieräumen zu verwechseln, die meist auf spekulativen Energien und deren Wirkung auf den Menschen beruhen.

Ein energetisch dynamischer Raum lässt sich nicht mehr mit den traditionellen Mitteln architektonischer Darstellung – Grundriss, Schnitt etc. – entwerfen. Der Architekt muss andere Methoden ersinnen, um den Raum beschreiben zu können; Methoden, die die Verwandlung des Raums über die Zeit und das Zusammenwirken seiner verschiedenen Parameter veranschaulichen.

Der Raum wird nicht mehr primär durch seine Umfassungswände definiert, sondern durch die immateriellen Qualitäten von Licht, Klang und Klima, die durch Filter (z. B. Gebäudehülle) und aktive Elemente (z. B. Licht- und Klangquellen) moduliert werden. Diese einzelnen Dimensionen des Raumes sind nicht mehr synchron. Sie werden unabhängig voneinander gesteuert. Es überlagern sich verschiedene, einander widersprechende Räume aus Licht, Klang, Farbe, Projektion usw., aus denen *Polytope* entstehen. Der Raum ist vieldimensional, dynamisch und in unterschiedliche Bereiche differenziert.

Es ist ein Raum der Überlagerungen, der Übergänge, der Modifikationen, der Transformationen, der Dichten und Intensitäten. Der Raum ist ein sich ständig änderndes Möglichkeitsfeld. Der Raum ist ein ständiges „Werden".

In einem solchen Raum drückt sich ein anderes Denken aus. Der Philosoph VILEM FLUSSER (1991) unterscheidet zwischen der Sesshaftigkeit, die auf einem Denken in festen Kategorien und Begriffen basiert, und dem Nomadismus, dem ein Denken in Beziehungen und Relatio-nen zu Grunde liegt. Während die konstruktive Raumbildung einem Denken in festen Kategorien entspricht, kommt in der energiebasierten Raumbildung ein Denken in Relationen zum Ausdruck. In ähnlicher Weise unterscheiden die französischen Philosophen DELEUZE und GUATTARI in ihrem Buch *Tausend Plateaus* (1980/1992) zwischen dem glatten und dem gekerbten Raum: Den gekerbten Raum vergleichen sie mit einer in Ackerfelder aufgeteilten Landschaft, in der alles messbar, abgezirkelt und definiert ist. Der glatte Raum hingegen ist fließend, nicht fassbar, wie das Meer oder die Wüste. Er ist der Erlebnisraum.

Der digitale Raum, als eine besondere Version des energetischen Raums, ist ein Möglichkeitsfeld. Er existiert nicht per se, sondern nur virtuell. Er ist nie vollständig vorhanden. Nie sind alle Verbindungen gleichzeitig aktiv – was auch nicht möglich wäre. Er wird immer nur ausschnittsweise und zeitweise realisiert.

In seiner Potenzialität ist der digitale Raum dem energetischen Raum ähnlich. Es ist der Raum der Nomaden, es ist der glatte Raum, der Raum der Beziehungen und Verhältnisse, nicht der Definitionen und Objekte.

Energetisch dynamische Räume werden in Lernprozessen oft nicht in ihrem Potenzial erschlossen und genutzt. In einigen Konzepten, wie z. B. *Art of Hosting*, werden energetische Räume durch bestimmte Regeln und Methoden sowie meist durch Einbezug des konstruierten Raumes geschaffen, um Menschen in tiefere Kommunikation mit sich, mit den anderen Anwesenden und mit den als relevant erkannten Themen und Fragen gebracht. Energetische Räume zielen in besonderem Maß auf emotionale und assoziative Bereiche unserer Wahrnehmung. Viel mehr als bei konstruierten physischen Räumen, steht die Wechselwirkung zwischen inneren und äußeren Räumen hier im Mittelpunkt.

## Der poetische Raum

In *Poetik des Raumes* (1957/1987) zeigt GASTON BACHELARD, dass Räume nicht nur physische oder energetische Orte sind, sondern auch eine tiefe Verbindung zu unseren Emotionen, Erinnerungen und kreativen Impulsen haben. Dabei lassen sich vier Dimensionen unterscheiden:

1. Intime Immensität: Bachelard argumentiert, dass bestimmte Räume, wie beispielsweise das Kinderzimmer oder der Dachboden, eine „intime Immensität" besitzen. Diese Räume können klein und begrenzt erscheinen, aber sie haben die Fähigkeit, in unserer Vorstellungskraft unbegrenzt und weitreichend zu sein. Die Vorstellung von immensen Räumen in begrenzten physischen Umgebungen ist ein Ausdruck der poetischen Kraft der Imagination.

2. Poetische Intuition: Bachelard betont die Bedeutung der poetischen Intuition bei der Erforschung von Räumen. Er schlägt vor, dass wir uns von vorgefassten Ideen und utilitaristischen Ansichten über Räume befreien sollten, um ihre tieferen poetischen und psychologischen Qualitäten zu erfassen. Die poetische Intuition erlaubt es uns, über die bloße Funktionalität von Räumen hinauszugehen und ihre emotionalen, kre-ativen und ästhetischen Dimensionen zu erkunden.

3. Raum und Erinnerung: Bachelard untersucht, wie Räume mit Erinnerungen verknüpft sind und wie sie die Struktur unserer Gedanken und Gefühle beeinflussen. Bestimmte Orte können starke emotionale Resonanzen haben und Erinnerungen hervorrufen, die in ihnen verwurzelt sind. Die Wechselwirkung zwischen Raum und Erinnerung spielt eine entscheidende Rolle in der poetischen Schaffenskraft.

4. Topophilie: Bachelard prägt den Begriff der „Topophilie", um die Liebe zu bestimmten Orten oder Räumen zu beschreiben. Er betont, dass diese Liebe nicht nur eine rationale oder funktionale Verbindung ist, sondern eine tiefe poetische Bindung, die unsere Vorstellungskraft beflügelt und uns zu kreativen Ausdrucksformen inspiriert.

Die „Poetik des Raumes“ ist eine Einladung, Räume nicht nur als neutrale physische Entitäten zu betrachten, sondern als lebendige, dynamische Kräfte, die unsere Wahrnehmung, Vorstellung und kreative Entfaltung formen. Bachelards Ansatz eröffnet eine neue Perspektive auf die Beziehung zwischen Mensch und Raum, indem er die poetischen Potenziale entdeckt, die in unseren alltäglichen Umgebungen verborgen sind.

## Die Wechselwirkung von „Room“ und „Space“

Die von WERNER SESINK (2007/2014) beschriebene Doppelperspektive auf Räume, in der er „Room“ und „Space“ unterscheidet, setzt ebenfalls bei der Wechselwirkung zwischen objektiven und subjektiven Räumen an. Die physische, auf der Architektur beruhende Di-mension von Räumen („Room“) umfasst etwa die Kubatur, Materialität und Abmaße, aber auch die Innenarchitektur, mit den im Raum enthaltenen Einrichtungsgegenständen und andere Objekte und deren Anordnung, Ausstattung, Funktionalität und Ästhetik (Design), also die objektive Seite. Mit „Space“ kommt die *subjektive* Perspektive des Raums dazu: die Ziele, Interessen, Dispositionen der Menschen im Raum und ihre Methoden, Prozesse und andere Interaktionen. Wobei dadurch auch die Zeit als raumgestaltende Größe hinzutritt.

„Space“ umfasst also auch den sozialen Raum, denn Räume sind stets Strukturierungsmoment für alle Arten sozialer Interaktion. Sie werden in sozialen Abläufen produziert und die Wahrnehmung von Räumen in sozialen Prozessen erlernt. „Indem wir Räume produzieren, produzieren wir gleichzeitig ihre soziale Bedeutung und jedes Kind, das lernt, mit Raum umzugehen, erlernt gleichzeitig die Regeln, mit deren Hilfe es die den Räumen anhaftende Symbolik entschlüsseln kann“ (HAMM 1996).

Räume gibt es demnach nur in der kulturellen Überformung. Raum und Mensch stehen stets in einem interdependenten Wirkungsverhältnis zueinander. Mit anderen Worten: Erst die Nutzung macht den Raum. Räume sind letztlich Ergebnis menschlicher Syntheseleistungen (LÖW 2001 ).

BOURDIEU S sozialer Raum ist eine dreidimensionale Darstellung sozialer Strukturen, auf dessen Handlungsebene sich das soziale Feld befindet. Für Bourdieu gibt es eine unmittelbare Verbindung zum physischen Raum, da sich der soziale Raum auch dort widerspiegelt. Die unterschiedlichen sozialen Kapitalsorten bilden auch die Präferenzen und Möglichkeiten, die die Wahl von Räumen, Lebensorten und Quartieren hervorbringen: Es ist der Habitus, der das Habitat macht. Wobei aber auch das Habitat wiederum auf den Habitus zurückwirkt.

Je eindeutiger ein Raum ist, umso stärker werden auch die Möglichkeiten der sozialen und kulturellen Interaktion reguliert und begrenzt. Ein Gerichtssaal weist den Anwesenden klar definierte Rollen und Plätze im Raum zu, bestimmt damit auch zugleich die Hierarchien und die damit verbundenen Verhaltens- und Kommunikationsregeln, bis hin zu Kleidungsvorschriften. Damit einher geht, dass auch Zeiträume und Rhythmen in solchen Räumen stark strukturiert sind. „Room“ und „Space“ werden hier als wechselseitig stark begrenzt wahrgenommen.

Räume konstituieren sich demnach durch ihre physische, d. h. gestaltete, oder durch energetisch-dynamische Dimensionen, sie verfügen i. d. R. über ein institutionalisiertes sowie normatives Regulationssystem und Regeln sozialer Interaktions- und Handlungsmuster und weisen ein räumliches Zeichen-, Symbol- und Repräsentationssystem auf. Zudem haben sie für die Menschen im Raum oft auch eine poetische Dimension.

Für Lernprozesse ist dabei bedeutsam, wie offen und gestaltbar dieses System ist. Dieser Spielraum drückt sich in der Potenzialität des Raumes aus.

## Potenzielle Räume als Lernräume

Wenn Menschen den gestalteten Raum in selbstgesteuerter und kreativer Weise nutzen, entstehen oder erweitern sich „Zwischenräume“ zwischen Room und Space, die Werner Sesink in Anschluss an Winnicott als „Potenzielle Räume“ beschreibt (2007/2014). Bereits LEW S. WYGOTSKI verwendet 1934 den Begriff „Potenzielle Räume“, indem er mögliche individuelle Entwicklungsräume von Lernenden beschreibt („Zone der nächsten Entwicklung“). Als Lernende erschließen wir uns wechselseitig die Welt und unser Selbst im Spiel mit den darin enthaltenen Möglichkeiten.

In der künstlerischen Umdeutung, im Spiel und in der kreativen Erweiterung von Zwecken und Möglichkeiten lassen sich Räume erweitern, neu und anders erfahren und ihre vorhandenen sozialen Prägungen und Interpretationen in Frage stellen. Dabei geht es um den Zwischenraum, den der physische Raum, mit seinen baulichen Gegebenheiten und seiner materiellen Ausstattung und der immateriellen Dimension des Raumes, also seinen Nutzungszwecken, seiner Atmosphäre und seinen Deutungsangeboten anbietet. „Potenzielle“ Räume meint also andere wissensbasierte, assoziative oder experimentelle Möglichkeiten von Räumen und Dingen. Dabei können etwa bauliche oder gestalterische Analogien ein Ausgangspunkt sein, z. B. der strukturell ähnliche Aufbau von Kirchen und Theatern.

Auch das flexible Spiel mit Gegenständen und Einrichtungselementen und ihren Funktionen führt in diese potenziellen Räume. Kinder sind meistens Expert*innen für solche Verwandlung von Räumen, etwa wenn Kartons oder anderes Verpackungsmaterial in Häuser, Raumschiffe oder Fahrzeuge transformiert oder Teppiche zu Flößen und Kissen zu Eisschollen verwandelt werden. Wenn ein Kind aus einem großen Karton ein Schiff oder ein Auto „baut“, indem es die dafür als notwendig erachteten Bauteile ergänzt, herausschneidet oder aufmalt, erschafft es im Spiel eine neue Realität, indem es sowohl den physischen Raum verändert als auch entsprechend seiner eigenen Rollen anpasst. Dabei wird die Vielfalt der Möglichkeiten des vorgefundenen gestalteten Raums erkundet, indem etwa Form, Materialität, Funktionalität und die damit verbundenen Grenzen entdeckt und mit den inneren Erfahrungs-, Vorstellungs- und Definitionsräumen verbunden werden. SESINK stellt dabei klar:

[D]*er Potenzielle Raum ist kein metaphorischer Raum. Er ist ein in Realität eingelassener Raum jenseits von Realität; ein Raum, in dem realitätsverändernde Kräfte entdeckt werden, sich entwickeln und erprobt werden können, an realen Dingen, die aber nicht in ihrem*

*Gegebensein hinzunehmen, sondern hinsichtlich ihrer noch unerschlossenen Möglichkeiten wahrzunehmen sind.* (2007)

Potenzielle Räumen rücken die vorhandenen sozialen Zuschreibungen von Räumen stärker ins Bewusstsein, da sie in der Regel einen Perspektivwechsel provozieren oder ermöglichen und ein neues Erfahrungs-, Verhaltens- und Interpretationsangebot der Räume machen. Das geschieht etwa durch die Unterbrechung von Verhaltensroutinen im Raum, etwa wenn eine künstlerische Intervention Menschen in Durchgängen, z. B. Fußgängertunnel oder Passagen, zum Anhalten bringt oder wenn ein Gerichtsaal zur Theaterbühne wird. Mitunter werden bestimmte sozial überkommene Verhaltensmuster dadurch überhaupt erst wieder reflektiert: z. B. Flüstern und leise Bewegungen in Bibliotheken und Museen. Wenn nach GERNOT BÖHME (2022) die Atmosphäre von Räumen auf der Wechselwirkung zwischen den Anwesenden und ihren Zwecken, Gefühlen, Erwartungen, Stimmungen und Stile aber auch geltenden Regeln, zugeordnete Prozesse und den Maßen, Anordnungen, der Materialität und Ausstattung, der Funktionalität und Ästhetik entsteht, dann zielen potenzielle Räume oft auf eine atmosphärisch neue Erschließung oder Erweiterung des Raumes.

Für die Öffnung und Erkundung potenzieller Räume im Rahmen von Lernszenarien bedarf es assoziativer, wissensbasierter oder experimenteller Rechercheprozesse, in denen etwa die praktischen, funktionalen, sozialen, geschichtlichen und atmosphärischen Dimensionen des Lernraumes oder Lernortes erschlossen werden können. Die systematische methodengestützte Erschließung von Räumen ist dabei *eine* Seite des Prozesses, auf der anderen Seite aber steht das freie Spiel mit den Räumen: Potenzielle Räume sind immer zuallererst einmal Spielräume. Die Entdeckung der Möglichkeiten eines Raumes zielt eigentlich auf die Entdeckung der eigenen Möglichkeiten. Verständnis

Deshalb nennt Sesink die Erschließung potenzieller Räume auch eine „Entdeckungsreise zur Potenzialität der Welt wie des eigenen Selbst in ihrem wechselseitigen Erschließungsverhältnis“ (2007/2014). Der Lernort ist demnach immer auch Resonanzraum. Die Frage ist, wie der konkrete Lernraum erfahrbar gemacht werden kann, sodass er zum Lernprozesse initiierenden oder unterstützenden Resonanzraum wird.

Wenn Lernräume didaktisch als Möglichkeitsräume verstanden werden, dann schaffen sie damit auch die Möglichkeit für individuelle Distanz, für autonome Lernformen, für Zwischenräume im Sinne von Zeiträumen der Selbstgestaltung.

Die Strukturierung von Lernräumen und die Freiheit der Annäherung an sie ermöglicht eine Zuordnung der Lernenden nach Interessen, Vorwissen und -erfahrung und ihren Bedürfnissen nach Interaktion und Kommunikation.

Die Erlebnisqualität eines Raumes verändert sich fundamental, wenn seine Potenziale erschlossen werden: wenn Fenster und Schlüssellöcher zu Ausgangsorten für Entdeckungen der Welt außerhalb des Raumes werden, wenn Raumecken und Fußböden ihre arithmetischen oder geometrischen Geheimnisse lüften, wenn Türen etwas über Politik vermitteln können. Es entsteht ein Spielraum, in dem sich konstruierter, assoziativer, energetischer und poetischer

Raum überschneiden können. Die starren physischen Grenzen des Raums lösen sich darin auf, der Raum bekommt „Spiel". Nicht nur, indem die flexiblen Aspekte im Raum identifiziert und nutzbar werden, sondern indem bewusst der konstruierte Raum nach „Innen" erweitert wird. Sesink spricht von „Pädagogik als einer einräumenden Praxis" (2007/2014). In dem Sinne ist die Einladung in einen Lernprozess immer auch eine Einladung in einen Raum, der erst durch die Lernenden selbst gestaltet wird.

## LITERATUR


BACHELARD, G. (1957): La poétique de l'espace. Paris: [Verlag]. (Deutsche Ausgabe: Poetik des Raumes. 1987. Frankfurt/M., S. Fischer).

BANHAM, R. (1969): The Architecture of the Well-tempered Environment. Chicago: Kingsport Press.

BERNHARD, C., KRAUS, K., SCHREIBER-BARSCH, S. & STANG, R. (Hrsg.) (2015): Erwachsenenbildung und Raum – Theoretische Perspektiven – professionelles Handeln – Rahmungen des Lernens. Bielefeld: Bertelsmann.

BÖHME, G., (2022): Atmosphäre, Berlin: Suhrkamp.

BOURDIEU, P. (1985): Sozialer Raum und „Klassen", Frankfurt/M.: Suhrkamp.

DELEUZE, G. & GUATTARI, F. (1980/1992): Tausend Plateaus – Kapitalismus und Schizo-phrenie. Übersetzt aus dem Französischen von G. Ricke und R. Voullié. Berlin: Suhrkamp.

COOLEY, M (1987): Architect or Bee? the human price of technology. The Hogarth Press, London.

FLUSSER, V. (1991): Räume. In: Dünne, Jörg / Günzel, Stephan (Hg.) (2006): Raumtheorie. Grundlagentexte aus Philosophie und Kulturwissenschaften. Suhrkamp: Frankfurt/Main

GÜNZEL, S, DÜNNE, J. (Hrsg.) (2021): Raumtheorie. Grundlagentexte aus Philosophie und Kulturwissenschaften, Suhrkamp, Berlin.

KOERITZ, J., KOLBERT, L, WINDE, M. (2022): Zehn Leitlinien für zukunftsorientierte Lernräume, Stifterverband der Deutschen Wissenschaften e. V., Essen.

LÖW, M. (2000): Raumsoziologie. 10. Aufl. Berlin: Suhrkamp.

SESINK, W. (2007): Die Zukunft des Bildungsraums. In: FIfF-Kommunikation 3, hrsg. von Forum Informatikerinnen und Informatiker für Frieden und gesellschaftliche Verantwortung. S. 49–54.

SESINK, W. (2014): Überlegungen zur Pädagogik als einer einräumenden Praxis (Keynote). In: Lernräume gestalten – Bildungskontexte vielfältig denken, hrsg. von K. Rummler. Münster u. a.: Waxmann. S. 29–43.

VYGOTSKIJ , L. S. (1934): Denken und Sprechen, Psychologische Untersuchungen. (Deutsche Ausgabe: 2002. Wiesbaden: Beltz.)

WITTWER, W., DIETTRICH, A. & WALBER, M. (Hrsg.) (2014): Lernräume: Gestaltung von Lernumgebungen für Weiterbildung. Wiesbaden: Springer, S. 11–30.

Carsten Morgenroth

# *Öffnung von Lernräumen – R(r)äume auf*

## Einleitung

Der im Folgenden dargestellte raumbasierte Ansatz berücksichtigt die Situation in Einrichtungen der Erwachsenenbildung und an Hochschulen. Einerseits geht es um den Raum der individuellen persönlichen Entfaltung und andererseits um die physische und mentale Gestaltung von Lehr-Lernräumen innerhalb von institutionellen Settings.

Eine Lehrsituation allgemein (zur Erwachsenenbildung Vgl. SCHÄFER 2020, S. 12ff.) und speziell auch die Hochschullehre trägt viele Dimensionen in sich. Neben dem Kernbereich der fachlichen und der lehrdidaktischen Dimension lassen sich dabei bereits auf den ersten Blick eine rechtliche Dimension der Lehrfreiheit, ökonomische Ansätze an Lehre, technische Vermittlungsmethoden sowie natürlich die räumliche Komponente der Lehre ausmachen. Weitere Elemente, etwa linguistische in Sprachenbezügen oder geographische bei bio- oder geologischen Exkursionen, kommen im Einzelfall hinzu. Bei Weitem nicht alle dieser Dimensionen werden in der aktuellen Lehre auf vollständige oder auch nur zufriedenstellende Weise verwendet, sondern werden von Aspekten der Wirtschaftlichkeit bzw. Zweckmäßigkeit sowie von Elementen der Tradition liebevoll eingehegt.

Die Landschaft speziell der Hochschulbildung hat in einer sehr kurzen Zeitspanne von nur wenigen Jahrzehnten ein beispielloses Maß an Veränderung erfahren, etwa durch Internationalisierung, Flexibilisierung durch den Bologna-Prozess, Digitalisierung infolge der Corona-Pandemie, der technischen Revolution sowie der zunehmenden Berücksichtigung von Inklusion. Zudem zeichnet sich eine quantitative Entwicklung von einer Eliteeinrichtung hin zu effektiver Teilhabe und Chancengleichheit für möglichst viele junge Menschen ab. Angesichts dessen stellen sich zwei Herausforderungen an die moderne Hochschullehre. Erstens ist zu fragen, ob traditionelle Hochschullehre überhaupt noch in der Lage sein kann, die veränderten Anforderungen der modernen Zeit zu erfassen. Ist dies nicht der Fall, wie etwa im Hinblick auf die Vermittlung digitaler Kompetenzen, so hat sich die Lehre den aktuellen Herausforderungen bereits deshalb anzupassen und sich zu entwickeln. Selbst wenn die traditionelle Hochschullehre jedoch den Anforderungen entsprechen sollte, etwa in „zeitlosen“ Fachgebieten, lässt sich zweitens fragen, ob nicht dennoch eine Angleichung an das veränderte kommunikative Verständnis der aktuellen Generationen Z und Alpha erfolgen könnte, etwa durch Elemente gruppenbezogener, IT-basierter und interaktiver Arbeit der „Generation Wiki“, wie sie etwa in Lehrmethoden des „inverted classroom“ (HANDKE & SPERL 2012) bereits aktuell zu sehen sind.

Der hier vorgestellte Ansatz stellt gewissermaßen eine Antwort auf beide Fragen dar. Er hätte auch vor 100 Jahren in der analogen Welt entwickelt werden können, ist aber zugleich auch eine Antwort auf die aktuellen Fragen, die derzeit an die Lehr-Lern-Prozesse speziell im tertiären und quartären Bildungsbereich gestellt werden. Dem besseren Verständnis dient zunächst eine Orientierung an seinen begrifflichen Ebenen, bevor das Konzept im Einzelnen vorgestellt und zu einem anderen raumbezogenen Modell ins Verhältnis gesetzt werden soll. Auch wenn der Fokus im Folgenden primär auf die Hochschulbildung gerichtet ist, so sind die Überlegungen auch von grundsätzlicher Bedeutung für die Erwachsenen- und Weiterbildung.

## Dimensionen von Raum

Die begriffliche Fundierung des Konzepts bezieht sich auf die Darstellung der verschiedenen Dimensionen des Begriffs „Raum“ ebenso wie die daraus folgende Ableitung der verschiedenen Bedeutungen.

Der Raum als begriffliche und gedankliche Bezugsgröße weist seit jeher eine nahezu grenzenlose Vielfalt an möglichen Bedeutungen auf. Wir kennen und verwenden den Raum im Ausgangspunkt zunächst als etwas physisch Wahrnehmbares, Begrenztes und Begrenzendes. Bereits hier lässt sich mit dem Weltraum als einem Synonym für das All jedoch bereits die erste Gegensätzlichkeit sehen, indem der Raum nicht nur für die physische Begrenztheit, sondern gerade auch für die materielle Unendlichkeit stehen kann. In diesem Sinne lässt sich eine mögliche Entwicklung der Lehre etwa in Richtung der Vergrößerung räumlicher Grenzen, wie offene Ateliers anstelle kleiner Seminarräume oder deren Aufhebung, beispielsweise durch Verlagerung der Lehre ins Freie, gedanklich entwickeln.

Die größeren Entwicklungspotenziale der begrifflichen Fundierung liegen allerdings in einem meta- bzw. außerphysischen Verständnis des Raums. Eine erste gedankliche Befreiung vom Physischen des Raums bietet dabei die Anwendung des übertragenen Verständnisses, etwas „Raum zu geben“. Durch das Zulassen bzw. Fördern von Diskussionen wird dies in der Lehre bereits angewendet. Eine andere Anwendungsform dessen ist die Bildung komplett mentaler Räume, etwa eines Raums des Nicht-Wissens. Diese gedankliche Sublimation spielt im hiesigen Konzept eine zentrale Rolle. Mit der Bildung von gleichzeitig physischen und mentalen Räumen in einer Bezeichnung bildet man eine Zwischenstufe, etwa im „Raum der Stille“ oder in einer „Hall of Fame“. Die noch subtilere, poetische Bedeutung von „Raum“ ist grenzenlos und kann hier nur exemplarisch angedeutet werden anhand einer Liedzeile aus dem Lied „Irgendwie, Irgendwo, Irgendwann“ von Nena: „Im Sturz durch Raum und Zeit, Richtung Unendlichkeit“ (VGL. FAHRENKROG-PETERSEN & KARGES 1985). Lehrdidaktisch verwertbar ist diese Spielart ohne Weiteres im Bereich der Literaturwissenschaften, insgesamt aber auch für kreative Lehrtechniken und -methoden. Weiter verfeinernd lässt sich insgesamt eine gewisse begriffliche Nähe der Wörter „Traum“ und „Raum“ erkennen – mit diesem Gedanken ließe sich in allen kreativen Bereichen effektiv arbeiten.

Der physische Raum hat bereits Bedeutung erlangt, etwa in Loris Magaluzzis Ansatz des „Raums als dritter Pädagoge“ (KNAUF 2017) in der schulischen Bildung oder im mythischen bzw. religiösen Begriff des „Genius Loci“.

Die aus dem Sprachgebrauch ableitbaren Bedeutungen von „r(R)äume auf“ sind zunächst, dass aufgeräumt wird und dass Räume aufgehen. Ersterer Aspekt deutet auf eine Verantwortung der lehrenden Personen hin, etwa mit Bezug zu Klarheit und Transparenz der Lehre. Der letztere Aspekt indiziert ein wachsendes Verständnis bei den Lernenden. Daraus folgt zugleich auch die optimale zeitliche Abfolge in der Betrachtung dieser Interpretationen: erst wird aufgeräumt, und durch „aufgeräumte Lehre“ wird Verständnis und Motivation erreicht bzw. weiter gefördert.

Die soeben aufgezeigten verschiedenartigen Bedeutungsmöglichkeiten des Begriffs indizieren jedoch noch einen weiteren möglichen Mehrwert des Konzepts. Neben der Konsequenz aufgehender Räume bei den Lernenden kann die Formulierung nämlich auch noch als Imperativ in einem Sinne von „Macht alle Räume auf!" verstanden werden. Diese Lesart richtet sich dann wieder an die Lehrenden. Hierdurch wird ihnen die Möglichkeit eröffnet, alle für die jeweilige Lehr-Lern-Situation relevanten Räume gedanklich zu erfassen und in die Planung und Durchführung der Lehre zu integrieren. Zeitlich lässt sich dieser Aspekt idealerweise vor den anderen beiden Elementen verorten, gewissermaßen als Vorbereitungsanleitung der Lehrenden.

Insgesamt gestaltet sich die Erfassung des Lehrkonzepts „r(R)äume auf" deshalb wie folgt:

- Vorbereitung: die Lehrenden werden sich der verschiedenen physischen, mentalen und anderen Räume ihrer Lehre bewusst und adressieren sie,
- Durchführung: klare und transparente Lehre der Lehrenden bewirkt die –
- Konsequenz: bei den Lernenden werden Verständnis, Motivation, Leidenschaft etc. für das gelehrte Fachgebiet erzeugt.

## Das Konzept „r(R)äume auf"

„r(R)äume auf" ist ein integriertes Lehrkonzept, das den Gedanken des Raums in vielfältiger Weise miteinander verbindet. Schauen wir uns nun die verschiedenen Räume an, die relevant werden: der physische Raum (des Verweilens), der sachliche Raum (des Vermittelns) und der persönliche Raum (des Vertrauens). Diese drei Räume werden von einem mentalen Raum der Kreativität begleitet und miteinander verbunden (Vgl. Abb. 1).

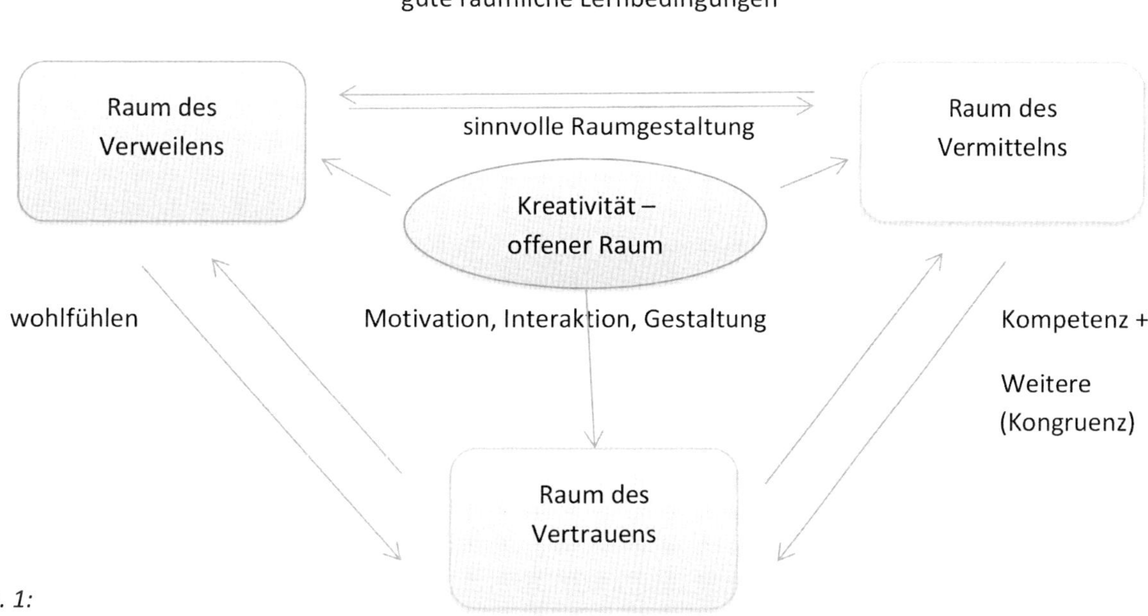


*Abb. 1:*
*Das Konzept „r(R)äume auf".*

Der raumbasierte Ansatz berücksichtigt die Situation in Einrichtungen der Erwachsenenbildung und an Hochschulen, wo (junge) Erwachsene Bildungsangebote nutzen, ohne dass – anders als Schulen – ein Erziehungsauftrag obliegt. Dadurch kann auch der Raum der individuellen persönlichen Entfaltung gedanklich mitgetragen werden. Zudem kann ein raumbasiertes Lehrkonzept wie „r(R)äume auf" auch sich verändernde physische oder virtuelle Räume im Sinne eines distance learning, blended learning oder anderer IT-basierter Lehr- und Lernstrukturen integrieren. Ein raumbasierter Ansatz ist darüber hinaus eine passende mentale Herangehensweise an das Spannungsverhältnis zwischen professioneller Distanz und empathischer Nähe. Denn das Empfinden für Distanzen ist dem Konzept des Raums immanent.

### *Der physische Raum – der Raum des Verweilens*

Der physische Raum, im Rahmen von „r(R)äume auf" auch als „Raum des Verweilens" bezeichnet, bildet die faktische Grundlage für die Entfaltung und Gestaltung von Vermittlung und Lehre. Dabei unterliegt auch er den Möglichkeiten kreativer Veränderung.

Für den Schulbereich sind bereits mehrere Varianten einer bildungsfördernden Ausrichtung von Gebäuden vorgelegt worden, die unter dem Oberbegriff der pädagogischen Architektur bekannt sind. Mit dem voranschreitenden Prozess der Digitalisierung der Hochschullehre wird der Begriff der Lernarchitektur dabei zunehmend integrierend und ganzheitlich im Sinne eines pädagogischen Mehrwerts verstanden. Interessante Hinweise hierzu liefert die Arbeitsgruppe Lernarchitekturen im Hochschulforum Digitalisierung (Vgl. PRILL 2019). Es bleibt abzuwarten, ob und inwieweit diesbezüglich vor allem der Digitalisierungsschub der Corona-Pandemie weitere Entwicklungspotenziale fördern wird. Eine sehr interessante Möglichkeit, physische und IT-basierte Räume miteinander zu verbinden bzw. in ein Verhältnis zu setzen, könnte insoweit die Integration von Elementen der AR (augmented reality) oder VR (virtual reality) sein. Dort wird der reale physische Raum mit computer-generierten Informationen angereichert oder es werden komplett eigene Räume für die Lehre erzeugt (Vgl. EIMLER & ARNTZ & KESSLER 2019). Diese Lehrpraxis konnte beispielsweise an der Ernst-Abbe-Hochschule Jena bereits beachtliche Erfolge erzielen.

Aber auch die bestehende Architektur kann mit wenig Aufwand positiv gestaltet werden, z. B. durch Farbgestaltung, Licht- bzw. Schattierungsintensität oder raumteilende Elemente. Hierbei sind kurzfristige, veranstaltungsbezogene (z. B. Raumteiler) als auch langfristig wirkende Maßnahmen (z. B. Farbanstrich) denkbar.

Auch die Gestaltung der Inneneinrichtung unterliegt weitreichenden Gestaltungsmöglichkeiten. Hierbei präferieren verschiedene Lernstile unterschiedliche Idealtypen von Raumeinrichtungen. Zu beachten könnte hierbei etwa sein, dass eine Schreibunterlage eine kommunikative Barriere bilden kann.

Diese und weitere Elemente sind kreativ von Lehrenden oder von allen Beteiligten je nach Bedarf optimierbar. Dies dient der bestmöglichen Unterstützung des physischen Raums für die Vermittlung der Inhalte, aber auch für die Ermöglichung und stabile Aufrechterhaltung des Raums des Vertrauens.

Im Rahmen des Nachdenkens über den Raum des Verweilens können auch zeitliche Aspekte eine Rolle spielen. Global kann gefragt werden, wie oft der Lehrraum im Rahmen der Lehre gewechselt werden sollte, vor allem bei der Planung. Individuell kann auch über ein „Ankommen im Raum“ zu Beginn einer Lehrveranstaltung oder nach einer Pause nachgedacht werden.

### *Der sachliche Raum – der Raum des Vermittelns*

Der Raum des Vermittelns beschreibt die inhaltliche Ebene der Lehre. Die Lehr- und Lerninhalte stehen in ständiger Wechselbeziehung zu den physischen Grundlagen im Raum und zum bestehenden Vertrauensverhältnis zwischen Lehrenden und Lernenden, sind aber selbst auch kreativ gestaltbar.

Was wird auf dieser sachlichen Ebene vermittelt? Auf allen Stufen des Bildungssystems beschreibt man im Output-Modell nach dem europäischen sowie dem deutschen Qualifikationsrahmen sog. Qualifikationsziele, die sich in abstrakte Lernziele und konkrete Kompetenzen unterteilen (Vgl. MORGENROTH 2016, S. 30ff.). Die Klassifizierungen der Kompetenzen sind durch den Deutschen Qualifikationsrahmen dabei nicht zwingend vorgegeben, sondern dienen der Orientierung. Bekannte und häufig verwendete Klassifizierungen bzw. Taxonomien sind diejenigen nach BLOOM, nach ANDERSON & KRATHWOHL oder nach METZGER (RUB 2019). Auch wenn die Anforderungen der modernen und zukünftigen Arbeitswelt zunehmend auf Interaktivität, Transfer und digitale Bearbeitung ausgerichtet sein werden, ist reines Fachwissen nach wie vor eminent wichtig.

Inhaltlich kann der Raum des Vermittelns auf mehreren Ebenen bearbeitet werden. Zunächst wird die Art der Lehrveranstaltung, z. B. Vorlesung, Übung, Seminar, von den zu vermittelnden Lernzielen bestimmt. Innerhalb dessen bieten sich mit empfohlener Lernliteratur, einem eigenen Veranstaltungsskript, verwendeten Fällen, Präsentationen zu bestimmten Themen, Aufgabenstellungen und vielem mehr nahezu unendliche Möglichkeiten, die mit den Lernzielen verbundenen Kompetenzen zu vermitteln. Nicht zuletzt hängt der erfolgreiche Erwerb dieser relevanten Kompetenzen von den verwendeten Lehr- und Lernmethoden ab. Diese sind beispielsweise interaktives Lernen, z. B. Gruppenabfrage, konzentrisches Lernen, d. h. mehrfache, kontinuierlich angereicherte Vermittlung des wesentlichen Stoffs, sowie verschiedene Herangehensweisen an die Inhalte. Der Raum des Vermittelns kann auch zeitlichen Bedingungen unterliegen, z. B. bei besonders frühen oder späten Veranstaltungen, bei längeren Vermittlungszeiten ohne Pause oder auch beim Erfordernis zu überschnellem Wechsel durch zu kurz bemessene Lerneinheiten.

### *Der persönliche Raum – der Raum des Vertrauens*

Der Raum des Vertrauens schließlich bildet im Konzept „r(R)äume auf“ die persönliche Ebene zwischen den Beteiligten. Weil die Bewertung des Begriffes und des Wortes „Vertrauen“ sehr subjektiv sein kann und es im tertiären und quartären Bildungsbereich nicht um Erziehung, sondern um Bildung geht, wird Vertrauen im hiesigen Kontext funktional, also auf die Dimensionen der betreffenden Lehrveranstaltung bezogen, insbesondere auf die Lernziele und Kompetenzen.

Die Lehrenden können in vielfacher Weise dazu beitragen, den Raum des Vertrauens zu bedienen:

- inhaltlich: z. B. durch eigene Beherrschung aller eingebrachten Lernziele (Vorbildwirkung) oder durch Ausübung einer berufsspezifischen Haltung,
- zeitlich: z. B. durch klare zeitliche Strukturierung, insbesondere
  - zunächst der Ziele selbst,
  - des Weges dahin,
  - durch Ermöglichung von Zwischenmeldungen zum Erfolg,
  - durch faire Redezeiten,
- kommunikativ: z. B. durch möglichst häufige Interaktion mit den Studierenden oder durch Ausübung einer berufsspezifischen Haltung,
- methodisch: z. B. durch möglichst häufige Methodenwechsel, um verschiedene Lernstile einzufangen,
- persönlich:
  - durch die gelungene Vermittlung des Spannungsverhältnisses von Fach- bzw. Berufskultur und Authentizität,
  - durch Vermittlung von Interesse und Begeisterung für das Fach,
  - durch Berücksichtigung der Situation der Lernenden, vor allem in Bezug auf deren Lernmotivation, Lernfähigkeit, Lernressourcen oder Lerntempo,
  - durch Humor,
  - durch achtsamen Umgang mit anderen Menschen bzw.
  - durch die Fähigkeit zu kreativem Handeln aus der Situation heraus.

Auch die Studierenden können zum Raum des Vertrauens beitragen. Die Lehrenden können hierbei zunächst darauf vertrauen, dass die Studierenden unter allen möglichen beruflichen Fortentwicklungsmöglichkeiten das Studium bewusst als die für sie derzeit beste Lösung gewählt haben und deshalb grundlegend interessiert sind. Die Lehrenden wissen auch, dass die Studierenden durch den Zugang der Hochschule hinreichende Fähigkeiten in Bezug auf den relevanten Studiengang nachgewiesen haben.

Außerhalb gegebener Pflichten, z. B. der Anwesenheit in Lehrveranstaltungen, der aktiven Mitarbeit, der Prüfungsanmeldung, der Verwendung ausschließlich erlaubter Hilfsmittel oder der fristgerechten Abgabe von Arbeiten, sind die Lernenden gefordert, in der Kommunikation mit den anderen Lernenden sowie den Lehrenden ihren Beitrag zum Raum des Vertrauens zu erbringen. All diese Punkte können das Vertrauen der Lehrenden in das Interesse der Studierenden verstärken.

### *Der verbindende Raum – offene Kreativität*

Eine bestmögliche Berücksichtigung all der eben benannten Aspekte in der jeweiligen Situation erfordert viel Flexibilität, Offenheit für die Situation und Handlungsvermögen. Dieser Dimension von „r(R)äume auf“ entspricht der verbindende Raum der Kreativität.

Nicht nur ist es erforderlich, im Rahmen des vorgegebenen Kanons von Anforderungen an die Lehre das jeweils beste Mittel zu erkennen (Flexibilität) und zu wählen (Handlungsvermögen). Es kann darüber hinaus auch erforderlich sein, bislang nicht miteinander verknüpfte Elemente zu verbinden oder ganz neue Facetten zu integrieren (Kreativität).

Kreativität birgt daneben auch das Potenzial, eine etwas spielerische, informelle und spontane Komponente in die Lehre einfließen zu lassen. Dadurch werden bestehende Regeln relativiert und daraus folgende Erwartungen der Beteiligten an das, was folgen wird, zugunsten des Entstehenlassens im Augenblick zurückgestellt. Dadurch wird nicht nur inhaltlich das „thinking outside the box" gefördert, was zu ganz neuen Einsichten und Herangehensweisen an Lernen führen kann. Für die Lernenden ergibt sich dadurch auch die Chance, nochmals ganz anders, ganz neu und dadurch viel tiefer bzw. nachhaltiger für das entsprechende Fachgebiet motiviert und begeistert zu werden.

## Das Konzept „r(R)äume" auf im Vergleich mit dem Vier-Räume-Modell

Nach dieser Vorstellung soll das Modell „r(R)äume auf" zum raumbezogenen bzw. am Konzept des Raums orientierten Vier-Räume-Modell ins Verhältnis gesetzt werden.

Neben dem Projekt Dokk1 der dänischen Stadt Aarhus, in dem Elemente kommunaler Administration mit der Stadtbibliothek in einem räumlichen Gesamtkonzept integriert verwirklicht wurden (Vgl. STANG, 2016, S. 113), ist das Vier-Räume-Modell von JOCHUMSEN & SKOT-HANSEN & HVENEGAARD-RASMUSSEN (Vgl. 2014) ein Vorzeigeprojekt skandinavischer Innovation in der begrifflichen und strukturellen Erfassung von Bildungserlebnissen.

Das Vier-Räume-Modell wählt, wie es der Begriff bereits vermuten lässt, den Raum als zentrales Anknüpfungskriterium für die Beschreibung der Möglichkeit, Bibliotheken zeitgemäß und flexibel zu gestalten. Dabei wird der Raum als physischer, virtueller und mentaler Raum begriffen. Der oben erwähnten Kategorie der Verbindung aus physischem und mentalem Raum wird damit (zeitgemäß) der virtuelle Raum hinzugefügt. Dabei geht es um mehr als um die reine Aufstellung und Ausstattung der Bibliothek – das Modell soll darüber hinaus auch zeigen, „wofür wir leben" (JOCHUMSEN & SKOT-HANSEN & HVENEGAARD-RASMUSSEN 2014, S. 71). Der Anspruch des Vier-Räume-Modells geht inzwischen über Bibliotheken weit hinaus und wird heute auf Lernräume allgemein bezogen.

Konkret werden ein Innovationsraum, ein Lernraum, ein Treffpunkt und ein performativer Raum etabliert. Diese Räume sind strukturell eingebettet in die Ziele Erlebnis und Beteiligung sowie Empowerment und Innovation. Die ersten beiden Ziele sollen dabei die individuelle Ebene des Erlebens und Erfahrens erfassen, während die letzten beiden die Einbettung der Nutzung im gesellschaftlichen Kontext charakterisieren (Vgl. JOCHUMSEN & SKOT-HANSEN & HVENEGAARD-RASMUSSEN 2014, S. 70). Der Innovationsraum bildet dabei die Verbindung der Ziele Innovation und Erlebnis, der Lernraum ist die Verknüpfung aus Erlebnis und Empowerment, im Raum des Treffpunkts vereinigen sich Empowerment und Beteiligung und die Synthese aus den Zielen Beteiligung und Innovation bildet der performative Raum. Das Modell geht sogar noch eine Stufe weiter und ordnet den Räumen typische Tätigkeiten bzw. Anreize zu, nämlich in den Paaren Inspirationsraum – begeistern, Lernraum – entdecken, Treffpunkt – mitmachen und performativer Raum – kreieren.

Der Wert dieses Modells ist auf vielen Ebenen beachtlich. Nicht nur werden mit den Zielen wesentliche Grundanliegen modernen Lernens systematisch erfasst und miteinander verbunden. Es werden daraus auch weitere Tätigkeitsfelder abgeleitet, die allen Beteiligten auf anschaulichste Weise ein Verständnis davon vermitteln, wie moderne Lernräume aussehen können, um zeitgemäß funktional und gleichzeitig attraktiv zu sein. Damit aber nicht genug – es werden sowohl die gesellschaftliche und die individuelle Ebene berücksichtigt als auch die Phantasie aller Beteiligten für eine Nutzung auf physischer, virtueller und mentaler Ebene angeregt. Mit diesem multidimensionalen Mehrwert ist es möglich, Bibliotheken, Erwachsenenbildungseinrichtungen und Hochschulen zu einem Bereich des gestaltenden Erlebens und damit eines nachhaltigen Lernens werden zu lassen.

Gleichwohl lässt sich erkennen, dass im Schatten dieser soeben beschriebenen vielfältigen Werte auch Chancen für eine Weiterentwicklung des Modells liegen. So scheint es begrifflich nicht zwingend logisch zu sein, gerade diese Begriffe zu verwenden und sie in dieser Form zu verbinden. Beispielsweise sind die – im Modell als Pole gegenüberstehenden (Vgl. SCHÄFER & EBERSBACH 2021, S. 78) – Begriffe Erlebnis und Beteiligung weder etymologisch noch semantisch Gegensätze. So lässt sich ein Erlebnis mit Blick auf ein Ob der Aktivität vielleicht vom Verpassen begrenzen, im Zusammenhang mit der Intensität des Erlebens wäre vielleicht der Alltag ein geeigneter Gegensatz. Auch die Beteiligung kann – neben einer ignoranten Anwesenheit oder einer bloß duldenden Teilnahme – mit einem Verpassen des Erlebnisses als Gegenteil beschrieben werden. Erleben und Beteiligung scheinen vor diesem Hintergrund eher Synonyme als Antagonisten zu sein. Hierin liegt die Chance, die Begrifflichkeiten auf eine Weise weiterzuentwickeln, dass von ihnen noch mehr Anwendungsformen der Realität erfasst werden können.

Das Vier-Räume-Modell und „r(Räume auf“ ergänzen sich zudem auf eine interessante Weise, da sie sowohl sachlich-inhaltliche als auch personelle Komponenten in sich tragen, in denen die räumliche Ausstattung die personelle Interaktion ermöglicht und vorbereitet. Vielleicht mag man „r(R)äume auf“ einen etwas höheren mentalen Anteil zusprechen als dem Vier-Räume-Modell. Dies ist jedoch je nach Ausgestaltung der Aktivität nicht zwingend der Fall; auch ein nach dem Vier-Räume-Modell ausgestatteter Lernraum kann je nach Interessen, Fähigkeiten, Neigungen bzw. Zielen der Beteiligten schwerpunktmäßig in mentalen Räumen agieren.

## Literatur


EIMLER, S., ARNTZ, A. & KESSLER, D. (2019): Augmented Reality und Virtual Reality in der Lehre. https://hochschulforumdigitalisierung.de/de/blog/virtual-und-augmented-reality-in-der-lehre. Zugegriffen am 06. August 2023.

FAHRENKROG-PETERSEN, J.-U. & KARGES, C. (1985): Irgendwie, Irgendwo, Irgendwann. , erschienen bei CBS Records, Vertrieb by Sony Music

HANDKE, J. & SPERL, A. (2012): Das Inverted Classroom Modell. München: Wissenschaftsverlag.

JOCHUMSEN, H., SKOT-HANSEN, D. & HVENEGAARD-RASMUSSEN, C. (2014): Erlebnis, Empowerment, Beteiligung und Innovation: Die neue Öffentliche Bibliothek. In: Formierungen von Wissensräumen: Optionen des Zugangs zu Information und Bildung, hrsg. von O. Eigenbreodt & R. Stang. Berlin: De Gruyter. S. 67–80.

KNAUF, T. (2017): Reggio-Pädagogik. https://www.kita-fachtexte.de/fileadmin/Redaktion/Publikationen/KiTaFT_Knauf_2017_Reggio-Paedadogik_01.pdf. Zugegriffen am 28. August 2023.

MORGENROTH, C. (2016): Das lernzielorientierte Verständnis der Prüfung und dessen Auswirkungen auf das Prüfungsrechtsverhältnis und das Statusverhältnis eines Studierenden. In: Die öffentliche Verwaltung (DÖV). Heft 1/2016, S. 30ff.

PRILL, A. (2019): Lernräume der Zukunft – Praxisbeispiele zur Lernraumgestaltung im digitalen Wandel. In: Hochschulforum Digitalisierung, Nr. 45. https://hochschulforumdigitalisierung.de/sites/default/files/dateien/HFD_AP_45-Lernraeume_der_Zukunft_Praxisbeispiele_Web.pdf. Zugegriffen am 28. August 2023.

RUHR-UNIVERSITÄT BOCHUM, ZENTRUM FÜR HOCHSCHULDIDAKTIK (2019): Lernzieltaxonomien im Vergleich. https://lehreladen.rub.de/planung-durchfuehrung-kompetenzorientierter-lehre/lehr-und-lernziele/lernzieltaxonomien-im-vergleich/. Zugegriffen am 28. August 2023.

SCHÄFER, E. (2020): Die Universitätsausdehnungsbewegung als Vorläufer der wissenschaftlichen Weiterbildung. In: Zeitschrift Hochschule und Weiterbildung 1. S. 12-21. https://www.pedocs.de/volltexte/2021/21329/pdf/HuW_2020_1_Schaefer_Die_Universitaetsausdehnungsbewegung.pdf. Zugegriffen am 28. August 2023.

SCHÄFER, E. & EBERSBACH, A. (2021): Die digitale Transformation in der Weiterbildung. Berlin: Springer.

STANG, R. (2016): Lernwelten im Wandel – Entwicklungen und Anforderungen bei der Gestaltung zukünftiger Lernumgebungen. Berlin: De Gruyter.

Hartmut Wolf
Bernd Rosewitz
Erich Schäfer

# FASER FADEN GEWEBE

## ERRICHTUNG – WIEDERENTDECKUNG – ORT DER BILDUNG

*Dem „Genius Loci“ der*
*Ravensberger Spinnerei*
*auf der Spur*

## Einleitung

Die Berichte über die Entstehung des neuartigen Fabrikschlosses „Ravensberger Spinnerei" in Bielefeld lassen keinen Zweifel, hier ging es nicht um irgendeinen Neubau auf den östlich der damaligen Kernstadt gelegenen Grünflächen, es ging um mehr, es ging um eine völlige Neuausrichtung bei der Herstellung und dem Vertrieb des als Handgarn gesponnenen und weithin bekannten Bielefelder Leinens. Die alteingesessenen Leinenhändler in der Region waren lange skeptisch und fürchteten mit der Errichtung einer Fabrik um den guten Ruf ihrer Handelsprodukte. Die älteren Leinenhändler „weigerten sich lange mechanische Textilbetriebe zu gründen, weil nur die Handarbeit Qualität und Ansehen des Bielefelder Garns und Leinens garantieren können" (DITT 1989, S. 14).

Die ortsansässigen Spinner und Heuerlinge spürten aber bereits die Gefährdungen ihrer Existenz durch die Entstehung von Fabriken, in denen Maschinen zur Textilherstellung aufgestellt wurden. Dies belegt SCHMIDT anhand einer Eingabe aus Schildesche vom März 1847:

*Wir Spinner und Heuerlinge flehen, daß Ew. Excellenz, Herr Oberpräsident, gewogentlichst und gnädigst verhindern wolle, daß jene unheilbringende Maschine, die fürchterlichste Geißel der Menschheit, erbaut werden möge. Da aber das Garn knapp ist, und die armen Weber es selbst nicht kaufen können, beantragen wir a) ein Garnmagazin müßte erreichtet werden, b) der Verkauf des Maschinengarns ist durch Zölle zu hemmen, c) in den reichen Flachsjahren muß Flachs aufgekauft und bewahrt werden.* (1926, S. 205)

Diesem Wunsch wurde nicht nachgekommen, da Preußen damals eher die Hoffnung hatte, mit forcierter Industrialisierung die heikle Situation der im Ravensberger Land ansässigen Bevölkerung zu verbessern.

Stärkere Auswanderungswellen in jenen Jahren sind ein deutliches Indiz dafür, wie sich zunehmend Verzweiflung und Verunsicherung ausbreitete.

Es wuchs eine jüngere Generation in den alteingesessenen Leinenhändlerfamilien heran, die sich weniger an bisherigen Traditionen orientierte, sondern ganz konsequent auf die Industrialisierung setzte. Im Unterschied zur älteren Generation sah sie in der in Irland und England aufkommenden Textilindustrie weniger eine Gefahr für die eigenen angestammten Produkte und ihren Absatz, sondern sie waren neugierig und aufgeschlossen für dort eingeschlagene neue Wege. Sie scheuten sich nicht, ausländischen Vorbildern nachzueifern und trauten sich zu, in Produktion und Absatz mithalten zu können.

Diese Gruppierung war davon überzeugt, „daß nur die Errichtung von Textilfabriken die Existenz des Bielefelder Leinengewerbes sichern könne" (DITT 1989, S. 14). KORTMANN führt eine Aussage von HERMANN DELIUS an, der zum Kreis der Initiatoren einer neuartigen Fabrikationsstätte gehörte. Er nahm 1854 dazu Stellung, weshalb er die Errichtung einer mechanischen Spinnerei als so dringlich ansah: „Es ist hinlänglich bekannt, daß unsere Leinenindustrie seit längerer Zeit im Sinken begriffen ist, und daß mithin die Hauptquelle des Wohlstands für die hiesige Gegend zu versiegen droht" (KORTMANN 2010, S. 80).

Den Bau einer Fabrik verfolgten die zukünftigen Inhaber mit hoher Intensität und realisierten ihr Vorhaben planmäßig und konsequent.

Bereits sechs Monate nach der Gründungsversammlung im November 1854, bei der Hermann Delius zum Präsidenten der neuen Aktiengesellschaft gewählt worden war, wurde im April 1855 mit dem Bau des Fabrikschlosses Ravensberger Spinnerei begonnen. Als technischen Direktor verpflichtete Hermann Delius den weitgereisten Ferdinand Kaselowsky mit dem Aufbau und dem Betrieb der neuen Fabrik.

Obgleich für das Hauptgebäude ein durchaus markantes Erscheinungsbild gewählt wurde, räumten die verantwortlichen Erbauer dem vorrangigen Zweck der neuen Anlage stets Priorität ein. In der Generalversammlung der Aktionäre von 1856 wandte sich ein sichtlich zufriedener Hermann Delius an die Miteigentümer: „Schon vorher werden Sie, meine Herren, durch persönliche Anschauung mit uns darüber einig sein, daß der raschen, sorgfältigen und den Anforderungen des Schönheitssinnes, wie denen des Zweckes gleich gerechten Ausführung volle Anerkennung gebühre“ (NEUMANN 1989, S. 52). Ein Erscheinungsbild wie ein Paukenschlag war also durchaus Absicht der Erbauer, die aber gleichzeitig auf den sparsamen und effektiven Einsatz der verwendeten Mittel achteten. Delius merkte über die Bauausführung des neuen Fabrikgebäudes noch an: „Anderntheils haben wir alles Überflüssige vermieden und in der Construction der Details, namentlich bei den sonst sehr kostspieligen Eisenconstructionen solche Dimensionen gewählt, welche mit dem geringsten Materialaufwand die größte Festigkeit verbanden“ (NEUMANN 1989, S. 52).

Bisherige Traditionen und in der Region vorhandene Architekturen wurden bei diesem Neubau außer Acht gelassen. Gleichwohl setzte man bewusst auf ein ästhetisch wirkungsvolles, markantes Erscheinungsbild, in dessen Inneren jedoch die neuen Maschinen und ihre Erfordernisse das Maß aller Dinge bedeuteten.

*Jedoch war nicht nur englisches Wissen um Spinnereitechnik und Stahlbau bei der Errichtung der Ravensberger Spinnerei gefragt. Auch für das äußere Erscheinungsbild orientierte man sich an englischen Vorbildern. Ferdinand Kaselowsky (...) orientierte sich bei der Planung der Ravensberger Spinnerei an britischen Schloss- und Klosterbauten. Ziel war es, nicht nur funktional, sondern auch ästhetisch ansprechend zu bauen. Der Stil der verzierenden Ornamente der Ravensberger Spinnerei ähnelt der Tudorgotik, während das Hauptgebäude und der Garten eher barocke Elemente aufweisen. Die Inspiration für die Ecktürmchen auf dem Dach des Hauptgebäudes holte sich Kaselowsky bei William Fairbairn (1789-1874) in England. Diese boten sich als Verzierung an, da sie kostengünstig, aber optisch wirkungsvoll waren. Die symmetrische Form der Gebäude ist auf den funktionalen Aspekt des gesicherten Antriebs zurückzuführen, da auch in der Ravensberger Spinnerei die Dampfmaschine in der Mitte des Gebäudes platziert war. Von dieser Kraftquelle aus mussten die Maschinen über eine möglichst kurze Distanz angetrieben werden.* (SCHLÜTER & BEIER 2020, S. 20f.)

PRINZ erkundet und dokumentiert die beeindruckende Tragwerk-Konstruktion der Ravensberger Spinnerei und zollt ihr seinen vollen Respekt (Vgl. 1989, S. 85-92). In seiner Konstruktionszeichnung wird die raffinierte Ausführung des sich über das gesamte Gebäude erstreckenden Stützen- und Trägersystems sichtbar (Vgl. PRINZ 1989, S. 86).

BEAUGRAND weist auf die Ähnlichkeiten hin, die zwischen englischen sowie preußischen Schlössern und der Ravensberger Spinnerei zu erkennen sind:

*Das äußere Erscheinungsbild orientierte sich an den Vorbildern feudaler Architektur wie beispielsweise der Tudorburg in Leeds aus dem späten 12. Jahrhundert und der Schlösser Babelsberg (1833), Erdmannsdorf (1836) und der dortigen Spinnerei, die innerbetriebliche Organisation und Bautechnik stammte weitgehend aus dem damals industriell weiterentwickelten England.* (2013, S. 448f.)

Während also der Bau schon allein durch seine äußere Gestalt mit den zwei gleichartigen länglichen innen gut belichteten Gebäudeflügeln, dem verstärkten Mittelteil mit markantem hohem Schornsteinturm beeindruckend wirkt, trifft man im Inneren des Gebäudes ein ganz und gar der optimalen industriellen Garnverarbeitung dienendes Raumkonzept an.

Angesichts der für einen Neubau dieser Größenordnung benötigten Errichtungszeit von etwa einem Jahr ist es sehr wahrscheinlich, dass die aus Gusseisen hergestellten Stützen von den Bauherren in England bestellt und sozusagen als Fertigteile zur Bielefelder Baustelle angeliefert wurden.

Festzuhalten ist hier, die Errichtung des Gebäudes führte zu einer Zäsur für Bielefeld und seine Umgebung in mehrfachen Dimensionen. Die Funktion als Fabrikationsanlage war absolut vorrangiger Orientierungspunkt für die Größe des Gebäudes und seine innere Ausgestaltung. Die Neuartigkeit dieser Anlage wurde noch zusätzlich unterstrichen durch ästhetische Qualitäten.

Eine Fabrik wurde errichtet, deren äußere Gestalt und innere Funktionen genauestens kalkuliert waren und in bis dahin nicht bekannter Weise zusammenspielen. Damit wurde in der Tat ein neues Zeitalter für Handel, Arbeit und das Wirtschaftsleben im Bielefelder Raum eingeläutet.

Angesichts der zur Errichtungszeit der neuen Spinnerei schwierigen Wirtschaftslage empfand es der damalige Bielefelder Landrat Ludwig Huber als Erleichterung, dass nun Arbeitskräfte für die neu errichtete Fabrik benötigt wurden. Hermann Delius dachte schon bei den ersten Planungen an den Arbeitskräftebedarf der neuen Fabrik:

*Um den geeignetsten Mittelpunkt für die gesamte Arbeiterbevölkerung der Bielefelder Umgebung ausfindig zu machen, sandte Hermann Delius an die Amtleute der Aemter der Ravensberger Kreise eine Liste, in welcher die Zahl der Spinner im Alter von 14 bis 35 Jahren eingetragen werden sollten, welche etwa in einer Stunde Entfernung vom Bielefelder Bahnhof wohnten. Auf Grund dieser Enquote wählte man schließlich ein Terrain, das heute direkt im Bielefelder Stadtbezirk liegt.* (SCHMIDT 1926, S. 231)

Der Faktor Arbeitskräfte spielte für die Ravensberger Spinnerei in den weiteren Jahren stets eine Rolle, insbesondere, als das Angebot an Arbeitskräften sich nach der dynamischen Anfangszeit abschwächte.

Dem technischen Leiter der Ravensberger Spinnerei war klar, wie wichtig gut qualifizierte Arbeitskräfte für den Erfolg der neuen Fabrikation sein würden. Er ging ohne Rücksichtnahme und mit Durchsetzungsvermögen ans Werk: „Zur Anlernung der einheimischen Arbeitskräfte warb Kaselowsky zahlreiche Arbeitskräfte von der Spinnerei Vorwärts und seiner früheren Wirkungsstätte ab, der Erdmannsdorfer Spinnerei in Schlesien“ (DITT 1989, S. 16). Bereits 1856 wurden 1.000 Personen in der neu errichteten Fabrik beschäftigt.

Damit wuchs die Ravensberger Spinnerei innerhalb kürzester Zeit zum mit Abstand größten Beschäftigungsbetrieb in der Region heran. Ab Januar 1857 waren 3.500 Spindeln in Betrieb, 1862 drehten sich bereits 22.000 Spindeln in der Ravensberger Spinnerei (Vgl. DELIUS 1926, S. 405).

Innerhalb kürzester Zeit war östlich des damaligen Städtchens Bielefeld eine voll funktionsfähige Fabrikanlage entstanden, in der sich alle Aktivitäten rund um Garnherstellung und -verarbeitung konzentrierten, wovon sich damalige Zeitzeugen stark beeindruckt zeigten, wie der im Rückblick in das Jahr 1857 von BERND J. WAGNER zitierte Gerbereibesitzer Friedrich Wilhelm Möller in einem Brief an seinen Sohn berichtete:

*Alles, was in Bielefeld Rang und Namen hatte, pilgerte am 30. Januar zum ehemaligen Fabrikengarten. Unter ihnen war auch Friedrich Wilhelm Möller, der auf dem Kupferhammer in Brackwede eine Gerberei betrieb. Ausführlich berichtete er seinem Sohn Theodor, dem späteren preußischen Handelsminister, von diesem Ereignis in einem Brief: „Herr Commissionsrath Kaselowsky führte uns durch alle Räume der Spinnerei, wo die musterhafteste Ordnung herrschte. Wir durchwanderten das Flachsmagazin und lernten dort die vielerlei Sorten Flachs und Heede, nicht allein unserer Umgebung, sondern aus vielen anderen Ländern Deutschlands, aus Belgien, Holland, Rußland etc. kennen; dann besahen wir die Feuerungsräume, wobei die allerneuesten Erfindungen angebracht waren, vorzüglich bei den Vorwärmern und an dem Schornsteine, dessen Rauch wieder zurückgeführt wird, um nochmals verbrannt zu werden und trotz der ungeheuren Masse von verbrannten Kohlen fast unsichtbar aus dem Schornstein steigt.“* (2007)

Die Vorteile eines örtlich konzentrierten Einsatzes von Maschinen bei der Herstellung textiler Handelswaren waren schnell zu erkennen und so kam der wirtschaftliche Erfolg dieser neuen Fabrikanlage nicht überraschend.

Jedoch war recht bald eine gewisse Ernüchterung sowohl auf Inhaber- wie auf Beschäftigtenseite nicht zu übersehen. Die Beschäftigten waren bei der Bedienung der Maschinen vielen Gefahren durch Lärm, Feuchtigkeit und Binnenklima ausgesetzt. Da wunderte es nicht, dass sie sich nach weniger gefährlichen Arbeitsplätzen umsahen, die unter anderem in weiteren Unternehmen entstanden, die sich in der Nähe der Spinnerei ansiedelten und deren Produkte weiterverarbeiteten. Die Inhaber mussten notgedrungen andere Arbeitskräfte für die Spinnerei gewinnen. Der wirtschaftliche Erfolg der Spinnerei hatte daher eine Art Nebeneffekt in der Weise, dass aus immer weiterer Entfernung stammende Arbeitskräfte in der Spinnerei eingesetzt wurden. Diese wurden vielfach dann in der Bielefelder Region ansässig, wodurch sich die Bevölkerungs- und Sozialstruktur nachhaltig veränderte.

Ein Beleg für diese Auswirkung ist bereits die Gründung einer Fabrikschule zwölf Jahre nach Beginn der industriellen Produktion.

„1868 errichtete die Fabrikleitung eine Fabrikschule für die Kinder der in der Spinnerei arbeitenden Eltern, außerdem eine Näh- und Strickschule für die heranwachsenden Mädchen“ (DELIUS 1926, S. 406).

Die Inhaber ließen sich also durchaus etwas einfallen, um die unverzichtbaren Arbeitskräfte in der Fabrik zu halten und gegebenenfalls auch neue zu gewinnen. Dies brachte allerdings mit sich, dass viele Frauen und Mädchen in einen von Industrieproduktion vorbestimmten

Lebensalltag eingebunden wurden. Diese Zustände markieren auch, dass diese Arbeitsplätze zumindest nach heutigen Maßstäben als eher wenig attraktiv eingeschätzt wurden.

„Die Textilindustrie war in der Frühphase der Industrialisierung für den hohen Anteil der Kinder- und Frauenarbeit, für lange Arbeitszeiten und niedrige Löhne bekannt" (DITT 1989, S. 18).

## Wiederentdeckung

Nach dem zweiten Weltkrieg gab es zunächst einen erneuten Aufschwung für die in Bielefeld ansässigen Firmen der Textilindustrie, aber in den 60er Jahren gerieten immer mehr Unternehmen in existentielle Schwierigkeiten, da sich die Textilindustrie in der globalen Wirtschaft mehr und mehr in Niedriglohnländer verlagerte, wodurch in Deutschland hergestellte Textilprodukte immer weniger konkurrenzfähig waren. Dieses Schicksal traf in vollem Umfang die Ravensberger Spinnerei, die ihren ursprünglichen Standort nach mehr als 100 Jahren ihres Bestehens im 20. Jahrhundert Ende der 60er Jahre aufgab, vorübergehend südlich der Stadt an einem neuen Standort angesiedelt wurde, aber dann einige Jahre später ihre Textilproduktion am Standort Bielefeld endgültig beendete.

Mit dem Verkauf des Gebäudes an die Stadt Bielefeld war das Ende der 1856 errichteten Ravensberger Spinnerei als Ort der industriellen Produktion besiegelt. Der Bau wurde nach dem Ende der Produktion zunächst kaum beachtet und galt als uninteressantes, ja störendes Relikt aus dem früheren Jahrhundert. Jedoch entwickelte sich um die Frage, ob dieses Gebäude erhaltenswert sei oder nicht, eine heftige Diskussion in der interessierten Öffentlichkeit, die sich auch in den Diskussionen der verantwortlichen Gremien der Stadt spiegelte.

Bei Wagner heißt es dazu:

*Die Sitzung des Hauptausschusses am 19. September 1973 war entsprechend hitzig. Jürgen Hotzan bezweifelte die „Denkmalwürdigkeit der Spinnerei". Für seinen Kalauer, dass die Spinnerei bestenfalls „ein Unikat", „dasselbe wie ein Unikum" sei, bekam er freilich wenig Beifall. Das Westfalen-Blatt, das in einer Sonderausgabe noch befürchtete, dass die Spinnerei „keine Chance mehr für die Zukunft" habe, titelte nach der Hauptausschusssitzung: „CDU und FDP stoppten Abrißpläne der SPD". Denn nach heftiger Diskussion kam es doch noch zu einem einstimmigen Beschluss: „Der Landeskonservator oder eine entsprechende Dienststelle wird gebeten, ein Gutachten über die Erhaltung des Hauptgebäudes der Ravensberger Spinnerei unter denkmalspflegerischen Gesichtspunkten zu erstellen." Zudem sollte das Gutachten berücksichtigen, „in welcher Weise sich das Land Nordrhein-Westfalen dann an den laufenden Unterhaltungskosten finanziell beteiligt."* (2009)

Die gutachterliche Stellungnahme des Landeskonservators von Westfalen-Lippe, Dr. Dietrich Ellger, ließ nicht lange auf sich warten, sie lag bereits am 20. November 1973 vor. Schwarz auf weiß war zu lesen:

*Im Lande Nordrhein-Westfalen ist die Ravensberger Spinnerei heute (…) der bedeutendste noch erhaltene und damit für unsere Anschauung bewahrte Fabrikbau seiner Gattung aus der Anfangszeit der modernen Großindustrie und der romantisch-gotischen Richtung der Architektur des mittleren 19. Jahrhunderts, für Bielefeld ein wesentliches Zeugnis seiner Geschichte, ein Wahrzeichen seines neuzeitlichen Aufstieges und als Schöpfung älterer Baukunst ein wesentlicher Gestaltwert für das anschauliche Gepräge der Stadt.* (WAGNER 2009)

Dr. Ellger sagte zu, dass er „im Falle der Ravensberger Spinnerei zu Zwecken der Denkmalpflege erforderliche Zuschüsse des Landes befürworten werde" (WAGNER 2009).

Aus dieser veränderten Einschätzung des Wertes des jahrelang ungenutzt leerstehenden Spinnereigebäudes ergab sich nun die weitere Fragestellung, wie das als Fabrikschloss errichtete Bauwerk mit diesen besonderen Eigenschaften in Zukunft genutzt und für diese Zwecke umgebaut werden könnte.

Als sich abzeichnete, dass die Schwerpunktnutzung als Weiterbildungszentrum in den entscheidenden Gremien Zustimmung und Unterstützung erfuhr, wurde der Bielefelder Architekt PETER OBBELODE am 19.Oktober 1978 mit der Planung und Durchführung des Umbaus beauftragt.

Dieses Projekt brachte für den verantwortlichen Architekten und sein Team sowie die mit dem Umbau befassten Spezialisten wesentlich größere Herausforderungen mit sich, als es bei einem Neubau der Fall gewesen wäre. Es hat sich im Nachhinein als Glücksfall erwiesen, dass Peter Obbelode den unverwechselbaren Charakter dieses Fabrikgebäudes mit seinem Gestaltungsansatz zur Geltung zu bringen beabsichtigte, ohne seine Nutzbarkeit als Bildungszentrum zu beeinträchtigen.

Seine Kernidee war, die beiden früher als Maschinensäle genutzten Gebäudeflügel grundsätzlich zu erhalten, aber in der Raumgestaltung so weit wie möglich aufzulockern. Den stärksten Neuakzent setzte er im Mittelbau zwischen den Flügeln. Dieser „sollte zentraler Kommunikationsbereich der Gesamtanlage werden" (OBBELODE 1989; S. 73). Der Mittelrisalit in der Mittelachse betonte in der ursprünglichen Nutzung durch räumliche Engführung den gut kontrollierbaren „Zugang zu dem Gebäude für Materialein- und -ausgang sowie für das Personal" (OBBELODE 1989, S. 72).

Im Gegensatz zu dieser ursprünglichen räumlichen Engführung im Zentralbereich des Gebäudes strebte Obbelode an, der Mittelbau „sollte zentraler Kommunikationsbereich der Gesamtanlage werden" (1989, S. 73).

Ganz bewusst richtete er seine Umbaumaßnahmen an den Prinzipien der Offenheit und Transparenz aus und begründete dies mit der vorgesehenen Nutzung als Bildungsstätte für Erwachsene:

- Hier sollen Menschen sich wohlfühlen, sich animiert fühlen wiederzukommen.
- Durch Transparenz soll Neugierde erweckt werden, auch andere Dinge mal zu probieren.
- Der gesamte Bereich soll Aufforderungscharakter und Attraktivität vermitteln, gleichfalls jedoch Ruhe und Geborgenheit.
- Zum anderen sollen (und das machte die Aufgabe so schwierig) Einzelräume entstehen, ohne daß die Halle als Erlebnisbereich verlorengeht (akustisches Problem) (OBBELODE 1989, S. 78)

Als eine Art Geniestreich ist im Nachhinein einzuschätzen, wie die „Opferung" einer der zahlreichen gusseisernen Säulen seine Gestaltungsideen bezüglich Offenheit und Transparenz durchzusetzen half: In Ermangelung erforderlicher Daten zur Tragfähigkeit der in der Ravensberger Spinnerei verwendeten Grauguss-Stützen und Fischbauchträger veranlasste Obbelode den Ausbau eines Trägers und einer Stütze im nördlichen Trakt.

Diese wurden einer Materialprüfung an einem darauf spezialisierten Hochschulinstitut unterzogen, die verlässliche aktuelle Daten zur Belastbarkeit sowie weiteren statischen Eigenschaften ermöglichte, jedoch auch den dauerhaften Verlust dieser untersuchten Elemente zur Folge hatte.

Obbelode verzichtete darauf, das entstandene Loch in der Decke zu schließen, sondern er gestaltete es ganz im Gegenteil aus als eine Deckenöffnung, welche jedem Besucher einen konstanten Einblick in das „Innenleben" des ehemaligen Spinnereigebäudes gewährt. Während in vielen neueren Gebäuden die Grundideen für das Tragwerk und die Gebäudestatik für Besucher und Nutzer eher unsichtbar bleibt, sogar vielfach kaum wahrnehmbar ist, orientierte sich Obbelode beim Umbau der Ravensberger Spinnerei am Prinzip der Transparenz. Das für die Materialprüfung entstandene Loch in der Decke nutzte er, um dauerhaft erkennbar zu machen, wie in dem Gebäude der Ravensberger Spinnerei das faszinierende Zusammenspiel von Trägern und Stützen funktioniert. Auf charmante Weise erfährt der Saalcharakter im Erd- und ersten Obergeschoss des nördlichen Flügels damit zudem eine dauerhafte Auflockerung in vertikaler Richtung.

Mittels eines geschickt ausgewählten Anstrichs war es möglich, die zahlreichen gusseisernen Stützen im Gebäude so auszurüsten, dass sie den Brandschutzvorgaben genügen konnten, weiterhin sichtbar blieben, aber nicht allzu dominant ins Auge fielen.

Ebenso vom Prinzip der Transparenz her ist die Gestaltung der beim Umbau erforderlichen technischen Installation ausgeführt worden.

Ähnlich wie beim bleibenden Loch in der Decke lag Obbelode daran, erforderliche Installationen nicht zu verstecken oder zu kaschieren, sondern sie sollten sichtbar bleiben und so den Grundcharakter des Gebäudes auch in der Zukunft unterstreichen.

*Sämtliche technische Installation wurde sichtbar geführt: Sowohl die vertikale Installationsführung in den neu erstellten Fluchttreppenhäusern neben dem Mittelbau als auch die horizontale Verteilung in den Geschossen. Die Spinnerei war eine Fabrik und sollte auch nicht zu einem Schloss geschönt werden, in dem die Technik in Schlitzen und Abmauerungen versteckt wurde.* (BEAUGRAND 2013, S. 455)

In seiner Planungsarbeit fühlte sich Obbelode dem einzigartigen Charakter des Fabrikgebäudes verpflichtet, er stellte sich sogar in den Dienst der architektonischen Grundaussage:

*Mit jedem Fenster, das man öffnen konnte, kam mehr Licht in die Saalgeschosse, mit jedem Sonnenstrahl mehr wurde deutlich, welche eigenständige, unverwechselbare Atmosphäre und deutliche architektonische Aussage diese großen lichtdurchfluteten, hellen Maschinensäle hatten. Hier gab es einen ›genius loci‹, der bewahrt und nicht zerstört werden durfte.* (OBBELODE 1989, S. 78)

In auffallend detailfreundlicher Sorgfalt widmete er sich dem mittlerweile funktionslos gewordenen Schornstein. Er sah ihn als unverzichtbares Element in seiner Bedeutung als markantes Merkmal des Hauptgebäudes und legte Wert darauf, ihn wieder in der ursprünglichen Höhe und Form zu rekonstruieren: „Vom Schornstein stand nur noch ein Stummel. Im Zeitungsarchiv habe ich alte Fotos gefunden. Aufgrund von Vergrößerungen konnte ich die Steinschichten zählen und somit die Originalhöhe rekonstruieren" (OBBELODE 1989, S. 82). Somit sorgte Obbelode für eine „Wiederauferstehung“ des Gebäudecharakters einer schlossartigen Anlage mit allen angedeuteten Verzierungen, Turm, erhöhtem Mittelteil sowie zwei langgestreckten Flügeln in einem axialsymmetrischen Grundriss mit der klar erkennbaren Vergangenheit als Fabrikationsort, der sich in der Erhaltung und teilweise Erweiterung von Helligkeit und Transparenz zugleich auf eine neue dauerhafte Nutzung als Ort der Bildung einstellt.

Während der aufgrund der fehlenden Baupläne erforderlich gewordenen Aufmaßarbeiten reifte bei Obbelode die Idee, die ursprüngliche Gestalt des Mitte des 19. Jahrhunderts errichteten Hauptgebäudes wieder herzustellen und sich von zahlreichen An- und Umbauten zu verabschieden. WIESENER berichtet:

*Obbelode sah es für unerlässlich an, die ‚eigentliche‘ Spinnerei als Kern der zukünftigen Nutzung und als bauliches Wahrzeichen für den Umbau des gesamten Geländes aus der Vielzahl der An- und Umbauten zu ‚befreien‘. (...) So gelang es in kürzerer Zeit die ‚vielfach ineinander verschachtelten Baumassen‘ voneinander zu trennen, großzügig abzureißen und das Raumvolumen des Spinnereikomplexes von 48.000 Quadratmeter umbauten Raumes auf 12.000 Quadratmeter zu verkleinern: ‚Das Hauptgebäude war herausgeschält‘.* (2020, S. 155)

Für Obbelode ging es

*weniger um die exakte bauforscherische Bestimmung des Originalzustands (...), sondern vielmehr um die Schaffung einer verwertbaren Ausgangslage für das entwerferische Gestalten hin zur gewünschten Nutzung des markanten Hauptgebäudes. Alle weiteren Gebäude auf dem Gebiet der Ravensberger Spinnerei waren in ihrer Gestaltung und im Hinblick auf ihre zukünftige Bestimmung davon abgeleitet.* (WIESENER 2020, S. 155f.)

Der Umbau der ehemaligen Fabrik zu einem Haus der Weiterbildung brachte eine Reihe von Herausforderungen mit sich, mit denen sich Obbelode intensiv und teilweise über einen längeren Zeitraum auseinandersetzen musste, bis man zu realisierbaren und genehmigungsfähigen Plänen gelangte.

Rückblickend nennt er vorrangig die vier Problemfelder Statik, Brandschutz, Akustik und Kostenrahmen der Maßnahme.

Die meisten Probleme hatten ihre Ursache in den für das Fabrikgebäude aus der Mitte des 19. Jahrhunderts einfach unpassenden aktuell gültigen gesetzlichen Bauvorschriften, die bei einer Umbaumaßnahme zu beachten waren.

Viele Lösungsansätze in den Bereichen Statik, Deckenhöhen und Brandschutz konnten mit den aktuell geltenden gesetzlichen Vorgaben nicht in Einklang gebracht werden.

Beaugrand berichtet, wie der Architekt damals zu ungewöhnlichen Mitteln griff, um das Umbauprojekt nicht an Verstößen gegen geltendes Baurecht scheitern zu lassen: „Bis Ende 1983 wurden fast 5000 Verstöße gegen geltendes Baurecht gezählt, die durch Befreiungen – oft nur mithilfe des Ministeriums – sanktioniert wurden“ (2013, S. 458).

Eine Art Flucht nach vorn in Form eines von höheren Instanzen mitgetragenen Aussetzens ungeeigneter Bauvorschriften hat also dem Umbau zur Realisierung verholfen, der bei weniger mutigen und konsequenten Planern mit Sicherheit in die Krise geraten wäre.

VHS-Direktor DIRK UKENA arbeitete als Repräsentant des Hauptnutzers nach dem Umbau viele Jahre mit Obbelode zusammen. Er würdigt in einer Rückschau die persönlichen und fachlichen Qualitäten des Architekten, wie er sie in den Planungs- und Umbaujahren erlebte:

*Nach einiger Zeit erkannte ich in ihm mehr als einen Architekten, nämlich einen Baukünstler, auf dessen Urteil man vertrauen konnte, einen Mann, der mit Können und Leidenschaft und hohem Engagement den Umbau anging mit der Absicht, die Schönheit des Gebäudes wiederherzustellen und zugleich die Funktionsfähigkeit für den neuen Nutzer, die Volkshochschule, zu sichern (UKENA 2013, S. 451).*

Es entwickelte sich offenbar ein effektives Netzwerk von Baufachleuten und künftigen Nutzern, dem es gelang, den Umbau nach diesen Maximen zu realisieren.

*„Schritt für Schritt, so Prinz und andere Beteiligte in der Erinnerung, ließ sich im alltäglichen Widerstreit mit den Bauvorschriften und ihren Exegeten im Bielefelder Hochbauamt das neu gewonnene Wissen adaptiv für die Umsetzung des architektonischen Gesamtkonzepts einsetzen. In stillschweigender Analogie zur Dauer-Wasserberieselungsanlage, mit der auf Obbelodes Anraten die historische Fassade zeitaufwändig mit dem Ziel gereinigt wurde, das ‚alte Flair' zu erhalten, sollte sich die Dauerberieselung des Hochbauamtes und die Lobbyarbeit für einzelne Umbau- und Erhaltungsziele des Hauptgebäudes nach dem Motto ‚Der stete Tropfen höhlt den Stein' als ebenso erfolgreich erweisen* (WIESENER 2020, S. 159).

Die Leistung von Peter Obbelode ist nach Fertigstellung des Umbaus in der Fachwelt erkannt und gewürdigt worden. So heißt es bei BAUKUNST NRW über die Ravensberger Spinnerei: „Die 1857 bis 1972 betriebene Fabrik ist ein bedeutendes Beispiel für die frühe Industrialisierung der Stadt Bielefeld und eine der ersten umgebauten und neu genutzten Industriekomplexe Deutschlands" (BAUKUNST NRW 2023).

Wiesener würdigt den nach heftiger Diskussion durchgesetzten Erhalt des alten Fabrikschlosses und die erfolgreiche Umgestaltung der Ravensberger Spinnerei, weist aber auf eine etwa zur gleichen Zeit in Bielefeld verpasste Chance für die städtebauliche Entwicklung hin (2020, S. 162). Es kam am westlichen Rand der Kernstadt zu einem lange Zeit umstrittenen, jedoch schließlich durchgesetzten Bau einer innenstadtnahen Schnellstraße, ohne dass ein genialer Architekt die Chance hatte, für die Nutzung der dafür abgerissenen Häuser eine andere Zukunftsperspektive zu entwickeln:

*Aus dieser beeindruckenden Haltung der Bielefelder Bürger zum Schutz eines bedrohten Industriedenkmals und der konfliktreichen, letztlich aber erfolgreichen Umsetzung eines architektonisch anspruchsvollen Konzepts für den Um- und Weiterbau des Fabrikschlosses eine Aufstiegsgeschichte der städtebaulichen Denkmalpflege in der Bundesrepublik zu verfertigen, dürfte allerdings an den Erfahrungen der Beteiligten wie den tatsächlichen Auswirkungen dieses Beispiels für die Stadtentwicklung in Bielefeld vorbeizielen.* (WIESENER 2020, S. 162)

In seiner Darstellung des Schicksals der Ravensberger Spinnerei macht WIESENER (2020) auf die dynamischen Zusammenhänge aufmerksam, die sich über die Erhaltung des Gebäudes hinaus in seiner neuen Nutzung, von ihm als „Weiterbauen" bezeichneten Prozess, ergeben haben. „Nicht allein um die Wiederentdeckung der Geschichte eines Industriedenkmals als Freilegung seiner historischen Bedeutsamkeit geht es somit, sondern ebenso um die Sichtbarmachung einer eigenen Geschichte des Machens anhand der Praxis des Weiterbauens am Denkmal" (WIESENER 2020, S. 149).

## Ort der Bildung

In der bewegten Geschichte des Ravensberger Spinnerei-Gebäudes ist mit dem erfolgreichen Umbau zu einem Weiterbildungszentrum ein bemerkenswertes neues Kapitel aufgeschlagen worden. Stand die Errichtung des Gebäudes ganz im Zeichen einer massiv vorangetriebenen Einführung industrieller Produktionsverfahren mit erheblichen Folgewirkungen für die Stadt, ihre Bewohner und die in der neuen Fabrik Beschäftigten, so drohte dieser Prozess mit dem Rückgang der Bielefelder Textilindustrie ganz und gar in Vergessenheit zu geraten.

Die in Bielefeld intensiv geführte Debatte, ob die Ravensberger Spinnerei abgerissen oder erhalten werden sollte, markiert eine sich verändernde Sichtweise auf nicht mehr genutzte historische Bauten aus der Zeit der Industrialisierung. Galten sie zunächst als fortschritts- und verkehrsfeindliche Relikte aus endgültig vergangenen Zeiten, so führte diese Debatte, wie sie auch um den Erhalt des Bielefelder Spinnerei-Gebäudes geführt wurde, zu einer veränderten Sichtweise. Dabei setzte sich mehr und mehr durch, diese Bauten als wertvolle Zeugen einer folgenreichen Entwicklungsphase des Wirtschaftsgeschehens und des Sozialgefüges in der Region zu achten und zu bewahren und ihnen deutlich mehr Aufmerksamkeit zukommen zu lassen.

Bei vielen dieser steinernen Zeugen des damaligen sich in der Region Nordrhein-Westfalen ausbreitenden Wandels von einer eher agrarisch zu einer zusätzlich industriegeprägten Region ist es zu einer Erhaltung als Industriedenkmal gekommen. Damit konnten die ehemaligen Fabrikationsstätten vor dem Abriss bewahrt werden und dokumentieren nun zum Teil als Museen heutigen und künftigen Generationen, wie sich Produktion und Fertigung jeweils entwickelt haben. Mit entsprechendem museumspädagogischem Geschick kann so das Leben und Arbeiten früherer Generationen an diesen Orten lebendig dokumentiert werden und heutige und künftige Generationen gewinnen einen facettenreichen Eindruck, wie sich bedeutsame Industrien in dieser Region historisch entwickelt haben und welche Rolle frühere hier ansässige Generationen dabei spielten.

Bei der Ravensberger Spinnerei wurde relativ schnell der beträchtliche Wert des Gebäudekomplexes als Industriedenkmal erkannt. Im weiteren Verlauf der baulichen Umgestaltung im Ravensberger Park entstand dann auch ein neues Historisches Museum. Für das Hauptgebäude wurde eine mutige Entscheidung getroffen, indem man es nicht als Industriemuseum ausstatten und so erhalten wollte, sondern eine völlig neue Nutzung als Weiterbildungszentrum mit der Hauptnutzerin Bielefelder Volkshochschule in den zuständigen städtischen Gremien beschlossen wurde.

Selbstverständlich ist das Verspinnen von Leinen und anderen Garnen ein völlig anderer Prozess als die Planung, Organisation und Durchführung von Veranstaltungen im Bereich der Erwachsenenbildung und damit in keiner Weise vergleichbar. Dem mit Ausdauer und kreativem Geschick verbundenen Engagement des Architekten Peter Obbelode ist zu verdanken, dass fast 130 Jahre nach Errichtung die einzigartigen Merkmale des Spinnereigebäudes wieder deutlicher sichtbar wurden. Gleichzeitig gelang es ihm, das Gebäude für neue, in der Errichtungszeit noch völlig unbekannte Nutzungsbedürfnisse zu erschließen.

Ein Gebäude, dessen Tragwerkskonstruktion allen Besuchern erkennbar ist, das seine Teile und Versorgungsstränge transparent offenbart, das eine Saalstruktur grundsätzlich erhält, aber doch in einer Wabenanordnung überschaubare und für Büros oder kleinere Gruppen geeignete Räumlichkeiten vorhält, demonstriert dazu noch, quasi als Nebeneffekt, welches Potenzial in einem aufgegebenen und unbrauchbar erscheinenden Fabrikgebäude stecken kann, wenn einem fähigen Architekten die erforderlichen Umbaumaßnahmen anvertraut werden. Damit schließt sich mit dem gelungenen Projekt des Umbaus ein Kreis zur Bildungsarbeit mit Erwachsenen, wie sie Aufgabe und Ziel der Volkshochschularbeit ist.

Dirk Ukena war als VHS-Direktor früh in den Prozess der Planungen zur künftigen Gestaltung des Gebäudes einbezogen und erlebte einen regelrechten Aufschwung der Aktivitäten seiner Volkshochschule, nachdem man das umgebaute ehemalige Fabrikschloss beziehen konnte. Im Gespräch mit den Herausgebern berichtete Ukena im März 2023, wie sich der Stellenwert der von ihm geleiteten städtischen Volkshochschule als Hauptnutzer des neuen Gebäudes verbesserte. Nicht nur die Mitarbeiterschaft, die Kursleiter*innen und Teilnehmer*innen nahmen sehr schnell dieses Weiterbildungszentrum ausgesprochen positiv wahr. Das öffentliche Interesse am umgebauten Fabrikschloss drückte sich auch in einem starken Aufkommen von Besichtigungswünschen aus.

Aufgrund des nun deutlich angestiegenen Bekanntheitsgrads des in Betrieb genommenen Weiterbildungszentrums ergaben sich neue interessante Kooperationsmöglichkeiten für die Volkshochschule. Ukena berichtete den Herausgebern, er habe als Leiter der Volkshochschule keine Scheu gehabt, Veranstaltungen mit anderen Partnern gemeinsam zu planen und durchzuführen. Mit dem neuen Gebäude und der damit verbundenen Möglichkeit, Räumlichkeiten für unterschiedlichste Zwecke und Anlässe quasi als Hausherr zur Verfügung stellen zu können, wurde es schlagartig leichter, sich mit anderen lokalen Akteuren zu vernetzen. Die VHS konnte registrieren, wie sie auch in der Öffentlichkeit noch stärker als wertvoller und begehrter Kooperationspartner wahrgenommen wurde, so der langjährige Bielefelder VHS-Direktor im Gespräch. Dies steht in einem deutlichen Kontrast zur Situation vieler Veranstaltungsangebote an Volkshochschulen, die in schulischen Klassenräumen stattfinden, wo die Erwachsenenbildung nur eine Randerscheinung darstellt und es an räumlicher Attraktivität für potenziell Interessierte mangelt.

Die Größe des Hauptgebäudes mit seinen Seitenflügeln und dem grundsätzlich hellen, direkt vom Mitteltrakt ausgehenden Grundcharakter der Offenheit und Transparenz lädt zu kooperativen Arbeitsformen geradezu ein. Mit der baulichen Umgestaltung ist es gelungen, dass alle Besucher*innen sowohl Einheit als auch Offenheit in dem ehemaligen Fabrikgebäude schon beim Betreten des Gebäudes erleben.

In den weiteren Jahren der Nutzung des Weiterbildungszentrums Ravensberger Spinnerei hat sich aus Sicht des ehemaligen VHS-Direktors die eine oder andere Kooperation weniger fruchtbar entwickelt, als man dies zu Beginn der Zusammenarbeit eingeschätzt hatte. Ukena hat beobachten können, dass gut funktionierende und harmonische Kooperationen nicht automatisch für einen längeren Zeitraum Bestand haben. Um gewinnbringende Kooperationen auf Dauer abzusichern, empfiehlt er, die

Leistungen der beteiligten Partner so zu definieren, dass alle beteiligten Institutionen Klarheit haben, was sie in der Kooperation erwarten können und was von ihnen erwartet wird.

Solche Entwicklungen können jedoch den grundsätzlichen und auch anhaltenden Aufschwung – man kann es auch als eine allgemeine Stärkung bezeichnen – der Bielefelder Volkshochschule, die sie mit diesem, ihrem neuen eigenen Domizil verzeichnen konnte, in keiner Weise beeinträchtigen. Ganz im Gegenteil: Eine wachsende Bildungsnachfrage im Bereich der sprachlichen Bildung kam noch als ein weiterer belebender Faktor hinzu, wie sich Dirk Ukena erinnert.

Sorgte der europäische Referenzrahmen für sprachliche Fähigkeiten für die lange Jahre vermisste Transparenz bei der Niveaubestimmung in den Sprachkursen, so erhöhten sich als Konsequenz der obligatorischen Einstufungstests zu Beginn dann sehr schnell die Lernerfolge im klarer strukturierten Kursangebot. Das wiederum belebte die Nachfrage nach niveaugerechten und effektiven Sprachkursen der Volkshochschule. Hinzu kommt der hohe Bedarf an Deutschkursen, der sich als Folge von anhaltenden Migrationsbewegungen nach Deutschland eingestellt und in den vergangenen Jahren ein hohes Niveau erreicht hat.

Dies alles vollzieht sich nunmehr in einem als Textilfabrik vor fast 170 Jahren errichteten Gebäude, welches nach dem Umbau nun schon seit mehr als 30 Jahren zu einer attraktiven Adresse in der städtischen Szenerie Bielefelds geworden ist. Nach seiner Errichtung im 19. Jahrhundert wurde alsbald eine Mauer um das ganze Areal errichtet, welche sich neugierigen Blicken auf das tatsächliche Geschehen im Gebäudekomplex der Spinnerei für viele Jahrzehnte in den Weg stellte. Frauen und Männer, die dort ihren Arbeitsplatz hatten, erinnerte der Anblick des Gebäudes eher an anstrengende und der Gesundheit wenig zuträgliche Verrichtungen, die darin zu leisten waren. Sie konnten sich verständlicherweise wenig für das Gebäude begeistern, wie Ukena bei Gesprächskontakten mit „Ehemaligen" erfuhr.

Der Umbau versteckt die besonderen historischen Merkmale des Gebäudes nicht. Auch wenn zunächst von der Außenansicht her das schlossartige Erscheinungsbild der Anfangsjahre wiederbelebt erscheint, so wird im transparent gestalteten und zudem in vielen Zonen tageslichtdurchfluteten Innenbereich spürbar, dass dieses Gebäude seine frühere Funktion und Nutzung nicht versteckt, sondern diese offengelegt wird. Damit wirkt der einmalig dastehende Bau anregend für historisch Interessierte, er stellt jedoch gleichzeitig den neuen kulturellen Nutzungszwecken gut geeignete Räumlichkeiten zur Verfügung.

Waren es in früheren Zeiten Materialien und Menschen, die in extra geschaffenen, fabrikmäßigen Räumlichkeiten und optimiert aufeinander abgestimmten Abläufen dafür sorgten, dass ein historisches Kapitel der Produktherstellung über viele Jahrzehnte überwiegend als eine Erfolgsgeschichte mit einigen Höhen und Tiefen in die Annalen einging, so kommt es inzwischen auf den Faktor Mensch und Organisation in ganz anderer Weise an.

Eine attraktive Räumlichkeit wie die umgebaute Ravensberger Spinnerei genutzt als Weiterbildungszentrum bietet ein Potenzial, das weit über die klassischen Themenfelder eines Volkshochschulprogramms hinausgeht. Allerdings sind engagierte und geschickte Organisatoren unverzichtbar, die Bildungsinteressen aufzuspüren, anzusprechen und zu bündeln verstehen. Ohne aufgeschlossene und bildungsinteressierte Teilnehmer*innen kann öffentlich getragene Weiterbildung nicht erfolgreich sein. Ebenso würde eine Volkshochschule an Wirkung verlieren, versteht sie es nicht, mit neuen ‚brennenden' Themen Kursteilnehmer*innen anzulocken und auch attraktives und fähiges Kursleitendenpersonal an sich zu binden. Dirk Ukena hat, wie er im Gespräch mit den Herausgebern erläuterte, in seiner Zeit als verantwortlicher VHS-Direktor gute Erfahrungen damit gemacht, unbefangen auf Themen und Personen im städtischen Umfeld zuzugehen und die VHS als Kooperationspartner bei spannenden und vielversprechenden Aktivitäten einzubringen. Nach seiner Einschätzung hat sich das sowohl quantitativ in der Veranstaltungs- und Teilnehmerzahl wie auch qualitativ in der thematischen Breite sowie in der öffentlichen Wertschätzung, also im Ansehen der Bielefelder VHS, bei den Kooperationspartnern und in der Öffentlichkeit positiv bemerkbar gemacht.

Wurden in der Ravensberger Spinnerei in den Anfangsjahren Textilfasern zu Garnen verknüpft, die Handel und Wirtschaft belebten, so sind es nun im gleichen, jedoch lichtdurchfluteten Gebäude vielfältige „lebendige Fasern“, die in den verschiedensten Veranstaltungsformaten bearbeitet, auch teilweise zusammengeführt werden und dann nach außen verändernd wirken. Teilnehmer*innen und Programmverantwortliche treffen an einem Ort zusammen, der in vielfacher Weise spüren lässt, was alles möglich ist, wenn man den Mut hat, Grundlegendes offenzulegen, die eigene Vergangenheit nicht versteckt wird und zugleich Aufgeschlossenheit für bislang Unbekanntes oder andere Themen oder Personen signalisiert und räumlich unterstützt wird. Nur wenig früher oder später kann sich der Blick durchaus auf Merkmale des Gebäudes richten, die mit der Nutzung als Produktionsstätte verbunden sind. Somit befinden sich Vergangenheit, Gegenwart und Zukunft, wie sie sich im Rahmen von Bildungsprozessen neu organisieren, in dieser Räumlichkeit in einem reizvollen Wechselspiel mit der architektonischen Umgebung. Im Gebäude der Ravensberger Spinnerei dokumentiert sich damit eine bauliche Dimension, die für die pädagogische Konzeption der Volkshochschularbeit mehr als nur ein Dach über dem Kopf beiträgt.

Zwar verliert im Zeitalter der Digitalisierung der Begriff eines Ortes seine unverwechselbare geografische Qualität angesichts zur Verfügung stehender virtueller Treffpunkte und Kommunikationsformen. Aber wir sind davon überzeugt, die Ravensberger Spinnerei wird auch im Zeitalter der Digitalisierung ein besonderes und auch attraktives Gebäude bleiben.

Digitale Orte sind in der Lage, geografische Hindernisse in den Hintergrund zu stellen. Ein physischer Ort wie die Ravensberger Spinnerei ist jedoch zusätzlich in der Lage, eine spannende Gebäudehistorie spürbar näher zu bringen und dies mit einer Atmosphäre des Wohlfühlens und der Offenheit in selten anzutreffender Weise zu verbinden.

Eine Orientierung am bewegten Gebäudeschicksal der Ravensberger Spinnerei, das sich von der Errichtung über viele Phasen von Erweiterung und Ausbau bis hin zum Verlassenwerden, Fast-Vergessen, heftigen Streit über den Erhalt bis hin zur Neunutzung erstreckt, kann der auf Begegnung, Motivation und Engagement aufbauenden Arbeit im Bereich der Weiterbildung mit Erwachsenen eine anhaltende Bereicherung bieten.

## Literatur

BAUKUNST NRW (Ingenieurkammer-Bau / Architektenkammer Nordrhein-Westfalen) (2023): Objekt Ravensberger Spinnerei in Bielefeld. www.baukunst-nrw.de/objekte/Ravensberger-Spinnerei--644.htm. Zugegriffen am 20. März 2023

BEAUGRAND, A. (2013): Arbeiterzwingburg, Fabrikschloss, Kulturfabrik. In: Stadtbuch Bielefeld 1214–2014, hrsg. von A. Beaugrand. Bielefeld: BVA BikeMedia. S. 448–457.

DELIUS, W. (1926): Geschichte der Ravensberger Spinnerei Aktiengesellschaft. In: Das Buch der Stadt, hrsg. von Magistrat der Stadt Bielefeld. Bielefeld: Gundlach. S. 404–407.

DITT, K. (1989): Geschichte der Ravensberger Spinnerei. In: Die Ravensberger Spinnerei. Von der Fabrik zur Volkshochschule – Zur Umnutzung eines Industriedenkmals in Bielefeld, hrsg. von D. Ukena & H. J. Röver. Landschaftsverband Westfalen-Lippe. Westfälisches Industriemuseum, Schriften Bd. 8. Hagen: v. d. Linnepe Verlagsgesellschaft. S. 11–38.

KORTMANN, K. (2010): Vom Industriestandort zum Kulturtreff. Die Bielefelder und ihre Ravensberger Spinnerei. In: Jahrbuch Westfalen, Jg. 64. Münster/Westf.: Aschendorff. S. 79–85.

NEUMANN, E. G. (1989): Zur Architektur der Ravensberger Spinnerei. In: Die Ravensberger Spinnerei. Von der Fabrik zur Volkshochschule – Zur Umnutzung eines Industriedenkmals in Bielefeld, hrsg. von D. Ukena & H. J. Röver. Landschaftsverband Westfalen-Lippe. Westfälisches Industriemuseum, Schriften Bd. 8. Hagen: v. d. Linnepe Verlagsgesellschaft. S. 49–62.

OBBELODE, P. (1989): Der Umbau – ein Kampf mit den Vorschriften der Bauordnung. In: Die Ravensberger Spinnerei. Von der Fabrik zur Volkshochschule – Zur Umnutzung eines Industriedenkmals in Bielefeld, hrsg. von D. Ukena & H. J. Röver. Landschaftsverband Westfalen-Lippe. Westfälisches Industriemuseum, Schriften Bd. 8. Hagen: v. d. Linnepe Verlagsgesellschaft. S. 71–84.

PRINZ, S. (1989): Tragwerk-Konstruktion – eine Rarität aus Gußstahl. In: Die Ravensberger Spinnerei. Von der Fabrik zur Volkshochschule – Zur Umnutzung eines Industriedenkmals in Bielefeld, hrsg. von D. Ukena & H. J. Röver. Landschaftsverband Westfalen-Lippe. Westfälisches Industriemuseum, Schriften Bd. 8. Hagen: v. d. Linnepe Verlagsgesellschaft. S. 85–92.

SCHLÜTER, L. & BEIER, M. (2020): Die Ravensberger Spinnerei und ihre europäischen Einflüsse. Manuskriptfassung. In: Ravensberger Blätter 2020, H. 2. S. 16–24.

SCHMIDT, H. (1926): Vom Leinen zur Seide. Die Geschichte der Firma C.A. Delius und ihrer Vorgängerinnen und Wirken ihrer Inhaber für die Entwicklung Bielefelds 1722–1925. Lemgo in Lippe: F.L. Wagener 1926.

UKENA, D. (2013): Der Umbauarchitekt: Erinnerungen an Peter Obbelode. In: Stadtbuch Bielefeld 1214–2014, hrsg. von A. Beaugrand. Bielefeld: BVA BikeMedia. S. 451.

WAGNER, B. J. (2007): 15. Januar 1857: Die Ravensberger Spinnerei nimmt ihre Produktion auf. Stadtarchiv und Landesgeschichtliche Bibliothek Bielefeld. https://historischer-rueckklick-bielefeld.com/2007/01/01/01012007/ Bielefeld 2007. Zugegriffen am 20. März 2023.

WAGNER, B. J. (2009): 16. Januar 1974: Der Stadtrat entscheidet sich gegen den Abriss der Ravensberger Spinnerei. Stadtarchiv und Landesgeschichtliche Bibliothek Bielefeld. https://historischer-rueckklick-bielefeld.com/2009/01/01/01012009/ Bielefeld 2009. Zugegriffen am 20. März 2023.

WIESENER, A. (2020): Vom Weiterbauen einer alten Spinnerei und der Verfertigung von Geschichte. In: Vom Wert des Weiterbauens. Konstruktive Lösungen und kulturgeschichtliche Zusammenhänge, hrsg. von E. V. Froschauer, W. Lorenz, L. Rellensmann & A. Wiesener. Berlin/Boston: Birkhäuser. S. 147–164.

# Die Autoren

**GERNOT GRAESSNER, PROF. DR.**

Bis 2023 Leiter des Master-Einstiegsprogramms und Professor für Lebenslanges Lernen an der Euro-FH. Betreuung von Modulen aus den Bereichen Kultur- und Bildungsmanagement sowie Moderation, Beiratsmitglied des degefest (Verband der Kongress- und Seminarwirtschaft) und des Europäischen Zentrums für Universitäre Studien.
E-Mail: *gernot.graessner@t-online.de*

**CARSTEN MORGENROTH, DR. IUR.**

Justiziar und Vertreter der Kanzlerin der Ernst-Abbe-Hochschule Jena. Lehrerfahrung als Lehrbeauftragter für mehr als 20 verschiedene juristische und künstlerische Lehrveranstaltungen in Deutschland und den USA. Seminarleiter, Referent und In-House-Trainer zu rechtlichen, kommunikativen und Führungsthemen. Buch- und Fachautor zu diversen rechtlichen Themen, insbesondere im Hochschul-, Arbeits- und Vereinsrecht. Komponist, Singer-Songwriter und Chorleiter.
E-Mail: *cmorgenroth@yahoo.com*

**TOM RITSCHEL**

Erwachsenenbildner, der seit 1993 an verschiedenen Hochschulen in den Fächern Methodik und Didaktik, Erwachsenbildung und Projektmanagement lehrt. Arbeitet darüber hinaus als Facilitator, Trainer, Coach und Entwickler von Serious Games. Sein Interesse gilt u. a. dem vertieften Verständnis von Methodik, der individuellen situativen Anpassung von Methoden in Lern- und Changeprozessen und dem interprofessionellen Transfer von Methodik. In den letzten Jahren hat er sich besonders mit den didaktischen und methodischen Potenzialen von Räumen befasst. Er ist Mitbegründer einer Community of Practice (Formenfinder), die sich u. a. mit innovativen Kollaborations- und Lernformen und dem Theorie-Praxis-Transfer befasst.
E-Mail: *tom-ritschel@formenfinder.com*

**BERND ROSEWITZ, DR. PHIL.**

Studium der Erziehungs- und Sozialwissenschaften an der Universität Bielefeld. 1984 Promotion an der dortigen Fakultät für Pädagogik zum Thema „Weiterbildungssystem und Erwachsenensozialisation". 1985–1990 wissenschaftlicher Mitarbeiter am Max-Planck-Institut für Gesellschaftsforschung in Köln und anschließend bis 2015 Leiter des Bereichs Weiterbildung und Training bei der AOK Niedersachsen.
E-Mail: *Bernd.Rosewitz@t-online.de*

**ERICH SCHÄFER, PROF. DR.**

Studium der Soziologie und Erziehungswissenschaften an der Universität Bielefeld. Anschließend wissenschaftlicher Mitarbeiter an der Universität Bielefeld. Übernahm 1991 die Leitung des Weiterbildungszentrums der Pädagogischen Hochschule und später der Universität Magdeburg. Seit 1994 Professor für Methoden der Erwachsenbildung an der FH Jena. Heute Professor und Studiengangsleiter des Masterstudienganges Coaching und Führung der Ernst-Abbe-Hochschule Jena, (Lehr-) Coach (DGfG), Organisationsberater und Vorsitzender des Instituts für Weiterbildung, Beratung und Planung im sozialen Bereich iwis e. V.
E-Mail: *Erich.Schaefer@eah-jena.de*

**DIRK UKENA, DIPL.-SOZ.**

Studium der Soziologie und Volkswirtschaft an den Universitäten Münster und Bielefeld. Seit 1972 Pädagogischer Mitarbeiter und 1978–2008 Direktor der Volkshochschule Bielefeld. Außerdem langjähriges Mitglied der Vorstände vom „Landesverband der Volkshochschulen NRW" und „Arbeit und Leben NRW". 1991–2009 war er Mitglied im Rundfunkrat des WDR.
E-Mail: *dirk.ukena@web.de*

**HARTMUT K. WOLF, DR. PHIL.**

Studium der Erziehungs- und Sozialwissenschaften an der Universität Bielefeld. 1983 Promotion an der dortigen Fakultät für Pädagogik zum Thema „Bildung und Biographie". Bis 2021 in der Berufsberatung für Studienberechtigte und Studierende bei der Agentur für Arbeit Detmold tätig.
E-Mail: *wolfhleo@aol.de*